本项目由深圳市宣传文化事业发展专项基金资助

深圳学派建设丛书（第九辑）

21世纪日本制造业企业战略调整研究

Research on the Adjustment of Japan's Manufacturing Enterprises' Competitive Strategies in 21st Century

陈庭翰 著

中国社会科学出版社

图书在版编目（CIP）数据

21世纪日本制造业企业战略调整研究／陈庭翰著 . —北京：
中国社会科学出版社，2022.5

（深圳学派建设丛书 . 第九辑）

ISBN 978 - 7 - 5227 - 0050 - 2

Ⅰ.①2… Ⅱ.①陈… Ⅲ.①制造工业—工业发展战略—
研究—日本—21世纪 Ⅳ.①F431.36

中国版本图书馆 CIP 数据核字（2022）第 057106 号

出 版 人	赵剑英
责任编辑	李凯凯
责任校对	胡新芳
责任印制	王 超

出　　版	中国社会科学出版社
社　　址	北京鼓楼西大街甲 158 号
邮　　编	100720
网　　址	http://www.csspw.cn
发 行 部	010 - 84083685
门 市 部	010 - 84029450
经　　销	新华书店及其他书店

印　　刷	北京君升印刷有限公司
装　　订	廊坊市广阳区广增装订厂
版　　次	2022 年 5 月第 1 版
印　　次	2022 年 5 月第 1 次印刷

开　　本	710 × 1000　1/16
印　　张	18
字　　数	264 千字
定　　价	95.00 元

总序 学派的魅力

王京生

学派的星空

在世界学术思想史上，曾经出现过浩如繁星的学派，它们的光芒都不同程度地照亮人类思想的天空，像米利都学派、弗莱堡学派、法兰克福学派等，其人格精神、道德风范一直为后世所景仰，其学识与思想一直成为后人引以为据的经典。就中国学术史而言，不断崛起的学派连绵而成群山之势，并标志着不同时代的思想所能达到的高度。自晚明至晚清，是中国学术尤为昌盛的时代，而正是在这个时代，学派的存在也尤为活跃，像陆王学派、吴学、皖学、扬州学派等。但是，学派辈出的时期还应该首推古希腊和中国的春秋战国时期，古希腊出现的主要学派就有米利都学派、毕达哥拉斯学派、埃利亚学派、犬儒学派；而儒家学派、黄老学派、法家学派、墨家学派、稷下学派等，则是中国春秋战国时代学派鼎盛的表现，百家之中几乎每家就是一个学派。

综观世界学术思想史，学派一般都具有如下的特征：

其一，有核心的代表人物，以及围绕着这些核心人物所形成的特定时空的学术思想群体。德国 19 世纪著名的历史学家兰克既是影响深远的兰克学派的创立者，也是该学派的精神领袖，他在柏林大学长期任教期间培养了大量的杰出学者，形成了声势浩大的学术势力，兰克本人也一度被尊为欧洲史学界的泰斗。

其二，拥有近似的学术精神与信仰，在此基础上形成某种特定的学术风气。清代的吴学、皖学、扬学等乾嘉诸派学术，以考据为治学方法，继承古文经学的训诂方法而加以条理发明，用于古籍整理和语言文字研究，以客观求证、科学求真为旨归，这一学术风气也因此成为清代朴学最为基本的精神特征。

其三，由学术精神衍生出相应的学术方法，给人们提供了观照世界的新的视野和新的认知可能。产生于 20 世纪 60 年代、代表着一种新型文化研究范式的英国伯明翰学派，对当代文化、边缘文化、青年亚文化的关注，尤其是对影视、广告、报刊等大众文化的有力分析，对意识形态、阶级、种族、性别等关键词的深入阐释，无不为我们认识瞬息万变的世界提供了丰富的分析手段与观照角度。

其四，由上述三点所产生的经典理论文献，体现其核心主张的著作是一个学派所必需的构成因素。作为精神分析学派的创始人，弗洛伊德所写的《梦的解析》等，不仅成为精神分析理论的经典著作，而且影响广泛并波及人文社科研究的众多领域。

其五，学派一般都有一定的依托空间，或是某个地域，或是像大学这样的研究机构，甚至是有着自身学术传统的家族。

学派的历史呈现出交替嬗变的特征，形成了自身发展规律：

其一，学派出现往往暗合了一定时代的历史语境及其"要求"，其学术思想主张因而也具有非常明显的时代特征。一旦历史条件发生变化，学派的内部分化甚至衰落将不可避免，尽管其思想遗产的影响还会存在相当长的时间。

其二，学派出现与不同学术群体的争论、抗衡及其所形成的思想张力紧密相关，它们之间的"势力"此消彼长，共同勾勒出人类思想史波澜壮阔的画面。某一学派在某一历史时段"得势"，完全可能在另一历史时段"失势"。各领风骚若干年，既是学派本身的宿命，也是人类思想史发展的"大幸"：只有新的学派不断涌现，人类思想才会不断获得更为丰富、多元的发展。

其三，某一学派的形成，其思想主张都不是空穴来风，而有其内在理路。例如，宋明时期陆王心学的出现是对程朱理学的反动，但其思想来源却正是后者；清代乾嘉学派主张朴学，是为了反对陆王心学的空疏无物，但二者之间也建立了内在关联。古希腊思想作为欧洲思想发展的源头，使后来西方思想史的演进，几乎都可看作是对它的解释与演绎，"西方哲学史都是对柏拉图思想的演绎"的极端说法，却也说出了部分的真实。

其四，强调内在理路，并不意味着对学派出现的外部条件重要性的否定；恰恰相反，外部条件有时对于学派的出现是至关重要的。政治的开明、社会经济的发展、科学技术的进步、交通的发达、移民的汇聚等，都是促成学派产生的重要因素。名震一时的扬州学派，就直接得益于富甲一方的扬州经济与悠久而发达的文化传统。综观中国学派出现最多的明清时期，无论是程朱理学、陆王心学，还是清代的吴学、皖学、扬州学派、浙东学派，无一例外都是地处江南（尤其是江浙地区）经济、文化、交通异常发达之地，这构成了学术流派得以出现的外部环境。

学派有大小之分，一些大学派又分为许多派别。学派影响越大分支也就越多，使得派中有派，形成一个学派内部、学派之间相互切磋与抗衡的学术群落，这可以说是纷纭繁复的学派现象的一个基本特点。尽管学派有大小之分，但在人类文明进程中发挥的作用却各不相同，有积极作用，也有消极作用。如，法国百科全书派破除中世纪以来的宗教迷信和教会黑暗势力的统治，成为启蒙主义的前沿阵地与坚强堡垒；罗马俱乐部提出的"增长的极限""零增长"等理论，对后来的可持续发展、协调发展、绿色发展等理论与实践，以及联合国通过的一些决议，都产生了积极影响；而德国人文地理学家弗里德里希·拉采尔所创立的人类地理学理论，宣称国家为了生存必须不断扩充地域、争夺生存空间，后来为法西斯主义所利用，起了相当大的消极作用。

学派的出现与繁荣，预示着一个国家进入思想活跃的文化大发展时期。被司马迁盛赞为"盛处士之游，壮学者之居"的稷下学宫，之所以能成为著名的稷下学派之诞生地、战国时期百家争鸣的主要场所与最负盛名的文化中心，重要原因就是众多学术流派都活跃在稷门之下，各自的理论背景和学术主张尽管各有不同，却相映成趣，从而造就了稷下学派思想多元化的格局。这种"百氏争鸣、九流并列、各尊所闻、各行所知"的包容、宽松、自由的学术气氛，不仅推动了社会文化的进步，而且也引发了后世学者争论不休的话题，中国古代思想在这里得到了极大发展，迎来了中国思想文化史上的黄金时代。而从秦朝的"焚书坑儒"到汉代的"独尊儒术"，百家争鸣局面便不复存在，思想禁锢必然导致学派衰落，国家文化发展也必将受到极大的制约与影响。

深圳的追求

在中国打破思想的禁锢和改革开放40多年，面对百年未有之大变局的历史背景下，随着中国经济的高速发展以及在国际上的和平崛起，中华民族伟大复兴的中国梦正在实现。文化是立国之根本，伟大的复兴需要伟大的文化。树立高度的文化自觉，促进文化大发展大繁荣，加快建设文化强国，中华文化的伟大复兴梦想正在逐步实现。可以预期的是，中国的学术文化走向进一步繁荣的过程中，将逐步构建起中国特色哲学社会科学学科体系、学术体系和话语体系，在世界舞台上展现"学术中的中国"。

从20世纪70年代末真理标准问题的大讨论，到人生观、文化观的大讨论，再到90年代以来的人文精神大讨论，以及近年来各种思潮的争论，凡此种种新思想、新文化，已然展现出这个时代在百家争鸣中的思想解放历程。在与日俱新的文化转型中，探索与矫正的交替进行和反复推进，使学风日盛、文化昌明，在很多学科领域都出现了彼此论争和公开对话，促成着各有特色的学术阵营的形成与发展。

一个文化强国的崛起离不开学术文化建设，一座高品位文化城市的打造同样也离不开学术文化发展。学术文化是一座城市最内在的精神生活，是城市智慧的积淀，是城市理性发展的向导，是文化创造力的基础和源泉。学术是不是昌明和发达，决定了城市的定位、影响力和辐射力，甚至决定了城市的发展走向和后劲。城市因文化而有内涵，文化因学术而有品位，学术文化已成为现代城市智慧、思想和精神高度的标志和"灯塔"。

凡工商发达之处，必文化兴盛之地。深圳作为我国改革开放的"窗口"和"排头兵"，是一个商业极为发达、市场化程度很高的城市，移民社会特征突出、创新包容氛围浓厚、民主平等思想活跃、信息交流的"桥头堡"地位明显，形成了开放多元、兼容并蓄、创新创意、现代时尚的城市文化特征，具备形成学派的社会条件。在创造工业化、城市化、现代化发展奇迹的同时，深圳也创造了文化跨越式发展的奇迹。文化的发展既引领着深圳的改革开放和现代化进程，激励着特区建设者艰苦创业，也丰富了广大市民的生活，提升了城市品位。

如果说之前的城市文化还处于自发性的积累期，那么进入新世纪以来，深圳文化发展则日益进入文化自觉的新阶段：创新文化发展理念，实施"文化立市"战略，推动"文化强市"建设，提升文化软实力，争当全国文化改革发展"领头羊"。自 2003 年以来，深圳文化发展亮点纷呈、硕果累累：荣获联合国教科文组织"设计之都""全球全民阅读典范城市"称号，被国际知识界评为"杰出的发展中的知识城市"，连续多次荣获"全国文明城市"称号，屡次被评为"全国文化体制改革先进地区"，"深圳十大观念""新时代深圳精神"影响全国，《走向复兴》《我们的信念》《中国之梦》《永远的小平》《迎风飘扬的旗》《命运》等精品走向全国，深圳读书月、市民文化大讲堂、关爱行动、创意十二月、文化惠民等品牌引导市民追求真善美，图书馆之城、钢琴之城、设计之都等"两城一都"高品位文化城市正成为现实。

城市的最终意义在于文化。在特区发展中，"文化"的地位正发生着巨大而悄然的变化。这种变化不仅在于大批文化设施的兴建、各类文化活动的开展与文化消费市场的繁荣，还在于整个城市文化地理和文化态度的改变，城市发展思路由"经济深圳"向"文化深圳"转变。这一切都源于文化自觉意识的逐渐苏醒与复活。文化自觉意味着文化上的成熟，未来深圳的发展，将因文化自觉意识的强化而获得新的发展路径与可能。

与国内外一些城市比起来，历史文化底蕴不够深厚、文化生态不够完善等仍是深圳文化发展中的弱点，特别是学术文化的滞后。近年来，深圳在学术文化上的反思与追求，从另一个层面构成了文化自觉的逻辑起点与外在表征。显然，文化自觉是学术反思的扩展与深化，从学术反思到文化自觉，再到文化自信、自强，无疑是文化主体意识不断深化乃至确立的过程。大到一个国家和小到一座城市的文化发展皆是如此。

从世界范围看，伦敦、巴黎、纽约等先进城市不仅云集大师级的学术人才，而且有活跃的学术机构、富有影响的学术成果和浓烈的学术氛围，正是学术文化的繁盛才使它们成为世界性文化中心。可以说，学术文化发达与否，是国际化城市不可或缺的指标，并将最终决定一个城市在全球化浪潮中的文化地位。城市发展必须在学术文化层面有所积累和突破，否则就缺少根基，缺少理念层面的影响，缺少自我反省的能力，就不会有强大的辐射力，即使有一定的辐射力，其影响也只是停留于表面。强大而繁荣的学术文化，将最终确立一种文化类型的主导地位和城市的文化声誉。

深圳正在抢抓粤港澳大湾区和先行示范区"双区"驱动，经济特区和先行示范区"双区"叠加的历史机遇，努力塑造社会主义文化繁荣兴盛的现代城市文明。近年来，深圳在实施"文化立市"战略、建设"文化强市"过程中鲜明提出：大力倡导和建设创新型、智慧型、包容型城市主流文化，并将其作为城市精神的主轴以及未来文化发展的明确导向和基本定位。其中，智慧型城市文化就是以追求知识和理性为旨归，人文气息浓郁，学术文化繁荣，智慧产出能力较强，学习型、知识型城市建设成效卓著。深圳要大力弘扬粤港澳大湾区人文精神，建设区域文化中心城市和彰显国家文化软实力的现代文明之城，建成有国际影响力的智慧之城，学术文化建设是其最坚硬的内核。

经过40多年的积累，深圳学术文化建设初具气象，一批重要学科确立，大批学术成果问世，众多学科带头人涌现。在中国特色社会主义理论、先行示范区和经济特区研究、粤港澳大湾区、文化发展、城市化等研究领域产生了一定影响；学术文化氛围已然形成，在国内较早创办以城市命名的"深圳学术年会"，举办了"世界知识城市峰会"等一系列理论研讨会。尤其是《深圳十大观念》等著作的出版，更是对城市人文精神的高度总结和提升，彰显和深化了深圳学术文化和理论创新的价值意义。这些创新成果为坚定文化自信贡献了学术力量。

而"深圳学派"的鲜明提出，更是寄托了深圳学人的学术理想和学术追求。1996 年最早提出"深圳学派"的构想；2010 年《深圳市委市政府关于全面提升文化软实力的意见》将"推动'深圳学派'建设"载入官方文件；2012 年《关于深入实施文化立市战略建设文化强市的决定》明确提出"积极打造'深圳学派'"；2013 年出台实施《"深圳学派"建设推进方案》。一个开风气之先、引领思想潮流的"深圳学派"正在酝酿、构建之中，学术文化的春天正向这座城市走来。

"深圳学派"概念的提出，是中华文化伟大复兴和深圳高质量发展的重要组成部分。树起这面旗帜，目的是激励深圳学人为自己的学术梦想而努力，昭示这座城市尊重学人、尊重学术创作的成果、尊重所有的文化创意。这是深圳 40 多年发展文化自觉和文化自信的表现，更是深圳文化流动的结果。因为只有各种文化充分流动碰撞，形成争鸣局面，才能形成丰富的思想土壤，为"深圳学派"形成创造条件。

深圳学派的宗旨

构建"深圳学派"，表明深圳不甘于成为一般性城市，也不甘于仅在世俗文化层面上做点影响，而是要面向未来中华文明复兴的伟大理想，提升对中国文化转型的理论阐释能力。"深圳学派"从名称上看，是地域性的，体现城市个性和地缘特征；从内涵上看，是问题性的，反映深圳在前沿探索中遇到的主要问题；从来源上看，"深圳学派"没有明确的师承关系，易形成兼容并蓄、开放择优的学术风格。因而，"深圳学派"建设的宗旨是"全球视野，民族立场，时代精神，深圳表达"。它浓缩了深圳学术文化建设的时空定位，反映了对学界自身经纬坐标的全面审视和深入理解，体现了城市学术文化建设的总体要求和基本特色。

一是"全球视野"：反映了文化流动、文化选择的内在要求，体现了深圳学术文化的开放、流动、包容特色。它强调要树立世界眼光，尊重学术文化发展内在规律，贯彻学术文化转型、流动与选择辩证统一的内在要求，坚持"走出去"与"请进来"相结合，推动深圳与国内外先进学术文化不断交流、碰撞、融合，保持旺盛活力，构建开放、包容、创新的深圳学术文化。

文化的生命力在于流动，任何兴旺发达的城市和地区一定是流动文化最活跃、最激烈碰撞的地区，而没有流动文化或流动文化很少光顾的地区，一定是落后的地区。文化的流动不断催生着文化的分解和融合，推动着文化新旧形式的转换。在文化探索过程中，唯一需要坚持的就是敞开眼界、兼容并蓄、海纳百川，尊重不同文化的存在和发展，推动多元文化的融合发展。中国近现代史的经验反复证明，闭关锁国的文化是窒息的文化，对外开放的文化才是充满生机活力的文化。学术文化也是如此，只有体现"全球视野"，才能融入全球思想和话语体系。因此，"深圳学派"的研究对象不是局限于一国、一城、一地，而是在全球化背景下，密切关注国际学术前沿问题，并把中国尤其是深圳的改革发展置于人类社会变革和文化变迁的大背景下加以研究，具有宽广的国际视野和鲜明的民族特色，体现开放性甚至是国际化特色，融合跨学科的交叉和开放，提高深圳改革创新思想的国际影响力，向世界传播中国思想。

二是"民族立场"：反映了深圳学术文化的代表性，体现了深圳在国家战略中的重要地位。它强调要从国家和民族未来发展的战略出发，树立深圳维护国家和民族文化主权的高度责任感、使命感、紧迫感。加快发展和繁荣学术文化，融通马克思主义、中华优秀传统文化和国外学术文化资源，尽快使深圳在学术文化领域跻身全球先进城市行列，早日占领学术文化制高点。推动国家民族文化昌盛，助力中华民族早日实现伟大复兴。

任何一个大国的崛起，不仅伴随经济的强盛，而且伴随文化的昌盛。文化昌盛的一个核心就是学术思想的精彩绽放。学术的制高点，是民族尊严的标杆，是国家文化主权的脊梁骨；只有占领学术制高点，才能有效抵抗文化霸权。当前，中国的和平崛起已成为世界的最热门话题之一，中国已经成为世界第二大经济体，发展速度为世界刮目相看。但我们必须清醒地看到，在学术上，我们还远未进入世界前列，特别是还没有实现与第二大经济体相称的世界文化强国的地位。这样的学术境地不禁使我们扪心自问，如果思想学术得不到世界仰慕，中华民族何以实现伟大复兴？在这个意义上，深圳和全国其他地方一样，学术都是短板，理论研究不能很好地解读实践、总结经验。而深圳作为"全国改革开放的一面旗帜"，肩负着为国家、为民族文化发展探路的光荣使命，尤感责任重大。深圳这块沃土孕育了许多前沿、新生事物，为学术研究提供了丰富的现实素材，但是学派的学术立场不能仅限于一隅，而应站在全国、全民族的高度，探索新理论解读这些新实践、新经验，为繁荣中国学术、发展中国理论贡献深圳篇章。

三是"时代精神"：反映了深圳学术文化的基本品格，体现了深圳学术发展的主要优势。它强调要发扬深圳一贯的"敢为天下先"的精神，突出创新性，强化学术攻关意识，按照解放思想、实事求是、求真务实、开拓创新的总要求，着眼人类发展重大前沿问题，聚焦新时代新发展阶段的重大理论和实践问题，特别是重大战略问题、复杂问题、疑难问题，着力创造学术文化新成果，以新思想、新观点、新理论、新方法、新体系引领时代学术文化思潮，打造具有深圳风格的理论学派。

党的十八大提出了完整的社会主义核心价值观，这是当今中国时代精神的最权威、最凝练表达，是中华民族走向复兴的兴国之魂，是中国梦的核心和鲜明底色，也应该成为"深圳学派"进行研究和探索的价值准则和奋斗方向。其所熔铸的中华民族生生不息的家国情怀，无数仁人志士为之奋斗的伟大目标和每个中国人对幸福生活的向往，是"深圳学派"的思想之源和动力之源。

创新，是时代精神的集中表现，也是深圳这座先锋城市的第一标志。深圳的文化创新包含了观念创新，利用移民城市的优势，激发思想的力量，产生了一批引领时代发展的深圳观念；手段创新，通过技术手段创新文化发展模式，形成了"文化＋科技""文化＋金融""文化＋旅游""文化＋创意"等新型文化业态；内容创新，以"内容为王"提升文化产品和服务的价值，诞生了华强文化科技、腾讯、华侨城等一大批具有强大生命力的文化企业，形成了文博会、读书月等一大批文化品牌；制度创新，充分发挥市场的作用，不断创新体制机制，激发全社会的文化创造活力，从根本上提升城市文化的竞争力。"深圳学派"建设也应体现出强烈的时代精神，在学术课题、学术群体、学术资源、学术机制、学术环境方面迸发出崇尚创新、提倡包容、敢于担当的活力。"深圳学派"需要阐述和回答的是中国改革发展的现实问题，要为改革开放的伟大实践立论、立言，对时代发展作出富有特色的理论阐述。它以弘扬和表达时代精神为己任，以理论创新、知识创新、方法创新为基本追求，有着明确的文化理念和价值追求，不局限于某一学科领域的考据和论证，而要充分发挥深圳创新文化的客观优势，多视角、多维度、全方位地研究改革发展中的现实问题。

四是"深圳表达"：反映了深圳学术文化的个性和原创性，体现了深圳使命的文化担当。它强调关注现实需要和问题，立足深圳实际，着眼思想解放、提倡学术争鸣，注重学术个性、鼓励学术原创，在坚持马克思主义的指导下，敢于并善于用深圳视角研究重大前沿问题，用深圳话语表达原创性学术思想，用深圳体系发表个性化学术理论，构建具有深圳风格和气派的话语体系，形成具有创造性、开放性和发展活力的理论。

称为"学派"就必然有自己的个性、原创性，成一家之言，勇于创新、大胆超越，切忌人云亦云、没有反响。一般来说，学派的诞生都伴随着论争，在论争中学派的观点才能凸显出来，才能划出自己的阵营和边际，形成独此一家、与众不同的影响。"深圳学派"依托的是改革开放前沿，有着得天独厚的文化环境和文化氛围，因此不是一般地标新立异，也不会跟在别人后面，重复别人的研究课题和学术话语，而是要以改革创新实践中的现实问题研究作为理论创新的立足点，作出特色鲜明的理论表述，发出与众不同的声音，充分展现深圳学者的理论勇气和思想活力。当然，"深圳学派"要把深圳的物质文明、精神文明和制度文明作为重要的研究对象，但不等于言必深圳，只囿于深圳的格局。思想无禁区、学术无边界，"深圳学派"应以开放心态面对所有学人，严谨执着，放胆争鸣，穷通真理。

狭义的"深圳学派"属于学术派别，当然要以学术研究为重要内容；而广义的"深圳学派"可看成"文化派别"，体现深圳作为改革开放前沿阵地的地域文化特色，因此除了学术研究，还包含文学、美术、音乐、设计创意等各种流派。从这个意义上说，"深圳学派"尊重所有的学术创作成果，尊重所有的文化创意，不仅是哲学社会科学，还包括自然科学、文学艺术等，应涵盖多种学科，形成丰富的学派学科体系，用学术续写更多"春天的故事"。

"寄言燕雀莫相唬，自有云霄万里高。"学术文化是文化的核心，决定着文化的质量、厚度和发言权。我们坚信，在建设文化强国、实现文化复兴的进程中，植根于中华文明深厚沃土、立足于特区改革开放伟大实践、融汇于时代潮流的"深圳学派"，一定能早日结出硕果，绽放出盎然生机！

写于 2016 年 3 月
改于 2021 年 6 月

前　　言

　　发达国家去工业化路线已经过去二十载，其合理性因经济危机爆发而再受质疑。对制造业地位的再认识促使美、中、日、德等传统制造业大国再次围绕制造业发展勾画蓝图。不过，在市场调节处于基础配置作用的全球化时代，国家制造业竞争力是各制造业企业实力的综合表现，企业能否运用合适的竞争战略来适应产业变化趋势、充分发挥自身能力是各国制造业振兴的关键问题。日本作为世界上制造业综合竞争力最强的国家之一，20 世纪末至 21 世纪初在制造业领域遭受诸多挑战，从而进行了深刻的竞争战略调整，并取得了一定程度的战略效果。实际上，日本企业的战后振兴到 21 世纪初的新一轮竞争战略调整对中国企业都具有深远的借鉴意义。因此，本书试图对战后日本制造业企业竞争战略调整进行宏观性研究以窥探其战略路线与逻辑，并将重点放在 21 世纪以来的竞争战略调整上，主要研究对象为具有代表性的日本汽车与电子企业。

　　本书基于战略管理理论研究视角，从以下四点探索创新。第一，以波特通用竞争战略为视角对日本制造业企业的新一轮竞争战略调整进行详细的梳理，将波特的经典理论与当下经济现象进行结合研究，以经典理论视角看待当下企业行为模式，既增强了对日本制造业企业竞争战略转型研究的说服力，又使传统经典理论得以丰富的扩展。第二，根据战略管理理论发展框架，将行业基础观、资源基础观到企业能力观这一理论发展路线与日本制造业企业战后半个世纪的竞争战略调整轨迹相对接，以行业基础观与资源基础观的分析依据对日本企业的战略调整路线与逻辑进行分析与归纳，发现日本企业竞争战略调整历史与战略管理理论发展历史是高度相关并契合的，从而延展了研究日本制造业发展的理论视角与深度。这种建立在历史与理论的结合视角，对一国企业竞争战略进行系统分析的研究方法，在国内相关研究上一直较少涉及。第三，将分工经济、顾客价值、制造业服务化等相关理论的发展与日本制造业企业战略调整措施相结合，发现 21 世纪以来日本制造业企业对经典竞争战略形成了新的理解，并展开了全新的战略部署。对日本制造业企业在新世纪中所采取的竞争战略调整的研究，在国内尚较少涉及。第四，本书通过对理论研究的自然延展，在日本制造业企业竞争战略调整中勾勒出了制造业的下一轮转型趋势，从而发现了日本制造业企业对"次世代制造业"的具体构建方式、程度与内涵机理，进一步把握日本企业如何应对制造业变化趋势，并界定了其对次世代制造业变化趋势的影响程度。

日本制造业企业竞争战略调整对本国经济的重要作用为中国坚持制造业立国提供了参考，表明制造业在国民经济体系中的地位并未随"去工业化"思潮而降低。结合日本企业制定竞争战略的经验与教训，中国企业一方面应结合所在产业特点与自身资源与能力优势构建中长期的战略规划，另一方面应重视对所在产业发展趋势的判断与应对，避免因近年来制造业快速发展现状而降低对未来挑战的识别能力，增强竞争战略规划的前瞻性并积极布局应对措施。借鉴日本政府在产业发展中所发挥的作用，在规制金融服务、解决企业现实问题、推进产业发展战略规划等方面为中国制造业发展提供参考。

目　　录

图 目 录

表 目 录

第一章

绪　　论

第一节　问题的提出和研究意义

一　问题的提出

2008 年以来，由美国次贷危机引发的国际经济危机致使各国经济发展纷纷进入下行轨道。2013 年以来，全球经济渐显回暖趋势，但主要经济体与发展中国家的经济增速仍然处于低位运行阶段。这次由金融层面引发的国际性经济衰退使经济学界开始对金融服务业对于国家经济发展中的地位、作用做更加深入的思考，制造业对经济的中坚作用再次被强调。制造业在国家经济体系中的重要性再获重视的同时，制造业自身下一轮转型升级的趋势也逐渐成型。继机械化生产、电气化与自动化生产、电子信息化生产三次工业革命之后，基于信息物理融合系统的新工业变革已经初现雏形。随着物联网、大数据、云计算、人工智能、虚拟现实等新业态的诞生，制造业面临产业业态、产业格局、产业价值链的变化。

对于从事制造业的企业而言，竞争力的获取与维持是企业立足于制造业竞争环境下的基础。制造业自身格局的变化、宏观经济对制造业的影响以及制造业转型趋势，都使企业面临的问题逐渐复杂化。无论是从企业所从事的产业环境，还是制造业整体产业间的变化，抑或是竞争对手以及潜在竞争对手在竞争力构筑模式上的变化，都给企业的竞争力保持带来了持续性的冲击。这为企业提出了时代性的问题，在经济大环境与产业环境双重变化的背景下，企业如何去培养、保持、获取、发挥自身的竞争力？企业规划战略需要立足于哪些认识？应该如何规划？21 世纪以来，日本企业的竞争战略转变频繁发生，并深刻地改变了日本制造业的既有形态。这对于中国企业，是否值得借鉴？如何借鉴？这些问题成了本书研究的出发点。

二　研究意义

（一）现实意义

第一，日本是世界上制造业发展水平最高的发达国家之一，于 20 世纪 60—90 年代，依靠制造业实现了国家的经济振兴，并在机械制造、电子、材料、化工等诸多领域保持着长时间的领先地位。日本制造业产业发展史，就是一部国家经济发展史，对研究制造业在国民经济体系中的地位和作用，有着深刻的现实意义。同时，随着 20 世纪 90 年代之后的"去工业化"与"失去的二十年"，日本也是研究产业空心化、虚拟经济膨胀等现象的理想目标。

第二，日本制造业依次经历了资源密集型、资本密集型到技术密集产业转型，通过从重工业向信息工业的过渡实现制造业竞争力的层层递进，这与中国政府对制造业发展规划的顶层设计基本一致。现阶段，中国制造业尚未完成从资源密集型产业向资本密集型产业的过渡，更遑论向技术密集型产业的过渡了。虽然部分尖端企业实现了向技术密集型产业发展模式的转型，但是大部分制造业企业仍然处于资源消耗大、产出附加值低、劳动生产率低的发展阶段。因此，研究日本制造业企业的竞争战略调整，把握日本制造业企业在对自身竞争力的界定与构筑，可以为中国制造业企业业务模式和盈利模式的转型升级提供借鉴，也能为中国制造业整体转型提供具有参考价值的举措与方案。

第三，中国与日本同为制造业大国，两国的制造业竞争力的表现关系到两国经济动脉和两国人民的生活水平。而两国的制造业企业的主营业务，又存在较为明显的重叠性与可替代性。日本制造业企业的主要竞争优势产品，集中于运输机械、电气机械与一般机械的三大机械领域内，与中国制造业企业主要竞争优势业务相比，在汽车、电子上的重叠性最为明显。因此，日本汽车与电子企业的竞争战略调整，深刻地影响着中国同类企业的发展。对日本汽车与电子企业的竞争战略调整进行系统性分析，对中国企业认清日本企业优势与劣势有着深刻的现实意义。同时，通过对日本企业竞争战略调整的逻辑思路、具体措施与发展构想进行剖析，也能够为中国企业对自身竞争战略调整提供借鉴。

第四，日本制造业企业的竞争战略调整与次世代制造业趋势紧紧相连。对这种联系进行深入分析，不仅能把握日本制造业企业对制造业总体变化所做的判断，也能探究出日本制造业企业对未来的规划。这对中国制造业企业在深入了解次世代制造业趋势可能带来的实质性影响上，以及认识两国企业之间以新兴产业业态为核心的竞争中可能面临的局势上，都有着深刻的现实借鉴意义。

（二）理论意义

在企业竞争战略理论层面上，迈克尔·波特提出并构建了系统性的理论分析框架。波特的竞争战略理论体系仍然能够为日本制造业企业新一轮的竞争战略调整做归类界定。本书将加强波特竞争战略理论与日本制造业企业战略实践的结合，把握波特理论框架的理论与实践的结合分析。

在企业竞争战略发展层面上，竞争战略理论体系在不断地发展与扩展中。本书试图将竞争战略的理念发展导入对日本制造业企业竞争战略调整的研究中去，以新的理论延伸为角度对日本制造业企业竞争战略进行研究，从而加强对日本战略调整的理论解释。

第二节　文献综述

一　关于竞争优势与竞争战略的研究

在新古典经济学中，经济学领域对解释国际贸易中各国竞争优势局限于比较优势理论上。亚当·斯密最先提出比较优势理论，认为国际贸易是建立在生产技术相对差异而引致的相对成本差异的基础上。一国出口相对优势的产品，进口相对劣势的产品。大卫·李嘉图进一步指出，在比较优势的影响下，一国的产业将向着生产率相对高的产业集中。李嘉图认为产业相对优势是由国家间的环境、资源、气候等无法操控的元素导致的，而赫克歇尔与俄林也指出在生产技术相同时，各国的土地、劳动力、资源与资本等生产要素的差异决定了国家的产业发展选择。① 在新古典经济学的竞争理论中，国家间投入要素的不同被认为是企业发展的决定性因素，因此企业被定义为一种"黑箱"，是国家客观条件约束下所形成的投入与产出函数。"黑箱"理论不深究企业内部结构与运行状况，而只根据其输入与输出的变化判断企业的内部情况，并以此指导企业管理水平的提高。② 然而，随着国际贸易程度的深化，经济学界发现仅从投入与产出的关系很难解释企业在市场竞争中所存在的利润差别。Coase 指出企业难以通过市场完成全部资源的配置，因为价格体系本身产生交易费用，从而诞生企业以替代市场价格机制，要研究企业替代下的价格机制，需要将交易作为一种可分析的经济学工具，打破企业"黑箱"进行系统研究。③ 打开企业"黑箱"，成为经济学界研究企业竞争优势与竞争战略理论的开始，④ 并逐渐形成企业战略相关理论，从企业层面探讨具体问题。

开始，对企业战略的研究立足于企业对环境的被动适应。Hannan 与 Freeman（1974）提出了环境适应模型，认为环境因素通过对企业组织特性的筛选而使企业组织结构达到适用于环境的最佳状态。后来，Benson 提出了政治经济模型（political economy model），认为企业组织的决策制定应是组织对环境战略性的选择适应，而非对环境的被动适应。⑤ 这一阶段，学界对企业的组织与外部环境的适应关系作为理论探讨的重点，并未深入企业竞争战略问题，直到 Hofer 与 Schendel 提出竞争优势概念，企业竞争战略层面理论探讨才

---

① ［瑞典］伯特尔·俄林：《区域贸易与国际贸易》，华夏出版社 2008 年版，第 7—19 页。

② 周达林：《浅谈"黑箱"理论》，《江西财经学院学报》1987 年第 2 期。

③ Coase R. H. , "The Nature of the Firm", *Economica*, No. 4, 1937, pp. 386 - 405.

④ 谭瑞松：《我国微型乘用车企业竞争战略研究》，博士学位论文，哈尔滨工程大学，2006 年，第 5 页。

⑤ Kenneth Benson, "The Interorganizational Network as a Political Economy", *Administrative Science Quarterly*, Vol. 15, No. 2, 1975, pp. 229 - 249.

系统地展开了。Hofer 与 Schendel 认为，竞争优势是一个组织通过资源配置而获得的相对于其他竞争对手的独特性市场优势。而当某种竞争优势能为企业带来持续超越竞争对手的自身特有的能力时，该竞争优势可被称为持续竞争优势。持续竞争优势可以是内生的，也可以是外生的。①

美国学者迈克尔·波特首先构建了完整的竞争战略理论体系。波特将企业所独具的优势称为企业竞争优势，来源于企业为客户创造的超过其成本的价值。在分析企业竞争优势的来源时，波特提出了价值链理论，把企业在设计、生产、营销、交货及辅助其产品的过程的活动集合体定义为价值链。通过价值链，企业可以对其价值产生的环节进行追踪，将各环节活动进行分解，以探究价值产生的来源。然后以此制定相应的竞争战略，以获取或维持竞争优势。②然而波特理论的基点在于对产业结构的分析，认为如果企业进入了错误的产业，企业将难以获取竞争优势。企业面临产业内的五大竞争力，而企业所在产业还深受国家竞争优势的影响，企业内部因素对于展开竞争的帮助，反而居于次席。

波特提出了总成本领先战略、差异化战略与集中战略三大通用战略作为企业的竞争战略选择模板。波特认为单一通用战略的实施更具效率，同时指出战略的选择受产业性质的严格影响，且不同战略的配套实施存在难度。如总成本领先战略与差异化战略结合具有不可行性，因为基于价格战的成本战略很难同时实现产品与服务的差异化。③

对于波特的通用战略结合问题，学术界提出了不同的意见。Gareth R. Jones 与 John E. Butler 认为成本领先战略与差异化战略并非完全对立。企业需承担制造成本与交易成本，当制造成本下降的幅度大于或等于交易成本上升的幅度时，差异化战略就可以顾全总成本领先战略的实施。因此，成功的差异化战略甚至能够保证总成本领先战略的实施情况，从而同时实现交易成本与制造成本

---

① Hofer Charles W. , Schendel, "Strategy Formulation: Analyical Concepts", *West Pub*, Vol. 51, No. 4, 1987, p. 238.

② [美]迈克尔·波特：《竞争优势》，中信出版社 2016 年版，第 29—40 页。

③ 同上。

的最小化。[1] David Besanko 等（1995）从总成本与差异化优势的经济学与组织逻辑出发研究了两个竞争战略的获利逻辑。总成本领先战略是企业通过成本优势大于价格差来获取剩余利润，而差异化战略则是通过更高的成本提供价值更高的产品，通过合适的价格获取高利润边际的同时提供更高的消费者剩余，以获得相对于竞争对手的优势。但是企业并非只在成本与差异化优势中二选一，一些因素会弱化差异定位与成本定位的替代性：（1）规模经济与经验曲线能实现平均成本的下降；（2）高质量产品经验积累速度一般快于低质量产品；（3）缺乏效率模糊了成本定位与差异定位的关系。因此，大多数企业都可以进行总成本领先与差异化战略的结合。[2] W. 钱·金等认为总成本领先与差异化战略的结合能够通过"蓝海战略"实现。他们将市场分为"红海"和"蓝海"，红海代表当前已知的市场范围，蓝海则代表未知的市场范围。在红海领域，企业更需要遵循价值与成本的互相替换，很难实现差异化与低成本的统一。但是如果企业进入蓝海，那么由于不存在产业边界及游戏规则，企业掌握了产业规则与边界的制定权，从而能够实现低成本与差异化。[3]

　　自波特提出三大战略以来，学术界一直对竞争战略理论体系进行完善。Miller[4] 对波特[5]、Scherer[6]、Miles 与 Snow 等[7]、MacMillan 与 Hambrick[8] 等学者的理论研究进行了系统归纳，认为企业的竞争

①　Gareth R. , John E. , "Costs, Revenue, and Business: Level Strategy", *Academy of Management Review*, Vol. 13, No. 2, 1988.

②　［美］戴维·贝赞可、戴维·德雷诺夫、马克·尚利：《公司战略经济学》，北京大学出版社 1999 年版，第 392—402 页。

③　［韩］W. 钱·金、［美］勒妮·莫博涅：《蓝海战略：超越产业竞争　开创全新市场》，商务印书馆 2005 年版，第 7—34 页。

④　Danny Miller, "Configurations of Strategy and Structure: Towards a Synthesis", *Strategic Management Journal*, Vol. 7, No. 2, 1986, pp. 233 – 249.

⑤　Porter. M. , Competitive Strategy. Free Press, New York, 1980.

⑥　Scherer. F. , *Industrial Market Structure and Economic Performance*. Division of Research, Graduate School of Business Adminstration, Harvard University, Cambridge, MA, 1974.

⑦　Miles R. E. , Snow C. C. , Meyer A. D. , et al. , "Organizational Strategy, Structure, and Process", *McGraw-Hill*, 1978.

⑧　MacMillan I. C. , D. Hambrick, "*Capital Intensity, Market Share Instability and Profits-The Case for Asset Parsimony*", Columbia University Strategy Research Center, New York, 1983.

战略实际上存在四个主要维度，分别为差异化、成本领先、集中与资产节约四个竞争战略，用于比较行业内与行业间企业的竞争优势。在成本领先战略上，波特的理论构架已经较为成熟，但在其他三个维度上，理论已经得到了充分的扩展。在差异化战略上，Miller 差异化战略分为两种差异化模式，第一种是 Miles 与 Snow（1978）所提出的创新式差异化，第二种是由 Miller 与 Friesen[①] 所提出的营销式差异化。前者由企业通过推出新的产品与科技来获得高定价权，后者是企业通过吸引力强的产品组合、优良的服务、优化的区位设置与好的产品或服务可靠性来实现差异化，其手段主要包括广告、推广、分销、推销等模式。在集中战略上，Miller 指出集中战略实际上是在特定领域内实现差异化与成本领先，可以分为一种维度的两个极端：一种是高度集中，另一种是高度不集中（very unfocused）。高度集中主要指所提出的壁龛战略（niche strategy）（Miller and Friesen，1978），高度不集中指企业事业部战略（conglomerate strategy）（Miller and Friesen，1984）以及非相关多元化战略（unrelated diversification strategy）[②]。至于资产节约战略，首先由 MacMillan 与 Hambrick（1983）提出，他们发现企业的资产密集度能够带来更高的效率，有助于企业在稳定环境中实施成本领先战略。

随着时代发展，波特也在扩展着自己的理论体系。1985 年，波特与 Millar 的《信息技术如何带来竞争优势》就紧跟信息技术萌芽对企业战略的影响。后来，波特在《战略与互联网》一文中指出在互联网时代下，企业不应去过分追求战略新意而抛弃对产业结构的经典分析，成本与价格等传统要素仍然决定企业的盈利水平。波特构建了网络产业的五力模型并分析其对企业竞争战略的影响，认为企业盈利能力的两个基本因素仍然是产业结构与持续竞争优势。[③]我国学者彭赓等（2010）根据互联网独特的竞争优势特点，从波特

---

①　Miller D. , Friesen P. H. , "Organizations: A Quantum View", *American Journal of Sociology*, Vol. 9, No. 4, 1986.

②　Rumelt R. P. , "Strategy, structure, and economic performance", *Journal of Behavioral Economics*, No. 75, 1974, pp. 91 – 92.

③　Micheal Porter, "Strategy and the Internet", *Harvard Business Review*, 2001, 79: 62 – 79. https://hbr. org/2001/03/strategy-and-the-internet.

的三种通用战略出发，归纳出互联网的三种竞争战略，分别为高匹配、原创与关系战略。

不过，波特战略理论立足于对产业结构的分析，与主张从企业内部出发的学者产生了理论基点上的冲突。以沃纳菲尔特为代表的学者开创了资源学派，将视角转向企业内部，他们的学术观点也被统称为"资源基础观"。同时，波特理论体系被称为"行业基础观"，主张该理论的学者被称为"产业组织学派"。

以"资源基础观"为代表的"资源学派"极大丰富了企业战略理论体系。① 资源基础观的理论渊源来自 1959 年彭罗斯在《企业成长理论》中对企业的定义。他提出企业本质是一个具有不同用途、随着时间推移而变化、由管理决策决定产生的生产性资源集合体，其对有形资产和无形规则的协调能力，才是企业能力的本质。② 资源学派真正建立的标志为沃纳菲尔特所著的《企业资源基础论》，将企业的组织特性定义为资源，认为资源能够转化成异质的能力，从而为企业带来竞争优势。③ 另一位资源学派代表人物 Barney 进一步将资源分解为有形资产、无形资产与组织能力三个组成部分，④ 而企业决策于组织内部制定并实施。企业在制定决策时，不仅需要考虑环境对企业所提供的企业内部难以获得的资源，更需考虑企业内部资源所转化成的能力对环境的控制。⑤ Barney 进一步以资源基础观为出发点对竞争优势进行定义，认为竞争优势来源于资源向战略能力的转化：当一个企业能够实施某种价值创造性战略而其他任何现存或潜在竞争者不能同时实施时，那么这个企业就拥有了竞争优势。资源基础观随着时代的发展也在进一步完善，如 Goldhaber（1997）引入了互联网企业的新资源形态，将"注意力"看作互联

---

① 李玉刚:《战略管理》(第三版)，科学出版社 2013 年版，第 4—6 页。

② 伊迪丝·彭罗斯:《企业成长理论》，上海人民出版社 2007 年版，第 32—45 页。

③ Wernerfelt, Birger, "A Resource-based View of the Firm", *Strategic Management Journal*, 1984, pp. 171–180.

④ Barney J. B., "Firm Resources and Sustained Competitive Advantage", *Journal of Management*, Vol. 17, No. 1, 1991, pp. 99–120.

⑤ Howard E. Aldrich, Jeffrey Pfeffer, "Environments of Organizations", *Annual Review of Sociology*, Vol. 2, No. 1, 1976, pp. 79–105.

网企业的一种企业资源，认为互联网企业应该围绕注意力构建竞争战略。后来学界用流量来衡量"注意力"，认为流量符合 Barney（1991）所界定的企业持续竞争优势的五个特征：稀缺性、难以模仿性、不可替代性、价值性、价值与价格差，且具有较强的先发优势。因此，互联网企业的竞争战略是围绕着流量展开的，其理论逻辑仍然是企业通过对资源的把握而获取的持续性竞争优势，只是资源的形式随着时代变化而出现变化。

随着资源基础观的发展，学界开始从关注资源偏向关注能力转变，这一转变的标志为企业核心能力理论与企业动态能力理论的建立。Prahalad 与 Hamel 于《哈佛商业评论》上发表的《企业的核心能力》① 一文标志着企业核心能力理论的建立。文中认为，短期内，企业的竞争优势源于现有产品的性价比等特性。但是随着产品成本与标准质量的成型，产品的差异化优势的重要性在缩小。从长期来看，竞争优势取决于企业能否比对手以更低的成本与更快的速度构建核心竞争力。这些核心竞争力将企业的技术与知识整合起来，帮助企业各项业务能及时把握不断变化的机遇。为保持企业在知识和技能上的核心能力，则需要企业打破常规框架，建立战略架构，在创新中掌握竞争优势。他们强调企业的能力是组织中的积累性学识，特别是关于协调生产技能和有机结合多种技术的学识。日本学者藤本隆宏（2007）提出"能力构筑竞争"概念，实际上可看作一种企业核心能力观。他首先提出企业分为表层竞争力与深层竞争力，并认为在一定程度上，深层竞争力对企业持续性竞争力的构筑比表层竞争力更为重要。②

至于企业动态能力理论，首先由 D'Aveni 等（1994）③ 提出。D'Aveni 指出，市场竞争方式已经向"超越竞争"转变，市场博弈

① Prahalad C. K. , Gary Hamel, "Core Competence of the Corporation", *Harvard Business Review*, Vol. 68, No. 5/6, 1990, pp. 79 – 93.

② ［日］藤本隆宏：《能力构筑竞争：日本的汽车产业为何强盛》，中信出版社2007 年版，第 12—24 页。

③ Rajaram Veliyath, "Reviewed work（s）: Hypercompetition: Managing the Dynamics of Strategic Maneuvering", *The Academy of Management Review*, Vol. 21, No. 1, 1996, pp. 291 – 294.

日趋陷入囚徒困境模式，企业竞争优势转瞬即逝，构建的规则也不停遭遇破坏性竞争对手的挑战。随着市场状况向着产业边界模糊化与顾客忠诚度多变化，企业只有有效应对超越竞争方式，才能确保竞争地位。因此，企业动态能力理论强调企业在产品研发生产及营销上做到适应千变万化的市场，企业的组织管理及战略策划应该根据行业动态及消费者需求进行灵活调整。D'Aveni 提出的新 "7s" 框架（相对于麦肯锡的 7s 框架）解释了其对企业动态能力的理解。"7s" 分别为：高股东满意度（Superior stakeholder satisfaction）、高战略预见性（Strategic soothsaying）、快速反应能力（Capabilities for speed）、出奇制胜的能力（Capabilities for surprise）、革新规则（Shifting the rules）、表明战略意图（Signaling strategic intent）、同时而连续的战略性出击（Simultaneous and sequential strategic thrusts）。归纳来看，企业动态能力是具有预见性的、适应于动态变化的、表现出侵略性及主动性的能力。

Teece 等所著《动态能力与战略管理》一文，正式从理论上构建了动态能力理论。文中认为动态能力是企业整合、建立及重新配置内部与外部能力来因应快速变动环境的能力。[①] Eisenhardt 与 Martin 认为动态能力是企业整合、重组、取得及释放资源的过程，创造与发展新的能力以符合甚至创造市场机会。[②] Subba Narasimha （2001）认为，能力是一种知识属性，当企业把不断获得到的各种知识进行吸收、转换时，动态能力就产生了。该理论的诞生与模块化理念、全球工厂理论影响下的产业环境密不可分，本身就是着重对新产业发展趋势的应对之策。

除了行业基础观与资源基础观外，学界还存在以顾客价值为核心的价值创造战略思想，成为企业战略理论的组成部分，并且随着近年来市场形态的变化而日益凸显其重要性与合理性。彼得·德鲁克（1954）提出的以顾客价值理论为基础，价值创新的概念也随之

---

① Teece D. J., Pisano G., et al., "Dynamic Capabilities and Strategic Management", *Strategic Management Journal*, Vol. 18, No. 7, 1997, p. 509.

② Eisenhardt K. M., Martin J. A., "Dynamic capabilities: What are They?", *Strategic Management Journal*, Vol. 21, No. 10/11, 2000, p. 1105.

诞生。德鲁克认为企业通过"创造顾客"来产生价值，企业的目标也是以消费者为核心进行价值创新。企业在构建竞争战略前，必须做到两点：一是界定顾客的价值是什么，二是认清企业业务开展的路线。德鲁克认为，顾客价值包括价格、服务、总体品质三个要素，总体品质不仅包括产品的性能，还包括品牌认同、社会地位认同等。企业业务开展，则需遵循市场潜力与趋势、市场结构变化、改变客户需求的创新方向，并重视忽略的顾客需求。① Gale 提出顾客价值是根据产品的相对价格在市场感知中获得的质量，② Woodruff 认为顾客价值是顾客在一定的使用环境中对产品性能与属性的表现及使用结果是否符合或偏离其购买意图的感知偏好与评价。③ 我国学者王高进一步归纳，将顾客价值定义为"顾客从所购买的产品或服务中获得的全部感知利益与顾客为获得该产品或服务所付出的全部感知成本之间的权衡关系"。④ 芮明杰等进一步发展顾客价值创造理论，提出了"产业领先"概念，认为消费者有一种消费需求的本能欲望，但人们有时并不能全部发现。因此发现了新需求的企业为自己开创了一个新兴产业，从而能够攫取新兴产业在成长过程中所带来的无穷收益。⑤ 芮明杰进一步明确企业竞争优势归根结底取决于企业相对于竞争对手为顾客创造价值的大小。⑥

随着顾客价值创造理论的发展，学界用价值网概念取代波特所提出的传统价值链概念。美国学者大卫·波维特指出价值网是一种新的业务模式，将顾客的要求与灵活性好、成本低的制造相对接，采用数字信息化手段搭建物流系统，将供应商们联结起来，以便提

① ［美］彼得·德鲁克：《管理的实践》，机械工业出版社 2009 年版，第 42—46页。

② Gale, *Managing the Customer Value*, New York：Free Press, 1994.

③ Woodruff, "Customer Value：The Next Source for Competitive Advantage", *Journal of the Academy of Marketing Science*, Vol. 25, No. 2, 1997, pp. 139–153.

④ 王高：《顾客价值与企业竞争优势》，《管理世界》2004 年第 10 期。

⑤ 芮明杰、余光胜：《产业致胜——产业视角的企业战略》，浙江人民出版社 1999年版，第 180—207 页。

⑥ 芮明杰：《现代企业持续发展理论与策略》，清华大学出版社 2004 年版，第 22—41 页。

供定制化解决方案，以适应市场的不断变化。[①] 因此，价值网是建立在专业化分工生产服务模式、通过一定价值传导机制、由处于价值链不同阶段和专有资产的企业与相关利益结合体共同为顾客创造价值（胡大立，2006）。价值网通过对企业价值链的分解、集成与整合，采用合作竞争方式，构建以顾客价值为核心的竞争战略。[②]

二　关于新型企业竞争战略转型的研究

（一）新兴企业战略思想

随着新的企业组织方式与生产经营模式的诞生，企业的战略决策组合也越来越多样，学者对其的研究也愈加深化。Henderson 与 Clark[③] 和 Fine[④] 先后利用镜面假设首先对模块化模式进行了分析，Sanchez 与 Mahoney 则对模块化理论进行了系统的研究和论证，提出模块化生产体系推动了模块化组织体系的产生。[⑤] 随后，Baldwin 与 Clark 对模块化的管理进行了理论搭建，认为模块化设计体系是建立在国际化、分工化上的，极大地刺激了企业的创新能力，使得企业能够将复杂的产品简单化。基于模块化水平风格之下，企业战略范式的研究也在进一步深化。[⑥] Buckley 等提出"全球工厂"的概念，在全球化和模块化的影响下，发现跨国企业的战略转型新动态是为应对周边环境的改变，不再强调内部化，而是追求内部化和外部化的均衡。[⑦] 随后的几年内，Buckley 发现跨国企业倾向于采用差异化

---

① ［美］大卫·波维特：《价值网》，人民邮电出版社 2000 年版。

② 胡大立：《基于价值网模型的企业竞争战略研究》，《中国工业经济》2006 年第 9 期。

③ Henderson R. M., Clark K. B., "Generational Innovation: The Recofiguration of Existing Systems and the Falure of Established Firms", *Adminstrative Science Quarterly*, No. 2, 1990, pp. 9 – 30.

④ Fine C. H., *Clockspeed Winning Industry Control in the Age of Temporary Advantage*, Perseus Press Reading MA, 1998.

⑤ Sanchez R., Mahoney T., "Modularity, Flexibility, and Knowledge Mangement in Product and Organization Design", *Strategic Management Journal*, No. 17, 1996, pp. 63 – 76.

⑥ Baldwin C. Y., Kim B. C., "Managing in an Age of Modularity", *Harvark Business Review*, Vol. 75, No. 5, 1997, pp. 84 – 93.

⑦ Buckley P. J., Ghauri P., "Globalisation, Economic Geography and the Stratey of Multinational Enterprises", *Journal of International Business Studies*, Vol. 35, No. 1, 2004, pp. 1 – 31.

的网络模式来进行全球的扩张，本质来说，其全球工厂理论是与模块化理念相辅相成的。[①]

随着制造业新的改革趋势的到来，企业的战略变化将更加频繁，同时也难以通过成体系的理论来套用企业的战略调整的步骤，而需要根据企业所做的进行详细探究。不过，虽然制造业变革趋势近几年才渐成主流，但是其产生的原因是蕴含在过去十几年制造业发展的变化之中。Kaplan 与 Norton（1997）率先提出企业的成功不是基于机械、工具等硬件，而是基于它的软件，如沟通，进而引出制造业服务化商业模式的创新。基于服务行业转型中附加价值创造中所出现的混合型附加价值形式的诞生，德国学者进而提出制造业也应通过为客户提供产品和服务的混合创造出混合型附加值，构建出业务与客户之间的动态联系（Thomas et al.，2010；Rijkers Defrasne，2010；Gassmann et al.，2013）。企业也不应再根据静态的数据如财务报表来制定企业战略，而是立足于动态的商业模式，将客户需求放在首位。实际上，这种将商业模式改造、混合附加值创造作为新工业改革趋势核心问题的学者已有不少。如 Bitkom（2011）认为工业4.0的概念代表了物联网及服务联网在工业流程、生产和物流方面的应用，它在商业模式及下游服务方面对企业的生产有着深远的影响。而数字化、制造业智能化、对流程的重视已经成为学者理解新工业变革的核心。如 Langhans（2013）认为将生产赋予思考能力，是在新时代里保持企业竞争力的关键。Bell 与 Bermann（2011）将数字化改造视为商业模式转型的关键。Pfeiffer（2013）认为通过数字化改造来增强内部操作流程效率，以改变企业的商业模式，适应制造业的变化趋势。可见，推进数字化、提高流程效率、改革商业模式，构建混合附加值创造机制，在学者眼里已经成为企业适应制造业发展趋势的重要手段。[②]

[①]　Buckley P. J.，"The Impact of Globalisation and the Emergence of the Global Factory"，*Research in Global Strategic Management*，Vol. 15，No. 15，2011，pp. 213 – 249.

[②]　［德］乌尔里希·森德勒：《工业4.0：即将来袭的第四次工业革命》，机械工业出版社2014年版，第78—96页。

（二）战略转型

企业的竞争是一种战略，其战略的调整与战略转型有着理论上的联系。战略转型概念源于战略管理。伊戈尔·安索夫（1972）是研究管理的先驱，他首先界定了其概念。① 关于转型，最先则是由 Cameron 与 Urich（1986）提出。他们认为转型（transformation）是某一状态或系统蜕变为另一状态或系统，或被另一状态或系统所取代，而本质上显示出不同的情况。关于战略转型的定义，不同学者意见的不同之处主要集中在企业改变的程度。Levy 与 Merry 认为战略转型是因为企业经营状况出现恶化，为了生存，必须对组织的战略目标、组织结构、管理模式、企业文化等多方面做出重大变革，即认为战略转型应该是深刻的改变。② 博西迪与查兰认为企业战略转型是一种经营模式的变革，将概念的维度具体化为更狭窄的范围。③

关于战略转型的必要性，国外学者认为战略到达战略转型转折点，就会有赢家和输家，D'Aveni（1994）认为在动态环境中，企业的竞争优势难以长期保持，产业内的游戏规则频繁地发生变化，企业战略具体形态必须进行随时的转变。④ 斯莱沃茨基认为，市场价值正发生着从陈旧的经营模式向以吸引顾客及增加企业利润的新经营模式转移的过程。因此，在市场规模、产业内游戏规则、经济环境都在发生着迅速的改变时，企业的战略转型就显得非常紧迫。⑤ 博西迪与查兰（2005）认为，对企业及其所有者而言，最严重的持续性的破坏不是由低劣的管理方式带来的，而是因为没有能够根据

---

① ［美］H. 伊戈尔·安索夫：《战略管理》，机械工业出版社 2015 年版。

② Levy A., Merry U., *Organizational transformation：Analytical concepts*, New York：Praeger, 1986.

③ Bossidy L., Charan R., *Seven essential behaviors*, Executive Excellence, 2003.

④ Rajaram Veliyath, "Reviewed Work（s）：Hypercompetition：Managing the dynamics of strategic maneuvering", *The Academy of Management Review*, Vol. 21, No. 1, 1996, pp. 291 – 294.

⑤ ［美］阿德里安·J. 斯莱沃茨基：《价值转移：竞争前的战略思考》，中国对外翻译出版社 2000 年版。

现实情况实现成功的转型，从而面临淘汰。[①] 国内学者王雪苓、黄旭（2001）认为，在以信息技术为核心的产业革命的冲击下，产业边界模糊，产业周期缩短，全球经济正处于重大的转折时期，将引发深刻的经济和社会结构性变革，带来产业升级、跨国竞争与全球管理的变革与创新等问题。[②]

三　关于日本制造业企业竞争战略的研究

（一）企业竞争力测算方法的研究

对于企业竞争力，许多国外学者采用价格—边际成本差额（price-cost margin）来表示。如 Boone 认为，随着价格—边际成本差额的增加，企业的利润率也随之增加。[③] Aghion et al. 也采用了勒纳指数量化企业竞争力，具体算法为营业利润减去财务成本再除以销售量。[④] Nishimura et al. 认为国际竞争力与抬价行为呈负面相关关系，其敏感程度会给企业的估计值造成偏斜空间。[⑤] Yosuke Okada 则通过探究日本制造业研究竞争力与生产率的关系，认为生产率的提高对竞争力有着重要的影响。[⑥] 邱询旻在对日本制造业企业竞争力进行分析时，则是综合考虑企业的存活及资本周转率、总资产、净收益、科研经费、员工人数、科研占销售比例、广告和市场费用等指标，通过因子分析法，对企业竞争力进行综合界定。[⑦]

---

① ［美］拉里·博西迪、拉姆·查兰：《转型：用策略，做对事》，中信出版社2005年版。

② 王雪苓、黄旭：《"经济网络"与经济转型趋势》，《财经科学》2001年第5期。

③ Boone J. , "Competitive Pressure：The Effects on Investments in Product and Process Innovation", *The RAND Journal of Economics*, No. 31, 2000, pp. 549 – 569.

④ Aghion P. , Bloom N. , Blundell R. , et al. , "Competition and Innovation：An Inverted-U Relationship", *Quarterly Journal of Economics*, Vol. 120, No. 2, 2005, pp. 701 – 728.

⑤ Nishimura K. G. , Ohkusa Y. , Ariga K. , "Estimating the Mark-up Over Marginal Cost：a Panel Analysis of Japanese Firms 1971 – 1994", *International Journal of Industrial Organization*, Vol. 17, No. 8, 1999, pp. 1077 – 1111.

⑥ Okada Y. , "R&D and Productivity in Japanese Manufacturing Industries", *Journal of the Japanese & International Economies*, Vol. 19, No. 4, 2005, pp. 586 – 616.

⑦ 邱询旻：《日本企业竞争力个案研究》，中国经济出版社2015年版。

（二）日本制造业企业竞争力

近年来，对于日本制造业的整体竞争力表现，学术界从不同的角度对日本制造业竞争力下滑的现象进行了剖析，都认为日本制造业在全球范围的竞争优势出现了相当程度的下滑，且多由自身问题导致。野口悠纪雄（2012）认为日本制造业过度依赖于长期处于低谷的日元汇率，依靠汇率差获取竞争优势，以至于随着日元汇率的上升而导致了日本产品竞争力的严重下滑。① 汤之上隆（2013）主要以日本半导体产业的失败出发，认为日本制造业遭到了惨败，原因源于日本制造业企业对产品质量及生产工序标准要求的过度苛刻，以及企业文化的内向畸形导致的。② 石家安（2011）提出"创新型模仿者"理论，提出模仿是确切复杂的战略能力，认为韩国电子产业相较于日本电子企业，其成功就是基于创新和模仿的结合。③ 李毅从组织结构演进的视角，认为日本制造业在从追赶型组织框架脱离的过程中出现了问题，从而使得之前的组织结构优势逐渐丧失。④ Toshiyuki Sueyoshi 等（2009）认为日本企业不愿意外资介入，并迷信于稳定持股（stable shareholding），导致了日本企业经营实力的下降。⑤

也有不少学者认为日本制造业竞争并未出现本质性的下滑。藤本隆宏（2007）主要研究汽车产业，并在研究过程中提出了新的企业竞争力理论：能力构筑竞争理论，将企业竞争力分为表层竞争力和深层竞争力。深层竞争力包括生产效率、生产时间、合格率、开发时间等产品本身难以传达给消费者的信息。⑥ 日本制造业企业长

---

① ［日］野口悠纪雄：《日本的反省：制造业毁灭日本》，东方出版社 2014 年版，第 23—45 页。

② ［日］汤之上隆：《失去的制造业：日本制造业的败北》，机械工业出版社 2015 年版，第 67—75 页。

③ ［美］石家安：《模仿的力量》，机械工业出版社 2011 年版。

④ 李毅：《从组织结构演进的视角看日本制造业可持续发展的经验与教训》，《现代日本经济》2008 年第 6 期。

⑤ Toshiyuki Sueyoshi, Mika Goto, Yusuke Omi, "Corporate Governance and Firm Performance: Evidence from Japanese Manufacturing Industries after the Lost Decade", *European Journal of Operational Research*, No. 203, 2010, pp. 724 – 736.

⑥ ［日］藤本隆宏：《能力构筑竞争：日本的汽车产业为何强盛》，中信出版社 2007 年版。

于深层竞争力，尤其是在封闭磨合型产品上更能发挥出自身竞争优势。因此，日本汽车产业及依赖于深层竞争力较多的精密类产业的整体竞争力仍然是很强的。西口敏宏（2006）则认为日本制造业战略的灵活性在下包体系中体现出来，且通过其产生的新契约关系做到了质量改善和成本削减，成为日本制造业竞争优势的一部分。[①]傅钧文强调通过产品结构框架分析，可以发现日本制造业对于高技术、高精密制造领域，其竞争力并没有下滑的明显表现。[②]

（三）日本制造业企业的竞争战略选择

虽然日本政府的产业政策对产业发展的影响较欧美国家更加明显，但随着日本政府职能逐渐从直接干预向支持服务转变，产业政策更加类似于"Vision"式的间接性指导与建议，[③] 为企业的战略选择提供视角。Aoki 等（2007）认为日本制造业企业在经营战略上开始采取英美体系，如构建外部董事体制以及基于管理人员成就的奖赏勉励体制。[④] 近野泰（2010）分析了日本制造业生产额未来的变化趋势，认为日本制造业企业将采取"逆流战略"，将重心集中于以亚洲为主的新兴国市场。浅见直树分析松下战略时，指出日本制造业存在"从制造业向创造业转变"的战略转变。[⑤] 野口悠纪雄（2013）为日本产业发展提出建议，认为必须以使企业在 1 : 60 的美元汇率上仍能保持盈利的竞争力标准来调整战略部署。同时制造业企业也需推动金融管理体系的转型，强化企业的资本协调能力，以强化企业的竞争力。[⑥]

---

① ［日］西口敏宏：《战略性外包的演化：日本制造业的竞争优势》，上海财经大学出版社 2007 年版，第 51—80 页。

② 傅钧文：《日本制造业国际竞争力的保持及其新的解释》，《世界经济研究》2006 年第 3 期。

③ 薛敬孝、白雪洁：《当代日本产业结构研究》，天津人民出版社 2002 年版，第 21—30 页。

④ Thomas Staeblein, Katsuki Aoki, "Planning and Sheduling in the Automotive Industry: A Comparison of Industrial Practice at German and Japanese Makers", *Production Economics*, No. 162, 2015, pp. 258 – 272.

⑤ ［日］浅见直树：《制造业から创造业へ——松下古电池专务が语るV字回复への条件》，2005 年 6 月。

⑥ ［日］野口悠纪雄：《日本的反省：制造业毁灭日本》，东方出版社 2014 年版。

对于日本汽车企业，丰田近年来从传统的精益生产方式，向生产模块化、经营非模块化的"超模块化"体系转变，取得了非常积极的效果。① 不仅如此，丰田还改革产品销售布局，推动在华营销转型的深化，推动其在中国市场的竞争力。② 对于日本电子企业，丰田正和认为日本电子企业正在采取"选择与集中"战略进行收益力的强化，并在对亚太市场重新进行战略评估。③ 汤之上隆（2015）分析了日本半导体企业曾经采取的大企业研发部门合并战略，并对其失败原因进行了归纳。④

① 王凤彬、李东红、张婷婷：《产品开发组织超模块化及其对创新的影响——以丰田汽车为案例的研究》，《中国工业经济》2011 年第 2 期。

② 邱询旻：《日本企业竞争力个案研究》，中国经济出版社 2015 年版。

③ ［日］豊田正和：《アジアにおける日系電気メーカーの現状と今後の展望》，《神戸学院大学東アジア産業経済研究センター News Letter》2005 年第 1 卷第 3 号。

④ ［日］汤之上隆：《失去的制造业：日本制造业的败北》，机械工业出版社 2015 年版。

第二章

制造业企业竞争战略及相关理论

　　学术界对竞争战略理论体系已经展开了持续性的研究工作。处于不同的学术理念、切入角度、解决领域，不同学者的研究平台涵盖了从宏观至微观等各个层面。总体而言，国家、产业、企业是研究竞争战略的三个主要维度。但无论是竞争战略的实施主体，还是主要从经验主义出发，企业都是最主要的研究层面。经过学术界长时间的探索深化，企业竞争战略理论框架下形成了多种理论体系，并随着国家经济环境、产业结构与形态的变化不断地发展。近年来，随着经济危机下"再工业化"浪潮的到来，"工业4.0""次世代制造业""新型制造业"概念的形成并不断扩展，企业竞争战略理论体系也随之发展与深化，并为研究企业战略行为逻辑、效果评析提供更有效的理论分析办法。因此，通过梳理企业竞争战略理论体系，能够获得分析日本制造业竞争战略现状的解释能力。

第一节　战略管理与竞争战略的概念

一　战略管理的建立

　　"战略"一词源于军事领域，是从全局出发为战争制订计划或策略。中国古代的战略一般都出现于"韬略""方略"等词汇当中，引申为战争韬略或治国方略；在西方，希腊语的"strategos"一词含义为"将军或领袖"，后来发展为英语的"strategy"一词，意为战略、战略学、兵法等。19世纪初，约米尼将战略定义为"在地图上进行战争的艺术"，克劳塞维茨认为战略是"为了战争的目的运用战斗的学问"。

　　然而，直到 20 世纪 60 年代，"战略"的概念才被引入企业领域。由于西方市场环境的变化，卖方市场逐渐向买方市场过渡，[①] 引发了产业结构与形态的不断调整，企业间竞争层次也在不断加深，从而形成了企业从理论角度出发把握经营路线的必要性。由此，美国学者钱德勒、安索夫等人创建了战略管理理论体系，第一次将战略这一概念引入企业经营决策范畴。钱德勒将企业的战略定义为企业长期基本目标的决定，以及为贯彻这些目标所必须采纳的行动方针和资源分配，而企业结构是为管理一个企业所采用的组织设计，是跟随在战略之后的。随着企业采取了新的战略，企业的结构也将随之改变，以符合战略要求并实现战略目标。[②] 安德鲁斯认为战略是"目标、意图和目的，以及为达到这些目的而制定的主要方针和计划的一种模式。这种模式界定企业正在从事的或者应该从事的经营业务，以及界定企业所属的或应该属于的经营类型。"[③] 安索夫认为战略是一整套引导组织行为与决策的法则，包括对企业绩效衡量标准的制定、与外部环境建立联系的原则、建立企业内部关联与程序的依据、执行日常业务的指标等，[④] 并提出了战略管理早期研究理念：环境适应论。安索夫观察到营利部门与非营利部门组织边界发生变化，各类组织包括企业，其战略行为本身是对行业环境动荡的适应过程，并以此进行内部结构化的过程；[⑤] 伊丹也指出战略成功的本质在于战略适应性，包括环境适应、资源适应与组织适应；Quinn 也认为战略是对环境变化的逻辑反应。[⑥]

---

　　① 王革、吴练达、张亚辉：《企业战略管理理论演进与展望》，《科学学与科学技术管理》2004 年第 1 期。

　　② ［美］艾尔弗雷德·D. 钱德勒：《战略与结构》，云南人民出版社 2002 年版，第 4—5 页。

　　③ 李玉刚：《战略管理》（第三版），科学出版社 2013 年版，第 2 页。

　　④ Ansoff. H. I. , *Implanting Strategic Management*, Prentice-Hall International, 1984, pp. 31 – 34.

　　⑤ ［美］戈尔·安索夫：《战略管理》，机械工业出版社 2015 年版，第 11—70 页。

　　⑥ Quinn J. B. , "Strategies for Change：Logical Incrementalism", *Academy of Management Review* , Vol. 7 , No. 2 , 1980 , pp. 324 – 325.

二　竞争战略

迈克尔·波特提出竞争战略之后，竞争战略进入战略管理体系中，并成为重要的组成部分。竞争战略的概念一直没有约定俗成的界定，波特指出企业采取进攻或者防御行为，通过防御措施、战略行动、预测性对策来针对产业内所存在的五大竞争力构成了企业的竞争战略。① 竞争战略确保企业在行业中保持竞争地位，以维持经营，其战略目标是获取竞争优势；② Prahalad 和 Hamel 也指出企业的竞争战略是基于内在核心能力不断攫取竞争优势的过程。③ 可见，虽然不同的学者对如何制定并实施竞争战略存在研究角度的不同，但是对竞争战略主要含义并没有太大偏差：竞争战略实质上就是企业为达到既定运作目标，通过战略手段以获取竞争优势而制定的一系列战略。企业必须先确立什么是自己能够争取到的竞争优势，才能规划竞争战略。

波特认为竞争战略是企业的主要战略。根据竞争战略对公司不同部门职能的不同要求，竞争战略可以被分为许多子战略，这些战略也被称为功能战略，包括营销、生产运营、研发、财务、人力资源等战略。多元化企业的战略则多出一层更高的战略层次：公司层战略，竞争战略则由业务单元负责，居于公司层战略之下。公司层战略为业务层战略提供发展的方法与支持，主要领导企业的组织管理工作，管理业务单位。不过，多元化企业体系内，竞争仍然主要发生于业务单元，业务单元战略即竞争战略，仍然是决定企业成功与否的核心。

---

① ［美］迈克尔·波特：《竞争战略》，中信出版社 2016 年版，第 24—27 页。
② ［美］迈克尔·波特：《国家竞争优势》，中信出版社 2016 年版，第 32—38 页。
③ Prahalad C. K., Gary Hamel, "Core Competence of the Corporation", *Harvard Business Review*, Vol. 68, No. 5/6, 1990, pp. 79 – 93.

第二节　竞争战略一般分析

一　竞争战略相关概念

（一）竞争优势

战略管理学者虽然认为竞争战略的目标就是获取竞争优势，但并未给竞争优势赋予确切的定义。Selznick 首先提出竞争优势的概念，认为竞争优势是企业在市场竞争过程中所表现出来的超越其他竞争者并能够长期保持获取超额利润或高于行业水平之上的能力。[①]波特认为具有竞争优势意味着企业在行业中实现了超过平均水平的业绩表现，如超额的投资回报。Barney 认为具有竞争优势能够使企业实施竞争对手所不能实施的价值创造战略，即是将竞争优势视作实施价值创造战略的能力。[②] 总结来看，竞争优势是企业在市场竞争过程中获得优势地位，从而为企业带来超越其竞争对手的表现力，在绩效方面帮助企业实现超额利润以及高于行业平均水平的利润。

对于竞争优势的来源，主要分为竞争优势的位势论、内生论与外生论。竞争优势的位势论是在新古典经济学竞争位势论的影响下产生的，典型代表为 Hofer 与 Schendel，他们把竞争优势视为企业通过配置其占有资源而获得的相对于竞争对手的特定市场位势。[③] 之后，竞争优势内生论与外生论成为竞争优势来源的主要分类。内生论的代表为行业基础观，外生论的代表为资源基础观（见图 2－1）。

1. 行业基础观

持有行业基础观的学者被称为行业组织学派，其代表为迈克尔·波特。行业基础观将行业作为研究企业战略管理的立足点，被

---

① 董保亮、葛宝山、王侃：《资源整合过程、动态能力与竞争优势：机理与路径》，《管理世界》2010 年第 3 期。

② Barney J. B. , "Firm Resources and Sustained Competitive Advantage", *Journal of Management*, Vol. 17, No. 1, 1991, pp. 99 – 120.

③ Hofer W. and Schendel D. , *Strategy Formulation：Analytical Concepts*, Minnesota：West Publishing Company, 1978.

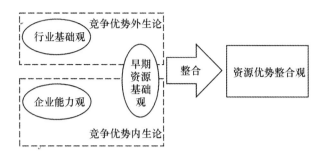

图 2-1　竞争优势来源论

视为环境适应论的深化与发展，将对环境的分析具体限定为行业环境。产业经济学中的"结构—行为—绩效（SCP）"模型是行业基础观的理论基础，该模型将市场结构、竞争行为与营业绩效三者关系做实证分析，实质上将市场结构作为企业竞争行为决策与影响营业绩效的关键因素。迈克尔·波特据此提出了将产业组织作为战略分析基础的战略管理思想，认为竞争优势的核心在于寻找与众不同的定位。

波特相关理论的展开是基于行业基础观的三个理论假设：（1）外部环境的压力和限制决定了获取超额利润的战略选择；（2）大多数企业在某一行业或领域展开竞争的过程中能够掌握类似的资源，并以此采取了相似的战略；（3）战略实施所需的资源可以在公司间自由流通，因此不具有差异性。①

以该理论假设为前提，企业所做的是必须选择最具吸引力的行业，因此企业战略管理的核心在企业的市场定位及产业选择规划上。围绕此，波特构建了适配于产业组织与外部环境分析的战略分析工具：五力分析模型与钻石体系。前者研究产业内竞争力，后者则从国家层面来分析某产业为何能在某国家获得产业优势。

因此在竞争优势来源的界定上，波特认为竞争优势为外生，来源基于产业定位与国家定位。产业定位上，产业自身的竞争环境与在国家经济链条中的地位，决定了产业的总体盈利环境、竞争强度

---

① 李玉刚：《战略管理》（第三版），科学出版社 2013 年版，第 5 页。

与市场氛围。国家定位上，国家基于其关键要素之间构成与互动方式的不同形成了国家优势，为各国产业内各企业提供了不同程度、不同形式的竞争优势。因此，波特的竞争优势理论认为企业的竞争优势来源于企业所处产业与国家。

2. 资源基础观

1984 年，沃纳菲尔特发表《企业资源基础论》[1]，标志着资源学派的形成，而资源基础观就是该学派的主要观点。沃纳菲尔特的核心理论是，企业是资源的集合体，包括资本、员工技能、专利技术、融资能力、人力资源、品牌等各种形式的资源。这些资源的存在形式分为有形与无形，并可转变为独特的能力。这种独特的资源与能力组合决定了企业的绩效，是竞争优势的根本来源。[2] 至于资源与能力独特性的产生，资源学派认为是发生于企业的经营过程中。在企业活动中，企业所具有的资源随着商业活动、战略实施等各类活动不断汇聚、离散、综合，最终形成了一种独特的存量结构与流量结构。这种资源结构由于来源于错综复杂的经营活动，难以理顺资源优势形成的原因及路径，且具有很强的时效性，因此具有因果关系模糊性、路径依赖性，形成了不可流动性及难以模仿性，从而赋予了资源独特性。

独特的资源与能力无疑是内生的，因此行业资源观为竞争优势内生论。不过，由于资源学派还认为维持组织的运行需要的多种资源不可能全部由自己组织提供，因此企业需要从不同来源获取不同形式的资源。这要求企业以内生资源为基础，从外部环境中获取资源流量，并依据其稀缺性与战略性进行选择，构建属于自己的异质资源体系。如果企业在一个无法通畅获得外部资源的产业结构或者外部环境中运营，想掌握异质性资源的难度就会增加，从而难以构建足够的竞争优势。因此，资源基础观认为竞争优势是具有一定程度的外生性的。

---

① Wernerfelt, Birger A., " Resource-based View of the Firm", *Strategic Management Journal*, 1984, pp. 171 – 180.

② Amit R., Schoemaker P. J., " Strategic Assets and Organizational Rents", *Strategic Management Journal*, Vol. 14, 1993, pp. 33 – 46.

然而，沃纳菲尔特等早期资源学派对资源的定义较为模糊，难以直接提供指导企业战略规划与选择的详细方案与战略决策分析工具，只强调了企业的组织管理能力、员工学习能力与外部沟通能力的培养。后来，随着学术界对资源基础观理论的发展，资源学派对资源的定义逐渐向能力方面发展。如 Peteraf 从需求层次出发，强调竞争优势是企业能够更好满足市场需求，并能更有效实现生产的能力，企业竞争优势来源的内生资源具体定义为掌握客户需求以及适配性的生产能力。[①] 有人将引领这种趋势的学者们称为"能力学派"，将其理论称为"企业能力观"。企业能力观是彻底的竞争优势内生论，竞争优势完全来自企业内部。

3. 资源基础观中的企业能力观

企业核心能力理论标志着企业能力观的诞生，该理论由 C. K. Prahalad 与 Gary Hamel 于 1990 年提出。Prahalad 与 Hamel 认为企业本身是一个能力体系，其竞争优势来源于企业自身的知识和能力。企业对自身的知识与能力进行鉴别，确定核心能力，并以此为中心布置竞争战略。企业核心能力是能够将企业的显性与隐性知识进行捏合，最终转化为符合市场需要、具有异质性的产品与服务的能力。它可以是一种组织方式、一种管理体制、一种商业联盟、一种技术、一整套技术整合体系等。检验某种能力是否为核心能力的标准有三个方面：第一，是否能帮助企业进入多个市场；第二，是否能提升产品的客户可感知价值；第三，是否具有难以模仿性。[②]

企业核心能力理论将企业获取竞争优势的独特资源明确定义为企业核心能力，是企业在既定路径和市场位置的约束下获取新竞争优势的一种综合能力。之后，企业动态能力理论随之诞生，将企业能力构建于动态模型上，是企业能力观体系的重大完善。Teece 等人的《动态能力与战略管理》一文标志着动态能力理论的诞生。该理论从"外部—组织能力"的层面来分析动态环境下企业竞争优势

① Peteraf, M. A., "The Cornerstones of Competitive Advantage: A Resources-based View", *Strategic Management Journal*, No. 14, 1993, pp. 179 – 191.

② Prahalad C. K., Gary Hamel, "Core Competence of the Corporation", *Harvard Business Review*, Vol. 68, No. 5/6, 1990, pp. 79 – 93.

的来源。该理论是伴随着产业形态动态变化速度的加快以及西方与日本在企业制度流程上变革提速这一时代背景被提出的，认为动态能力是企业对内部与外部竞争能力进行搭建、重构及整合以应对快速变化的动态外部环境的能力，是企业在既定路径和市场位置的约束下，获取新竞争优势的一种综合能力。[1] 企业动态理论实际上将企业视为一种多边关系组织，组织承担着学习、调整、整合、重构、转变等功能，组织的体制与流程的变革能力关系到企业的竞争力。[2] 当企业能够根据市场动态变化，对组织进行动态的、有效的调整使之适应市场时，才能保持自身的持续竞争优势。Eisenhardt 与 Martin 进一步规范企业动态能力的定义，认为动态能力是企业通过对资源的利用来适应或创造市场的变革，强调企业根据市场变革对资源进行重新配置，其竞争优势来源于这种动态的变化。[3] 值得注意的是，企业动态能力主要依靠组织来实现，而组织则是建立在人力、资源、技术等综合要素基础上来优化配置关系以构建企业竞争优势的。当不同企业在推动组织变革的方式上存在相似性时，其动态能力的表现并非局限在变革手段上，而是依托在变革后企业资源整体配置的竞争能力上。因此，企业动态能力是组织能力与自身资源条件的综合表现。

由于竞争优势关联的企业能力众多，学者开始对其进行维度的划分，以便更加清晰地界定竞争优势的不同来源与表现。如陈占夺等认为迈克尔·波特的成本优势与差异化优势就是竞争优势的一种维度分法，企业在这两种竞争优势维度上选择一种来制定竞争战略。[4] Schulte 将竞争优势分为 3 个维度，分别是效率、功能和持续性。效率从成本角度出发，功能从资源角度出发，持续性则是从顾

① Teece D. J., Pisano G., et al., "Dynamic Capabilities and Strategic Management", *Strategic Management Journal*, Vol. 18, No. 7, 1997, p. 509.

② 吴晓波、徐松屹、苗文斌:《西方动态能力理论述评》,《国外社会科学》2006年第 2 期。

③ Eisenhardt K. M., Martin J. A., "Dynamic Capabilities: What are They?", *Strategic Management Journal*, Vol. 21, No. 10/11, 2000, p. 1105.

④ 陈占夺、齐丽云、牟莉莉:《价值网络视角的复杂产品系统企业竞争优势研究: 一个双案例的探索性研究》,《管理世界》2013 年第 10 期。

客、供应商和企业特有知识角度来看待竞争优势的持续性问题。[①]

综合以上几个学派可以得知，竞争优势来源于环境、资源与能力。如果将竞争优势外生论与内生论进行整合，即形成了竞争优势的整合观：竞争优势是从外部与内部因素综合影响下诞生的。在此逻辑下，竞争战略与竞争优势的关系为：企业根据外部环境或内部资源与能力，选择并制定与外部或内部环境相适应的竞争战略，并通过实施竞争战略获取竞争优势，从而实现在市场竞争中的优势地位。

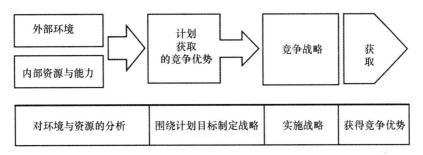

图 2 - 2　竞争优势与竞争战略关系图

（二）竞争力

企业的竞争优势与竞争力的区别一直难以区分，实际上学者在研究相关课题时，经常将这两个名词当作一定程度上的同义词来使用。金碚认为企业竞争力是指在竞争性的市场中，一个企业所具有的能够持续地比其他企业更有效地向市场提供产品或服务，并获得盈利和自身发展的综合素质，受关系、资源、能力和知识四个层面决定与影响。[②] 金碚并未将竞争力与竞争优势概念进行对比分析，且认为能力学派的企业核心能力是企业竞争力的决定性因素。而本书后面将分析，核心能力也是企业竞争优势的来源之一，因此两个

① Schulte M. , *The Effect of International Corporate Strategies and Information and Commu-nication Technologies on Competitive Advantage and Firm Performance*：*An Exploratory Study of the International Engineering Procurement and Construction Industry*, Ph. D. dissertation, George Washington University, 1999.

② 金碚：《企业竞争力的性质》，《中国工业经济》2001 年第 10 期。

概念难以区分。汪晓春在前人的研究基础上，提出了竞争优势与竞争力的最大的区别，应在于竞争优势是一种比较优势，而竞争力是一种总量优势。他认为，当一个企业在某些方面相对于其他企业具有相对优势时，那么这个企业就具有了竞争优势；而当界定一个企业在所有参与领域中所具有各类资源、能力的总和时，界定得出的结果就是企业的竞争力。[1]

　　然而，竞争力和竞争优势都是企业之间的比较，即使是绝对值的竞争力概念，其绝对值是否表明其具有竞争力，也需依照竞争对手的绝对值进行比较。因此，竞争力强的企业具有竞争优势，具有竞争优势的企业竞争力也一定较强。两个概念不可能完全对立，进行彻底的区分并没有实质的意义。

　　（三）持续竞争优势

　　由于市场处于动态变换之中，因此企业的竞争优势的来源随时都可能被替换、挤压，进而影响企业竞争战略的实施效率，使得竞争优势随时都可能消失。短暂的竞争优势很难帮助企业保持在市场中的优势地位，竞争优势的持续性对于企业来说至关重要。实际上，现在对于竞争优势的研究，都将持续竞争优势作为研究重点。

　　前文所述的 Schulte 竞争优势 3 个维度中的持续性，已经涉及持续竞争优势问题。实际上，由于外部环境是动态属性最强的因素之一，市场环境、投资环境的变化都将深刻影响到企业获取外部资源的能力，因此，行业基础观等竞争优势外生论很难从根本上解决持续性竞争优势的问题。

　　相反，竞争优势内生论的资源基础观则为持续性竞争优势构建了理论框架。早期资源学派认为企业的资本分为流量资源与存量资源，而要保持持续竞争优势，存量资源更为重要。Peteraf 提出企业保持持续性竞争优势的必备条件是异质性的资源、对竞争的事后限制与事前限制、资源的不完全流动性；[2] Barney 认为持续性竞争优

---

　　① 汪晓春：《企业竞争力和竞争优势：内涵、成果和趋势》，《经济管理》2004 年第 20 期。

　　② Peteraf M. A. , "The Cornerstones of Competitive Advantage：A Resource-based View", *Strategic Management Journal*, No. 14, 1993, pp. 179 - 191.

势产生于价值性、异质性、难以模仿性与难以替代性。① 综合来看，竞争优势内生论者认为持续竞争优势的获取，最关键的在于满足难以模仿与难以替代、难以流通或者流通受到限制、能够产生高额价值这三个属性，与企业所获得超额租金所需要的要素属性高度符合稀缺性、价值性、耐用性、非外生性。② 因为企业获取持续性竞争优势，也代表了企业具有获取李嘉图租金、熊彼特租金与张伯伦租金等经济租金③的能力。能够满足以上条件与属性的资源或者能力，是企业获取持续竞争优势的关键。

企业核心能力理论认为核心能力的标准就是该能力是否具有价值性、稀缺性、难以模仿性与不可替代性，以保障企业获取持续性的竞争优势。企业动态能力理论方面，企业组织能力本身产生于企业历史发展过程与自身人力资源与知识积累，因而具有"隔断机制"，同样是难以模仿与流通的，因此也能为企业提供持续性竞争优势。

除此之外，其他学者也对持续性竞争优势界定来源进行了界定。芮明杰等认为，知识是持续竞争优势的源泉，因为这是由知识存量的类型和特性决定的，其具有意会性、过程性的知识能够产生"原因模糊"而使其难以观察和模仿，而其路径依赖性与历史依存性能使竞争优势得以保持与扩大。④ 张正堂等则认为，人力资源管理是企业持续竞争优势的来源，这是由人力资源的稀缺性与企业人力资源管理体制的不可替代性决定的。⑤ 其实，组织体制就是企业对外

---

① Barney J. B. ,"Firm Resources and Sustained Competitive Advantage", *Journal of Management*, No. 17, 1991, pp. 99 – 120.

② Grant R. M. ,"Toward a Knowledge-based Theory of the Firm", *Strategic Management Journal*, No. 17, 1996, pp. 109 – 122.

③ 李嘉图租金是指生产要素因缺乏供给弹性而获得的超额利润，也被称为稀缺租金；熊彼特租金是指通过创新打破优势企业的竞争优势而获得的超额利润，也被称为企业家租金；张伯伦租金是指通过垄断实现高于市场价格的价格定位而获得的超额利润，也被称为垄断租金。

④ 芮明杰、方统法：《知识与企业持续竞争优势》，《复旦学报》（自然科学版）2003年第5期。

⑤ 张正堂、李爽：《企业持续竞争优势来源：人力资源还是人力资源管理》，《科学管理研究》2005年第4期。

界封锁的关卡，而人力资源管理根据企业人力资源的特性所安排，具有强烈的差异化特征，本身不可替代与模仿，加之关卡所带来的难以流通性，从而使人力资源管理成为持续性竞争优势的关键源泉。

二　竞争战略的类型界定

（一）总成本领先战略

总成本战略的核心是获得低成本优势，是指通过职能部门的一系列政策来实现企业在产业内的成本领先地位。在该战略下，企业要将成本作为超越质量、服务及其他领域的第一要素看待，并围绕成本控制进行一系列的决策部署。① 这种成本控制需要涵盖研发、生产、销售、服务等整个企业活动链，才有成功的可能。

总成本领先战略下，企业面临两个先天性劣势，一是成本与收益之间的差额较低，二是产品的质量与服务受成本控制的影响处于相对较低的水平。因此，企业必须以一定的竞争优势为前提，才能够保证在向低质量、低盈利率战略转型后不至于遭到市场冲击或淘汰。作为前提的竞争优势主要有以下内容。

1. 企业已经占有了较高的市场份额

低盈利率、低品质产品在市场上获胜的关键主要有两个方面，一方面是该产品必须实现大规模的销售，另一方面是主流市场必须接纳该产品模式。当企业已经具备较高的市场份额时，其战略转换后所提供的产品至少能够在先期获得一定下限的市场份额，从而获得一定的先期扩张优势。在这一优势下，先期较高的产品销售规模为企业提供了实施战略的物质支持，也使主流市场能够更为清晰地感受到企业的总成本领先战略所带来的产品与服务的变化，从而在需求认知上产生判断。只要企业完善基础设施投资、开拓多种相关产品分担成本、倚仗原有财政基础与新产品先期销售所得承担先期投入的损失，并坚持激进的定价策略刺激消费者认知从疑虑转为认可态度，那么总成本领先战略就获得了收效。随着主流市场认可度

---

① ［美］迈克尔·波特：《竞争战略》，中信出版社 2016 年版，第 30—31 页。

的提升，企业将获得规模经济效应，可以更进一步降低成本，以更为彻底而有效地实施总成本领先战略。

2. 企业在资源上拥有竞争优势

如果企业并不具备一定的市场份额前提，那么企业需要拥有其他能够利于成本控制的竞争优势，主要为资源。原材料获取和低廉劳动力都是支撑成本控制的重要竞争优势。在同一市场下，能够获取原材料的企业比其他企业更具备实施总成本领先战略的优势。如果企业旨在向国外市场扩张，那么本国的原材料价格和劳动力价格将是重要的衡量因素。

总成本领先战略主要通过更低的成本应对产业内的六大竞争力：（1）成本下降幅度如果足够大，企业也能够获得高于产业内平均水平的回报率；（2）较低的总成本水平，可以降低企业运营风险；（3）能够接受更低的买方报价，增强抵御买方议价能力；（4）能够抵御更高的投入要素成本，增强抵御卖方议价能力；（5）低成本优势确立后，能够形成规模经济与低成本优势壁垒，抬高市场进入门槛，降低新进入者的预期收益，从而打击潜在进入者进入市场的能力；（6）低成本带来的低售价水平，降低替代品的威胁。

（二）差异化战略

差异化战略是指企业提供被全行业认可的独特产品或服务。实现差异化的途径主要包括设计、产品形象、技术能力、功能、客户服务、经销商渠道等。[①] 企业不仅可以集中在一种领域上实现差异化，还能够在多个领域同时实现差异化，形成对市场的整个差异化产品与服务网络，提供多种差异服务。单一领域的差异化更容易实现产品或服务的难以替代性，多领域的差异化则能实现产品或服务综合竞争优势的产生。由于差异化能够减少可替代性，因而意味着差异化的产品在市场中的垄断因素就加强了。随着产品差异化的难以替代性与异质性的增强，产品在市场中的垄断优势也就更明显，并为企业提供客观的垄断租金。由于独特性是一种稀缺的后生资源，只能由创新等知识性与技术性行为产生，因而差异化带来的垄

---

① ［美］迈克尔·波特：《竞争战略》，中信出版社 2016 年版，第 32 页。

断优势也多来自创新，其租金形式也表现为熊彼特租金。采用差异化战略的企业的战略目标可归纳为：以独特性为竞争优势在市场中争取垄断力量以赢得经济租金。由于独特性作为竞争战略的核心，产品的成本问题就不被作为首要因素考虑了，因追求差异化所导致的成本相对增加，由独特性所带来的价值溢价来弥补。因此，差异化战略下的企业一般都采取附加创新溢价的定价手段，以在相对较高的成本结构上获取利润。

由于对产品质量与独特性的依赖，差异化战略在应对产业六大竞争力时采取的是与总成本领先战略相反的路线。实行差异化战略的关键，是在顾客群体内建立品牌忠诚度，以降低价格弹性。在更为刚性的价格弹性下，产品或服务价格的上升，对需求的负面影响减弱，从而确保企业在提供相对高成本的差异化产品或服务时，能够利用较高的价格获取稳定的利润。企业在某一种或几种领域上实现难以替代的差异化意味着市场向卖方市场倾斜，产业集中化程度也随之提高。向卖方市场的倾斜导致卖方议价能力的丧失，供方议价能力也因企业的高市场集中度而遭到削弱，差异化所建立的高质量、高技术壁垒则让潜在进入者面临巨大的潜在风险。当企业在某一领域实现无可替代的差异化时，卖方市场彻底形成，市场高度集中于企业之手，企业将获得极为可观的垄断性收入。

不过需要注意的是，并非所有产品都能够实施差异化，企业对产品实施差异化必须具有两个基本前提，分别是顾客的异质性与产品属性的多元性。顾客的异质性方面，顾客并非同质，包括性别差异与年龄差异城乡差异、受教育程度、文化背景、职业特性、价值观念、道德标准、富裕程度等。在以上差异的影响下，顾客将产生消费理念与购买偏好，从而产生了差异性的需求模式。差异性的需求模式使产品不只存在一种能够满足消费者需求的方法，因而企业具有创造独特性的空间。因此，要想保证顾客的异质性，该产品必须能够对应跨年龄、跨阶层等多元需求市场。如果该产品仅对应一类消费群体，就不具备足够的顾客异质性。顾客并不需要该产品具有独特性，因为需求模式是固定的。产品属性的多元性方面，即使目标客户具有异质性，如果产品属性本身是单一属性，则也不具备实现差异化的前提。产品属性是指产品具备不止一种效用，顾客能通过不同的角度或不同的使用方式来获得不同属性的满足。产品的属性越多，之间的组合方式也越多，也越能覆盖顾客的各种偏好，因而也越具备差异化的范围、空间与方式。因此差异化产品本身一般是具有一定结构复杂性与功能多样性的特征。

作为一种竞争战略，差异化战略也可能面临以下劣势。一是虽然企业也是在全行业领域展开竞争，但由于差异化战略要求企业做到产品或服务的独特性，因此其目标群体更可能偏向于对某一特定群体或者细分市场，而难以满足整个主流市场的需求，这将导致企业在市场占有率上存在劣势。如果一种差异化产品或服务所对应的目标市场过于狭窄，或者其提供给消费者的支付意愿低于其价格上升所造成的消费者剩余的下降，那么差异化战略可能导致企业经营困难。二是企业在满足独特性时，往往需要投入更加昂贵且稀缺的要素或者资源，从而导致成本控制方面的劣势。成本水平的居高不下将拉高企业的价格水平，从而进一步降低主流市场对产品的接纳程度。三是随着产业进入成熟期，差异化遭到竞争对手模仿的可能性增大。如果在差异化产品被模仿后，企业难以及时推出新的差异化，将导致高成本低差异化问题，使企业面临危机。

（三）集中战略

集中战略是集中于特定的买方群体、产品类别或地域市场的战略。① 不同于总成本领先战略与差异化战略将全行业作为竞争范围，集中战略的特点在于服务群体的特定性。在制定战略之前，企业要确定服务群体，然后根据其群体特征，如社会阶层、地域特色、共同兴趣、消费模式、文化程度等方面为其产品或服务确定竞争优势的选择。企业可以选择总成本领先的战略模式，也可以选择差异化战略模式，还可以选择将两种模式相结合。战略制定之后，企业的职能部门将以目标群体为中心，实施战略部署。因此可以说，集中战略并不是迥异于总成本与差异化战略的竞争战略，而是对以上两种战略实施范围的界定。因此，战略结合一般以总成本领先与差异

---

① ［美］迈克尔·波特：《竞争战略》，中信出版社 2016 年版，第 33 页。

化战略结合为视角，而不考虑与集中战略的结合。

由于集中战略集中于特定群体，因此企业面对的不是全产业范围，而是特定产业范围的六大竞争力。企业可以绕开产业中竞争最为激烈的市场领域，而选择进入不易受到替代者影响或者竞争对手相对较弱的目标群体来实施集中战略。除了替代者威胁与竞争对手威胁外，这些领域的其他竞争力也相对较弱。为特定目标提供特定服务，等同于卖方市场；较小的市场不易引起供方注意，企业所面对的供方议价压力也通常更低；特定群体市场规模较小，部分还具有隐藏性，使得新进入者兴趣较低，甚至难以发现这些市场。因此，目标群体的测定与竞争优势的确立，将使企业能够顺利地攫取低成本优势与差异化优势。

集中战略主要是中小企业采取的竞争战略类型，大中型企业则由于利基市场难以提供足够的企业经营规模而难以采取有效的集中战略。除了中小企业的集中经营外，集中战略更多作为新市场进入者在探索利基市场以图实现破坏性创新时的战略类型，并在企业逐步占据市场地位并扩展经营规模时逐渐被其他竞争战略替代。

第三节　制造业在国民经济体系中地位的理论分析

制造业在国民经济体系中的地位与作用，是本书研究制造业领域的理论前提。从 20 世纪 90 年代开始，随着金融服务业、软件信息产业的发展，发达国家内部出现利润从工业部门向信息与服务部门转移，从而促使发达国家利用后发工业国制造业发展水平的上升，将制造业中的低利润环节向发展中国家迁移。这种迁移进一步推动了发达国家去工业化进程以及后发国家制造业的发展。20 世纪 90 年代，美国的金融服务业与软件信息业进入昌盛期，产业结构重心基本完成了从第二产业向第三产业的转移，实现了去工业化。同时，日本的去工业化速度也在加快。1985 年，日本制造业海外生产比重为 3%，至 2000 年上升至 12.9%；国内生产总值中第二产业产值比重也从 1980 年的 34.8% 下降到 2000 年的 30.7%。①

　　然而，美国次贷危机与欧洲欧债危机的接连爆发导致国际性经济萧条。次贷问题与欧洲主权债务问题表明全球金融领域出现了巨大机制漏洞，致使经济学界重新看待金融服务业对经济发展的双刃剑效应。各国纷纷重新聚焦制造业领域，以再工业化的手段重振国内经济。美国提出"制造业回归美国"，日本出现制造业企业回国潮。在这一背景下，对制造业在国民经济体系中的地位，以及制造业与金融服务业之间关系的理论探讨，显得非常必要。

一　虚拟经济与实体经济的关系

　　在虚拟经济与实体经济这两个概念中，实体经济的概念在国外学术研究中长期被广泛使用，虽然名词形式与概念并未做到完全统一，但主要的概念解释有以下几种。（1）将物质性的产品生产与服务活动视为实体经济。美国学者彼得·德鲁克将实体经济看作"产品和服务的流通"。（2）将关联货币与服务的经济活动视为实体经济。约翰·梅纳德·凯恩斯将实体经济看作以货币与服务为形式的经济活动。（3）将除金融、房地产等新兴服务行业去除后的其他经济活动，最典型的为美国联邦储备委员会将实体经济界定为除去房产市场和金融市场之外的部分，包括制造业、进出口、经常账户以及零售销售等在内的部分。总体而言，各种概念虽然在细节上阐述有所不同，但都将"实体经济"视作包括制造业与传统服务业的经济活动，其特征表现为物质性、货币性、服务性三大特点。

　　在虚拟经济概念上，国外不同学者的理论阐述都有所不同。"虚拟资本"概念来自英国银行家威·利瑟姆，马克思在《资本论》中进一步详细地界定了该概念，认为虚拟资本是在借贷资本和银行信用制度的基础上产生的，包括股票、债券、不动产抵押单等。虚拟经济本身并不具备价值，但可以通过特殊的运动方式产生剩余价值。② 西方其他经济学家并未使用"虚拟经济"一词，如彼得·德鲁克与约翰·梅纳德·凯恩斯都将实体经济的对立面称为符号经济

---

① 出自日本统计年鉴、贸易振兴组织相关数据。
② 黄聪英：《论实体经济》，博士学位论文，福建师范大学，2014 年。

（symbol economy），前者将符号经济看作资本的运动、外汇率以及信用流通，后者认为符号经济是以货币和信用为代表的经济活动。这里，符号经济的概念实际上与马克思所引申的虚拟经济的概念是相近的。

"虚拟经济"的提法，主要出自国内学者。成思危根据马克思的虚拟资本"Fictitious Capital"创造了"虚拟经济"（Fictitious Economy）概念，建立了较为完整的理论体系。成思危认为，虚拟经济是与实体经济相对应的一种经济活动模式，是与虚拟经济以金融平台为主要依托所进行的循环运动有关的经济活动，以及其中所产生的各种关系的综合。① 成思危认为虚拟经济在产生利润环节与实体经济最大的区别在于，前者在完成交换的过程中时，无须涉及生产环节。刘骏民等认为虚拟经济是以价值关系为导向的经济活动②，采取以资本化定价行为基础的价格系统，其运行的基本特征是具有内在的波动性。由于资本化定价，人们的心理因素将对这样的市场起重要作用。如果从广义上来为虚拟经济定义，虚拟经济是观念支撑的价格体系，而不是成本和技术支撑的价格体系。③

二 金融危机产生的内在逻辑

对于虚拟经济对国家经济发展的作用，首先学术界对于其积极作用是给予肯定的。从金融产业的诞生来看，金融产业依托于实体经济而诞生，为跨国公司的国际活动、资金的运转和成本的控制提供解决途径，为国际化的经济活动提供了系统性平台，使资金的活动更加流畅而快速。同时，也为实体经济提供了投融资服务、价格发现等功能。可以说，金融业最初是纯粹的生产性服务业，为制造业提供服务。戈德史密斯（1969）就认为从金融与经济增长之间的互补关系来看，金融部门和国民生产总值增长之间存在共同发展的关系。

---

① 成思危：《虚拟经济的基本理论及研究方法》，《管理评论》2009 年第 1 期。
② 刘骏民、王千：《从虚拟经济的角度重构国际经济理论：当前国际经济关系的新发展对中国的启示》，《中国工业经济》2005 年第 11 期。
③ 刘骏民：《虚拟经济的理论框架及命题》，《南开学报》2003 年第 2 期。

但是，金融服务业对实体经济威胁的产生与扩大日渐成为学术界的共识，此次金融危机就是虚拟经济发展脱缰的结果。虚拟经济膨胀对实体经济威胁最终导致全球性经济危机，主要分三个逻辑层次。（1）新自由主义层次。帕利认为，由于新自由主义增长模式开创了一个工资停滞和收入不平等扩大的时代，总需求中替代工资增长对需求支持的，是债务扩张和资产价格提高。这种制度安排是不可持续的，通过债务和资产价格泡沫维持这一模式的运转，意味着一旦其动力耗尽，经济"硬着陆"会引发大规模突发性金融危机。（2）资本主义层次。福斯特和麦克切尼斯指出，资本积累过程中出现断层，是资本主义经济形态的问题。一方面，金融资本的积累由于产业特性具有脱离生产资本积累周期的能力，使其在产业资本积累进入萧条期或实体经济处于长期停滞时仍然为货币发挥资本作用提供场所。另一方面，无论金融资本如何远离产业资本，它所依托的基础和它的最终利润来源，还是产业资本循环过程中剩余价值的积累。金融资本的收益终究是剩余价值的再分配，是社会财富在金融垄断寡头手中的再次集中。当金融资本积累过程中失去了产业积累过程的支持时，将引发金融危机。（3）金融产业本身的不稳定性层次。从金融产业自身产业结构与运作原理上来看，一直存在不稳定性。近年来，西方学者通过明斯特理论分析框架发现，此次经济危机验证了明斯基的"金融不稳定假说"。实体经济从扩张转向收缩后，金融领域内必然出现"投机型"与"蓬齐型"①借贷模式相较于"套期保值型"的大幅度增加，最终导致金融风险增大。这种金融风险随着经济发展周期的波动也同样是周期性出现，难以避免。国内学者刘骏民从金融产品性质出发，指出资本化运作方式自身的脆弱性。（4）金融产品作为投资产品，其定价偏离成本，而是表现为"预期收入折现"，必然具有脆弱性。金融产业功能发挥的层次。彼得·德鲁克发现九成以上跨国经济的金融交易并非服务于其既定经济功能，而是为了在资本市场上追求货币资本的自我增值。凯恩斯和托宾等人认为金融资产能够提供比实体资产更高的回

---

　　① "蓬齐型"是一种债务偿还对策，资债不进行实际偿还，而是由未来的新一笔资债来偿还。

报，因而增加了金融投资行为，吸引资金流向金融部门，从而导致了金融产业功能的畸形。金融产业功能的畸形甚至失效，导致资本运作与实体经济逐渐脱钩，难以继续支撑实体经济的发展，反而造成了经济的泡沫式虚假发展，掩盖了实体经济发展停滞的现状，以至于随着泡沫的破裂，国家经济陷入全面性危机。

三   制造业转型趋势对制造业地位与结构的影响

除了金融服务业自身的缺陷难以解决，制造业的产业属性对各国经济振兴具有更显著的帮助外，制造业转型趋势也强化了制造业自身的地位。随着金融服务业、电子信息业与制造业之间关联性的加强，制造业的固有形态可能发生变化。随着德国率先提出"工业4.0"后，经济学家认为继机械化生产、电气化与自动化生产、电子信息化生产三次工业革命之后，基于信息物理融合系统的新工业变革已经初现雏形。①

作为一种工业变革，其内部助推力主要有二。一是技术的变革起到了经济转换的作用，这是工业革命得以发生的前提条件。② 对于第四次工业革命来说，是以电子信息技术与人工智能技术为基础所诞生的物联网、大数据、云计算、智能化系统等技术领域。二是全球市场格局的变化。一方面，随着电子信息技术的普及，电子信息产品成为人们日常生活中必不可少的一部分，从而使其功能范围逐渐脱离传统电子功能，而是向消费者在生理、安全、情感归属、尊重、自我实现等马斯洛需求层次理论所界定的各层次需求扩散；另一方面，随着后发国家经济的发展，人们生活水平的提高带来了人们需求层次的普遍提升，加之网络时代带来的通信与个人表达的即时化，消费市场的个人定制倾向愈加明显。同时，在制造业领域，电子信息技术对传统制造业流程在工作效率与产出效率上的提升作用越来越被工业部门所重视，出于对劳动生产率提升的考虑，企业家也开始频繁试水电子信息技术与工业的交叉。

---

① ［德］乌尔里希·森德勒：《工业 4.0：即将来袭的第四次工业革命》，机械工业出版社 2014 年版。

② 刘霞辉：《从马尔萨斯到索洛：工业革命理论综述》，《经济研究》2006 年第 10 期。

外部推力则是经济危机。经济萧条下，各国急需寻找一条新的经济振兴的方法。而在部分传统产业面临市场饱和、技术发展面临停滞的状态下，制造业形态的重新整合无疑是新产业形态、新商业模式出现的绝佳机会。虽然新工业革命的技术基础来自科学技术的自然发展，然而新工业革命的概念，则是各国政界与学界主动提出的。"工业4.0"概念首先出自德国工业科学研究联盟，之后由德国联邦教育研究部将该概念传播至全球。[①] 之后，各主要制造业国家相继提出促进工业革命的宏观策划：美国政府提出了先进制造业的国家发展战略，日本提出了"次世代制造业"发展规划，中国提出"中国制造2025"规划。这种为新一轮工业革命做前瞻性概念诠释并在政府层面进行高规格策划的做法，在工业革命发展历史上还是头一次。

毫无疑问，消费市场需求的变化、制造业企业主动谋求转型、政府层面提出宏观策划，让制造业随着这次工业革命的诞生，获得了近年来前所未有的重视。各发达国家对制造业转型的推动，与其再工业化战略互相促进，形成了对制造业结构的塑造。这种塑造来源于发达国家对产业结构主观方面或者客观方面的选择：制造业振兴与制造业转型趋势同步出现，使制造业企业更倾向于按照制造业转型趋势，发展适合于新工业革命发展路径的产业，以确保自身竞争力的产生与持续。于是，服务于转型的化学、医疗、材料、机器人、自动化设备、软件等中高端产业成为参与再工业化的主要产业，使得发达国家的制造业结构继续向知识密集型、技术密集型产业集中。

第四节　企业制定竞争战略的理论依据

一　五力模型

作为产业学派的迈克尔·波特将外部环境作为企业制定战略的重心，他认为企业要想建立竞争战略，需要先认识到产业结构及其演变过程。对此，他提出了"五力分析模型"，作为分析产业结构

[①]　杨帅：《工业4.0与工业互联网：比较、启示与应对策略》，《当代财经》2015年第8期。

的理论工具。

五力分析模型界定出产业结构五大竞争力，简称"五力"，分别为（1）新进入者的威胁；（2）替代产品或服务的威胁；（3）供应商的议价能力；（4）买家的议价能力；（5）现有竞争者之间的竞争。五大竞争力表明企业竞争面对的不仅仅是竞争对手，还包括卖方、买方、替代者和潜在进入者。行业的总体发展情况都决定着企业竞争的态势，企业面临的是广义上的竞争，又被称为"扩展竞争"。五大竞争力的合力决定了产业竞争强度和利润率水平，也是企业赖以立足于产业内竞争的基石。以下是五种竞争力决定产业竞争强度和利润率的方式。

（一）新进入者的威胁

新进入者既可以通过直接进入产业，也可以通过收购产业内企业来完成对产业的进入。产业的新进入者对产业内的竞争者产生了进入威胁，表现为产品价格的下降或者成本水平的提高。因为新进入者将为产业带来新的产能、产品、服务、营销方式、技术能力等，将进一步分化原有产业市场份额的分配。

新进入者的进入威胁主要受进入壁垒和预期竞争者的报复行为这两个因素的影响。进入壁垒的形成由规模经济、产品差异化、资本要求、转换成本、分销渠道获取、成本劣势、政府政策等因素综合形成。（1）规模经济。规模经济是指生产周期内绝对产量的扩大伴随产品单位成本下降的现象。规模经济降低了产业的成本，从而加大了新进入者在成本控制上的压力。另外，当产业内形成了一种行之有效而被广泛采取的大规模生产体系后，这种生产体系本身也形成了一种进入壁垒。（2）产品差异化。产品差异化进入壁垒则表现为品牌壁垒。产业内竞争者通过差异化服务获取顾客忠诚度，形成了品牌价值。价值高的品牌随着竞争态势的稳固而逐步瓜分市场，顾客也倾向于将品牌视为挑选产品或服务的最重要标准。因此，不具备品牌价值的企业很难在产业竞争内立足。（3）资金要求。资金要求一是来自进入新产业的启动资金，二是来自产业运营模式对财政实力的硬性门槛。广告、研发、固定资产投资、初期耗损等启动资金必不可少的，且具有不可撤销性，加大了新进入者的投资风险。另外，高不变成本、低可变成本的产业运营模式将抬高新进入者的投资门槛。（4）转换成本。转换成本指买方转换供应商所产生的一次性支付成本，一般包括设备转换、程序转换、技术转换、设计转换、人力资源转换成本，以及供应商转换所造成的时间、感情和精力上的成本。转换成本的高低取决于买方转换过程中所产生的财政、程序、心理成本高低，顾客忠诚度的强弱将显著影响转换成本的高低。（5）分销渠道的获取。分销渠道负责将企业的产品输送到消费者手里，影响着企业对市场的影响力与掌控力。因此，分销渠道的分配也反映了产业内的竞争格局。新进入者必须将产品输送到市场，需要占领分销渠道。当一个产业内的分销渠道多样而自由时，新进入者在获取分销渠道上所支付的成本相对较低。当一个产业内的分销渠道与企业的关系越稳固、越模式化，新进入者就越难以获取分销渠道，甚至需要开创新分销渠道，从而面临更高的进入壁垒。（6）成本劣势。主要指产业竞争者所拥有的技术专利、原材料、地理位置、政府补贴、经验曲线等新进入者难以获取或模仿的成本优势。知识产权保护和经验曲线提高了新进入者在技术与质量上赶超现有竞争者的难度，原材料、地理位置导致了新进入者获取资源禀赋的劣势，政府补贴则让新进入者面临不公平的政策环境。（7）政府政策。政府可以通过技术许可、原材料获取渠道限制、产能配额限制甚至禁止新进入者的进入，或者通过颁布环保标准、安全标准来提高产业进入门槛。

（二）现有竞争者之间的竞争

企业之间的竞争动力，来源于产业环境下的竞争压力以及良好的发展前景。为了应对竞争，波特认为产业内的竞争者主要根据产业环境的特点与变化、自身企业定位、战略目标采取不同的战略。因此，企业之间竞争强度主要取决于产业环境与企业战略行为。

首先是产业环境。（1）竞争者众多且在势均力敌的竞争环境下，竞争者都有占领主要市场份额的竞争愿景，在规模、资源等方面展开了激烈的竞争。（2）发展较慢的产业环境。该环境下，由于市场发展速度慢，企业必须抢占市场以防止被挤压。与快速发展的产业环境相比，增长缓慢的产业环境迫使企业更为主动地采取扩张态势，保持稀缺的市场规模。（3）高固定成本的产业环境。高固定成本需要进行大规模生产来分摊固定成本，从而承受着更高的产能利用压力，企业必须想方设法提高市场占有率，消化高昂的固定资产投资。（4）低差异化产业环境。低差异化产业的对应市场结构是单一的，因为产品功能是单一的。企业要想赢得竞争，更多需要依靠价格或服务来争取消费者，从而引发更加激烈的价格竞争与成本竞争。（5）产能短期内大幅度增加的产业环境。受科技发展、规模经济效应等因素的影响，一些产业会出现短期内的产能大幅度增加的现象，从而打破均衡的产业攻击环境，造成了产能过剩现象。如果市场规模的扩大无法消化过剩的产能，企业间的竞争将更加激烈，并引发恶性价格战等竞争形式的出现。

其次是企业战略行为。（1）竞争者战略多元化。当一个产业内的企业战略选择非常多元，且难以捉摸时，竞争者就难以心平气和地为行业设定公平的竞争规则。一方面，不同规模的企业对资本回报有不同的要求，这样大小企业之间的战略就千差万别；另一方面，国外企业与国内企业在战略目标上的分歧更大，从而影响行业内的竞争强度。（2）企业对产业战略意义的重视。当一些企业将所处产业视为自身整体发展的关键一环时，将显著增强该行业的竞争强度。甚至，当这类企业对该产业的战略目标不是保证盈利而是服务于更加宏观的总体战略时，其所采取的非典型战略行为，也将进一步激化该产业的竞争态势。（3）退出壁垒。由于受企业战略行为所导致的高额产业化资产与固定成本、情感壁垒等因素的综合影响，企业将面临较高的退出壁垒，从而难以顺利地退出行业竞争。退出机制的不畅通，将降低市场的调控能力，使企业更倾向于留在行业内。如此一来，产业难以淘汰落后产能，并更易遭受恶性竞争行为的干扰。

（三）来自替代品的压力

替代品是指两种产品存在相互竞争的关系，一种产品销售的增加会导致另一种产品潜在销售量的减少。随着竞争的深化，产业内会产生替代品，限制了企业的定价权与盈利能力。替代品的性价比越高，产业的盈利水平就越低。成功的替代品有以下两个特征：首先，其性价比有超过主流产品的趋势；其次，替代品所在行业利润水平更高。前者是替代品取代主流产品的质量保证，而后者则赋予了替代品行业的吸引力。如果两个特征都符合，那么该替代品很可能会对现存行业造成颠覆性的影响。

（四）买方的议价能力

买方的议价行为主要包括：要求降低价格，要求产品质量的提升，要求更多服务，要求竞争者之间更为激烈的竞争等。这些行为将激化产业的竞争强度，降低企业的回报率与盈利水平。买方议价能力主要由以下因素决定。

（1）买方的集中程度。买方集中程度与买方议价能力呈正比。当某一买方的需求量占据了卖方大部分的供给量时，买方的集中程度就很高。高集中程度下，买方的重要性更高，因为买方的行为将严重影响卖方的盈利状况。（2）产品的差异化程度。产品差异化程度与买方议价能力呈反比。当卖方处于低差异化产业时，由于可选卖方增多，相对增强了买家的议价能力。（3）转换成本的高低。转换成本表明了买方转换消费品的难度，高转换成本下，卖方能够锁定买方的需求，反之，买方的议价能力将提高。（4）买方盈利状况。低盈利状况增加了买方对价格的敏感度，反之则提高。因此，买方盈利状况与买方议价能力呈反比。（5）买方后向一体化程度。更高的后向一体化意味着买方具备更强的自给自足的能力，从而增强自身议价能力。（6）买方的产品或服务相比卖方的重要性。当买方的产品或服务的重要性更强时，其议价能力也更强。（7）信息对称性。信息通常是不对称的，当不对称性偏向于卖方时，意味着买方掌握更多的供应商成本信息与行业行情，从而显著增强买方的议价能力。

（五）供应商的议价能力

供应商的议价能力表现在供应商以降低质量与服务为筹码威胁买方提供抬价空间。当强大的供应商议价能力带来了采购原材料成本的提升，而企业自身又难以在产品和服务上提升价格时，那么产业的利润相当于流入了供应商手中。

影响供应商议价能力的因素有以下几个：（1）供应商集中程

度。与买方议价能力同理，供应商集中程度与其议价能力呈正比。当几个供应商控制了行业供应领域，供应商就具有了较强的议价能力。（2）替代品问题。供应商会受到替代品的威胁，当买方的选择增多时，供应商议价能力就会被削弱。（3）买方业务对供应商的地位。当买方业务的地位对供应商来说并不高时，供应商对采购价格的敏感度会更高，议价能力也更强。（4）供应商对买方业务的地位。当供应商对买方的制造过程或者产品质量具有重要作用时，供应商议价能力就更强。（5）差异化与转换成本。产品的差异化或者转换成本，阻止了买方借助其他供应商压价的可能性。反之，当供应商面临转换成本时，将丧失议价能力。（6）前向一体化程度。与买方后向一体化程度同理，供应商的前向一体化程度可以增强其自产自销的能力，从而降低买方对供应商的重要程度，进而增强己方的议价能力。

当将劳动力视为供应商时，劳动力市场中的劳资关系就表现为买方与供应商之间的关系，其议价能力同样受以上因素影响。在劳动力规模上，更多的劳动力意味着更多的替代品，降低了劳动力的议价能力。技能稀缺的高质量劳动力的议价能力更高，因为他们实现了差异化，增强了自己在企业中的重要性，使买方承担了转换成本。

二　钻石体系

由于波特认为外部环境对企业竞争战略起决定性作用，因而构建了钻石体系来界定国家竞争优势，从国家层面分析一国的某种产业获取竞争优势的来源。钻石体系包含四个核心要素，分别为：（1）生产要素；（2）需求条件；（3）相关产业与支持性产业；（4）企业战略、企业结构和同业竞争。这四种要素每个国家都拥有，可能会强化本国企业创造国内竞争优势的能力，也可能使其丧失竞争优势。除了四个关键要素，还有两个因素也影响着国家环境与企业竞争优势之间的关系，一是机会，一是政府。机会是指能显著改变产业发展状态的偶然性因素，包括基础发明的突破、战争、政治环境、疾病等。政府作为国家宏观调控者，其政策会影响四大关键要素，如幼稚工业保护体系、企业补贴法、反垄断法、消费税征收等措施，都会改变企业面临的国家环境。

生产要素是指用于生产物品与劳务的收入，① 是产业上游的竞争条件。一般来说，生产要素主要由劳动力与天然资源构成，可以从要素禀赋理论角度出发看待劳动力与资源的天然富余程度对国家环境的作用。但是波特强调，在大多数产业的竞争优势中，生产要素通常是创造得来的而非自然天成的，② 只有在人为创造、改善和专业化后的生产要素，才能更有效地获取竞争优势。波特认为生产要素除了人力资源与天然资源外，还包括知识资源、资本资源与基础设施。每个生产要素的重要性随着产业发展阶段而变化，并随着产业全球化而充分流通，可能服务于他国企业。生产要素既可以分为初级生产要素与高级生产要素，也可以分为一般性生产要素与专业性生产要素。初级生产要素包括天然资源、地理位置、非熟练劳工、资本等，高级生产要素包括现代化基础设施、高等人才、大学研究所等。随着产业全球化，初级生产要素的供方在增多，并通过全球流通网络供给各地的企业，因此其重要性在下降。而高级生产要素可带来技术、人才上的优势，从而获得更高层次的竞争优势，重要性在提高。一般性生产要素是指可以用于任何一种产业的生产要素，包括交通设施、资本、熟练工等，专业性生产要素是指用于单一产业的生产要素，如专业化的人才、基础设施、研究机构等。一般性生产要素主要用于基础性社会性的基础支撑，而产业的决定性持续性竞争优势需要依靠专业性生产要素提供。

需求条件是指国内需求条件，即内需市场。内需市场是产业发展的动力，会刺激企业改进与创新。首先，企业在界定国内客户需求的形态和特征上所付出的成本更低；其次，苛刻的国内市场将迫使企业自我改善与创新，从而奠定企业的竞争优势，进而形成国家的产业竞争优势。因此，能够产生国家竞争优势的需求条件一般都符合以下特征：第一，国内市场存在细分市场需求的结构；

---

① ［美］曼昆：《经济学原理：微观经济学》，北京大学出版社 2014 年版，第383 页。

② ［美］迈克尔·波特：《国家竞争优势》，中信出版社 2016 年版，第 67 页。

第二，本土客户的高要求；第三，具有预期需求。国内的细分市场为企业确定了发展范围，一些国外稀缺的国内细分市场能为国内企业提供发展差异化的条件。本土客户要求为本土企业确定了产品与服务质量的短板水平，更苛刻的本土需求迫使企业抬高生产与服务质量，从而为企业带来竞争优势。预期需求确定了本土企业率先进入新产业或新领域的时机，国内需求的率先形成将为企业提供先发优势。

相关产业与支持性产业主要从两个方面推动国家产业竞争优势的获取，第一，由上而下的扩散流程，第二，相关产业的提升效应。由上而下的扩散流程强调上游产业与下游产业之间的良性关系。一方面，供应商会协助企业认知新方法、新机会和新技术的应用；另一方面，企业为供应商提供新思路、新信息和市场实业，带动供应商自我创新。当然，在全球化环境下，发展成熟的下游产业也可以一定程度上摆脱国内上游产业的束缚，在世界范围寻求替代品。相关产业的提升效应则是指产业间的相互发展与促进效应。一方面，当某一产业具备较强竞争优势时，可以通过提供信息分享、合作业务等方式带动相关产业或互补产业的发展；另一方面，许多产业具备关联竞争力，即只有依靠互相关联与协同促进的关系才能产生更强的竞争力。这些企业通过信息与技术交流促进双方的竞争力，或通过结盟、一致对外等手段共同守护国内市场。

国家环境对企业战略、企业结构与同业竞争都产生深远的影响。企业战略、企业结构受到来自国家的文化传统、历史惯例、民族主义、社会结构、社会心理、国家发展导向、产业政策等因素的影响。这些因素可以显著改变一国企业的管理模式、组织形态，甚至目标的设定。在同业竞争方面，激烈的国内竞争，可能更能为国内企业带来竞争优势。第一，激烈的同业竞争带来高竞争强度，能为产业带来改进和创新的原动力，迫使企业竞相降低成本、提高产品与服务质量、采用新技术与新产品等。第二，国内市场是企业的基本，不仅关乎经济效应，还关乎企业名望，因而更为激烈的国内竞争可促使企业抛开经济利益进行全方位竞争，从而增强其综合能力。第三，激烈的国内竞争将促使企业主动开拓国外市场，以释放国内竞争压力，提升企业在世界范围获取竞争优势的积极性。第四，高质量的国内竞争，本身就是企业获取国际竞争优势必不可少的环节。参与国际竞争的竞争者大多为该国产业的翘楚者，是高于国内市场的竞争舞台。只有通过有效的国内竞争锤炼，企业才能在国际竞争中更加得心应手。第五，在国内竞争中，企业所形成的独特的区域特色与体制特色，很可能在国际竞争中发挥作用，形成企业自身的差异化优势。第六，同业竞争中产业扩散效应的形成，是新产业形态诞生的主要方式。

其他要素方面，影响产业竞争的机会主要可归纳为以下几种：基础科技的发明创造、传统科技的断层、生产成本的突然提高、全球金融市场或汇率的重大变化、市场需求剧烈增加、各国政府的重大决策、战争。① 机会能打破旧有的竞争状态，创造新的竞争空间，表现为竞争优势的转移与重新界定。伴随这个过程，会出现产业的更替、产业内部结构的重组、产业形态的转变等。虽然机会作为偶发事件不可预测，但国家竞争优势机制的健全，有助于抓住机会带来的优势，降低机会带来的损伤。政府方面，通过各类决策会对生产要素、需求条件、企业战略、企业结构与同业竞争均产生影响。如采购价格限制、教育和金融政策会影响到生产要素，产品标准与政府采购影响需求状态，经济调控工具、税制、产业政策将影响企业战略、结构与同业竞争。同时，政府也将受这些关键要素的影响，因为政府制定政策本身就是源于对本国关键要素的认识。

三　价值链

价值链理论首先由迈克尔·波特提出，认为企业是设计、研发、生产、销售、发送和辅助流程中各类活动的集合体。这种将原材料转化成顾客所需产品的活动链条，被称为价值链。价值链由基本活动和辅助性活动组成，前者包括生产、销售、进料后勤、发货后勤、物流、服务等活动，后者包括研究开发、采购、人力资源管

---

① ［美］迈克尔·波特：《国家竞争优势》，中信出版社 2016 年版，第 111 页。

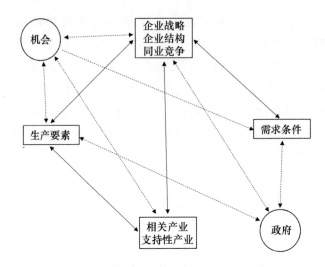

图 2 - 3   完整的钻石模型

理、企业基础设施等活动。价值链是企业的价值创造过程，它反映了一个企业的发展历史、战略痕迹和实施战略的方法及其经济成效。竞争战略的目标是创造出超越成本的价值，而企业的价值链之间的差异是其采用不同竞争战略的成因及结果。

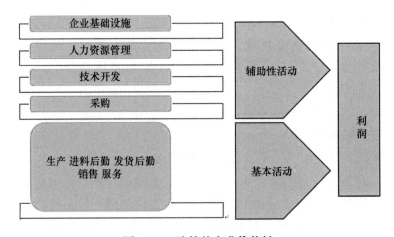

图 2 - 4   波特的企业价值链

波特的价值链理论着重于对单一企业进行价值活动的分析，其扩展维度主要涉及企业、供应商、顾客的三方关系。科洛特随后对价值链进行扩展，将分工过程的专业化与分离化趋势引入价值链理论，提出同一产业内的企业可能并不都构建类似价值链结构，而是选择单一环节参与竞争。随后，价值链理论被应用到产业层面，着重于探索产业价值链的形成模式与路径，以及产业内关联企业如何构成完整价值链，即企业价值链、供应商价值链、经销商价值链及顾客价值链的结合。随着经济全球化进程的推进，价值链在全球层面的扩展也随之出现。Krugman 提出了全球价值链概念，指在全球生产网络中，每个国家由于特定的生产阶段进行的活动而获得的增加值收入。[①] 联合国工业发展组织对全球价值链的定义为：为了在全球范围内实现商品或服务的价值创造而将生产、销售、回收处理等过程联结起来的全球性跨企业网络组织，涉及方面包括原料采购和运输、半成品和成品的生产和分销，最终消费和回收处理等整个过程。[②] 基于全球价值链，美国学者 Gereffi 提出全球商品链，以生产者驱动和购买者驱动来解释全球经济中生产、贸易、消费活动，主要从商品角度出发，探究全球价值链构成与运作方式。[③]

第五节　汽车与电子企业作为重点研究的理论动机

一　以主导产业理论为视角

本书旨在研究日本制造业竞争战略调整的内在逻辑、实施路径与战略效果，而电子产业与汽车产业是本书研究的主要领域。之所以选取以上两个产业作为本书的主要研究对象，首先是主导产业理论为

---

① 樊茂清、黄薇：《基于全球价值链分解的中国贸易产业结构演进研究》，《世界经济》2014 年第 2 期。

② United Nations Industrial Development Organization. *Inserting Local Industries into Global Value Chains and Global Production Networks*：*Opportunities and Challenges for Upgrading with a Focus on Asia*，Vienna，August 11，2004.

③ Gereffi G.，"The Organization of Buyer-driven Global Commodity Chains：How US Retailers Shape Overseas Production Networks"，Westport：Praeger，1994.

理论缘由。制造业是一个整体的产业类别，包括许多产业，并且不同产业的企业对竞争战略的实际调整方式都有所不同。研究广度上如果涉及整个制造业，那么研究深度上就难以有所突破。

美国经济学家罗斯托所著的《经济增长的阶段》① 奠定了主导产业理论。罗斯托认为，国家在经济增长过程中大抵可以分为传统社会、起飞的前提阶段、起飞阶段、成熟化阶段、高额大众消费阶段与追求生活质量阶段六个阶段。而在各个阶段，国家的经济增长率存在差异，而其几个关键部门的增长情况决定了这种差异。这些关键部门被称为主导部门，同时在经济阶段性发展中可能会出现更替，并成为国家经济转型的结构调整的表现。主导经济部门在科技进步、经济高增长率上表现出了举足轻重的地位，并通过前向、后向、旁侧效应带动整个国家经济的发展。

制造业是日本实现经济腾飞的主要推动力，日本一直采取制造业立国的经济宏观战略，实现从后发国家向发达国家的转变。1970年，制造业产值在日本国民生产总值的占比超过一半，就业人数超过三分之一。而制造业中，电子产业与汽车产业处于主导产业地位，代表着日本制造业的发展水平，引领制造业的发展。丰田、本田、三菱、五十铃等著名汽车企业，以及索尼、松下、夏普、萨瑞等著名电子企业一直以来代表着日本制造业企业的国际竞争力。在广场协议后的经济恢复期的 20 世纪 90 年代末期，同样是汽车与电子产业撑起日本制造业的复苏。在 1998 年日本制造业各产业出口额占比上，电气机械占 17.8%，运输机械占 14.3%，占据前两位。② 2012 年，电气机械占 17.9%，运输机械占 23.5%，其占比甚至有进一步集中的趋势。③

自 2000 年以来，日本电子行业逐渐陷入困境。2013 年，日本电子产业生产总值为 11 万亿日元，比 2000 年的 26 万亿日元下跌了

① ［美］罗斯托：《经济增长的阶段》，中国社会科学出版社 2001 年版。
② 经济产业省：《1998 我が国の工业—バブル崩壊後新たな展開を遂げる製造業—（概要）》，2007，http://www.meti.go.jp/statistics/tyo/kougyo/wagakuni/1998_01.html。
③ 中华人民共和国驻大阪总领事馆经济商务室：《日本出口结构现状和优势产业》，2015 年 1 月 23 日，http://osaka.mofcom.gov.cn/article/ztdy/201501/20150100876449.shtml，2021 年 4 月 1 日访问。

一半以上。① 2010 年以来，日本主要电子企业纷纷陷入历史性亏损，国际市场占有率上也遭遇剧烈下滑。从制造业贸易盈余来看，2014年运输机械产生了 13.9 万亿日元，占据了总额的一半以上，而电气机械只有 1.1 万亿日元的盈余。但这并非意味着电子行业的主导产业地位发生了改变。从产业类别产值来看，日本电气机械于 2014年的产值也仅次于运输机械与一般机械②，且近年来产值振幅也逐渐趋于稳定。③ 从品牌影响力来看，日本电子产业仍然代表着日本制造业的整体形象与竞争力。2015 年全球百强品牌中，佳能、索尼、松下三家日本电子企业占据了日本上榜企业的一半，而另一半是来自日本汽车产业的丰田、本田与尼桑，说明了具备世界影响力的日本制造业跨国集团绝大多数来自电子与汽车产业。

不过，从汽车与电子两大支柱产业发展状态的迥异可以看出日本制造业整体结构正处于密集的调整与转型中。作为主导产业，以上两个产业产值占比高，同时前向与后向产业关联性很强，因此行业的发展与变化交织牵引着日本整个制造业体系。因此，电子与汽车企业竞争战略的调整，将不只是反映产业自身，还反映制造业整体竞争战略的变化。

二 以产业生命周期理论为视角：成熟产业转型

生命周期的概念来源于生物学，指具有生命现象的有机体从出生、成长到成熟、衰老直至死亡的过程。这一概念后来被引入经济管理领域，扩展至产品、企业至产业层次。1957 年，美国的 Booz等人在《新产品管理》中首次提出，产品在市场上的表现随着时间推移，也会发生着类似于生物体生命周期的轨迹。这种轨迹可以被

① ［日］日本经济新闻：《生産額は10年で半減、日本の電子産業凋落の真相》，2014 年 7 月 14 日，http://www. nikkei. com/article/DGXNASFK0102R _ R00C14A7000 000/? df = 2，2021 年 4 月 26 日访问。

② 日本的一般机械主要包括：发动机零部件、气体泵、空调、制冷设备、热水器、灭菌器、干燥器、升降机和运输机、纺织机械等。

③ ［日］经济产业省·厚生劳动省·文部科学省：《平成 26 年度ものづくり基盤技術の振興施策（概要）》，2015 年，http：//www. meti. go. jp/report/whitepaper/mono/2015/honbun_pdf/pdf/gaiyou. pdf，2021 年 4 月 26 日访问。

称为产品的市场生命，包括投入期、成长期、成熟期与衰退期。①
后来，Vernon 首次提出由于每个国家在产业发展阶段的不同，产业
的生命周期存在第二、第三阶段；之后美国学者 Abernathy 与 Utter-
back② 提出了主导设计概念，引入了产业创新动态过程模型，指出
产品创新、工艺创新和组织结构随时间的变化而演化，认为主导设
计的增加是产业走向衰落的表现，但认为产业生命周期能够依靠根
本性创新实现重构的可能；Gort 与 Klepper 首次提出产业周期包括引
入、大量进入、稳定、大量退出、成熟五个阶段，构建了完整的产
业生命周期。③ 总结来说，产业生命周期分为导入期、成长期、成
熟期、衰退或蜕变期。

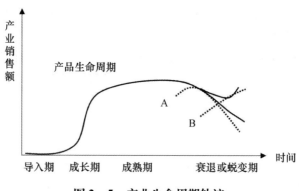

图 2-5　产业生命周期轨迹

　　日本汽车产业于自 20 世纪 50 年代步入成长期，于 20 世纪 90
年代进入成熟期；日本电子产业于 20 世纪 70 年代步入成长期，于
2000 年进入成熟期。两个产业相继进入成熟期，也是造成日本制造
业竞争力自 20 世纪末进入平稳期的主要原因之一。按照产业生命周
期理论，成熟期下，产业的创新强度开始下降，主要几个主导设计

①　张会恒：《论产业生命周期理论》，《财贸研究》2004 年第 6 期。

②　Abernathy W. J. , "Utterback J. M. . "Patterns Of Industrial Innovation", Technology
review, Vol. 80, no. 7, 1978, pp. 40 – 47.

③　Gort Michael, Klepper Steven, "Time Paths in the Diffusion of Product Innovation",
The Economic Journal, No. 92, 1982, pp. 630 – 631.

占有市场，主要的几个企业瓜分市场，市场规模达到饱和状态，使产业发展速度放缓。进入成熟期后，企业主要面临两个问题：一是成熟期能否长期保持，二是如何应对产业下一阶段的走向：衰退还是蜕变。因此，作为产业的主要构成，企业需要尽可能做到延长产业的成熟期，或者推动产业进入蜕变期而非衰退期。

　　如何延长产业成熟期，一方面由产业属性决定，另一方面由企业的创新效果决定。在产业属性上，Davies 发现复杂产品系统产业一般具有更长的成熟期。[①] 复杂产品系统是指研发投入大、技术含量高、小批量定制化生产的大型产品、系统或基础设施，包括大型通信设备、大型计算机、航空航天、电力网络控制、大型船只、高速运输系统、半导体生产线等。高技术性与市场特殊性赋予了复杂产品系统较高的进入壁垒，使产业内部维持少数稳定的生产者，从而使产业的重复效应替代了规模效应。加之产业的技术创新的持续性以及技术的难以替代性，该行业具有长成熟期特征。在非复杂产品系统产业，企业需要为市场传导高效的创新成果来实现长成熟期，因为不断进入的技术是产业经久不衰的基础，也是凝聚市场的最有效因素。只有当技术能够随着时代发展实现同步进步时，才能确保市场不将该产业视作过时产业。

　　关于产业是进入衰退期还是蜕变期，主要看企业所实现的产品生命周期曲线。当产品生命周期曲线表现为以衰退为主时（见图 2－5 的 A 曲线），那么产业将进入衰退期；当产品生命周期重新实现以成长期为主时（见图 2－5 的 B 曲线），那么就意味着企业实现了新的根本性创新，成功重塑了产业形态，产业将进入蜕变期。值得注意的是，进入蜕变期后，可能另外一种结果，即这种蜕变直接诞生了新的产业，旧的产业仍然走向衰亡。人类历史上，出现过的几次制造业产业结构大规模转换，就伴随着这种结果的大量出现。大量旧产业遭到淘汰，旧产业企业实现整体转型，构建了新的产业。

　　① Davies A. , "Innovation and Competitive in Complex Product System Industries: the Case of Mobile Phone Systems", Conference Paper Prepared for INTECH International Workshop Maastricht, 1996.

不仅如此，越来越多的学者发现，新兴产业的产业生命周期特征与传统产业是有区别的。李超等发现，由于市场与技术的不确定性，新兴产业的生命周期特征呈现出以下不同：一是企业整合与淘汰一般发生在成熟期；二是新兴产业未必具有先发优势；三是衡量新兴产业创新能力标准不一。① 因此，日本的成熟产业还具有另外一种路径选择：参与到新兴产业的发展中，不仅能从新产业的产业生命周期中获益，还能从与新产业关联的新技术与新概念中找到突破本产业创新"瓶颈"的关键要素。

日本的汽车与电子产业作为成熟产业，无论是要实现产业的长成熟期，还是实现产业的蜕变，抑或是参与新产业，都涉及企业自身转型的问题。而企业所面临的转型压力是迫使企业进行竞争战略调整的关键原因之一，因为只有当企业通过竞争战略获取了新的竞争优势，企业的转型才能实现。

三 对日本汽车与电子产业的产业分类解释

在进入本书研究主体内容之前，需要对日本汽车与电子产业进行产业分类解释，以界定汽车与电子企业的选取标准。汽车与电子产业属于宽泛概念，在日本标准产业细分下不存在工整对应。根据日本统计委员会于 2013 年 5 月颁布的新《日本标准产业分类变更》，本书将电子产业界定为中分类 30 情报通信机械制造业的整个类别加上中分类 29 电气机械制造业下除 296、297 与 298 细分类外的其他细分类别，将汽车产业界定为中分类 31 输送用机械制造业中除 312、313、314 细分类外的其他细分类别。而本书所述的汽车与电子企业的主营业务则为以上界定领域内。实际上，随着电子与汽车企业的竞争战略调整，企业的经营范围已经开始向整个中分类涵盖，并进行了跨中分类业务的经营，这在后面将详细分析。

---

① 李超、李伟、张力千：《国外新兴产业生命周期理论研究论评与展望》，《科技进步与对策》2015 年第 32 卷第 2 期。

第三章

日本制造业企业竞争战略调整的历史演变过程

第一节　日本汽车企业竞争战略调整的几个历史阶段

在日本汽车产业发展的不同时期，日本汽车企业采取了各种的竞争战略。日本汽车企业是基于当时经济状况、国家产业环境、政府政策支持、国际经济发展及自身技术能力等层面制定适宜的竞争战略并有效实行，以此构建了日本汽车产业在 20 世纪下半叶的强大竞争力。日本汽车产业历史发展阶段由以下阶段组成：汽车产业的战后恢复期（1945—1951 年）、幼稚工业保护期（1951—1972 年）、产业自由化期（1972 年以后）。与此相对应，日本汽车企业竞争战略调整也分为三个阶段：第一阶段是以本国市场占有率为战略目标的总成本领先战略，对应日本幼稚工业保护前期；第二阶段是以国际占有率为战略目标的总成本领先战略与小型车为主的集中战略，对应幼稚工业保护后期与自由化前期；第三阶段为基于全球化的差异化战略引入，对应自由化时期。本书并未对战后恢复期进行竞争战略考察，是缘于战后非常态运营、盟军驻日总司令部干预等因素影响下，日本汽车企业并未有真正的竞争战略，其发展规划更多由美国方面把控。1951—1952 年，盟军迫于朝鲜战争局势逐渐放弃对日本汽车企业的惩罚措施，以及日本政府汽车产业规划序幕的拉开，才标志着日本汽车企业重新作为市场的竞争单元参与到常态化的经营中，开始对竞争战略的构建。

一 1951—1970 年的日本汽车企业竞争战略

(一) 竞争优势界定及竞争战略决策

前文述及，企业制定竞争战略的前提在于对获取何种竞争优势的确定。在 20 世纪 50 年代初，日本企业立足于外生性，而非内生性来界定竞争优势的来源。日本经济状况、国际环境、产业政策形成日本汽车产业吸引力与企业确立市场地位的优势。下面以"五力模型"来分析日本汽车产业环境与结构如何转化为企业的外生竞争优势。

第一，新进入者的威胁较低。首先，日本政府在汽车产业中实行外汇配额制度①与税收歧视政策，利用有限配额与进口高额关税手段，降低了国外新进入者的威胁。其次，盟军驻日总司令部对日本财阀进行了解散与重组，国内不存在能与丰田、日产、五十铃等企业集团相抗衡的潜在进入者。第二，现有竞争者之间的竞争强度较低。一方面，较低的新进入者威胁意味着行业内的主要竞争者数量较为稳定；另一方面，日本汽车产业处于产业生命周期的导入期，市场消化速度快于产业扩张速度，产业内竞争强度较低，提高了日本汽车产业内的利润水平。第三，来自替代品的压力很小。对于汽车行业，替代品主要出自公共交通产品与通勤体系，而这一时期日本的城市建设水平不足以形成替代威胁。第四，较强的买方议价能力。对于供应商来说，供应订单被少数几家汽车企业垄断，且不存在能够与这几家汽车企业相互抗衡的大型供应商，还需应对日本汽车企业所具备的集团能力可能存在的后向一体化倾向与能力。

除产业内竞争强度处于松弛状态外，日本的产业政策与冷战局势也发挥了重要作用。首先，日本政府相继在 1952 年与 1955 年颁布《理解国产轿车意义》《国民车扶植大纲法案》，将小型车上升到国民标准化汽车高度。国民车标准将排量限制为 350—500cc，将油耗控制在 30km/L 以内，确立了低能耗小型车风格，为日本汽车企业发展小型车提供了竞争优势。其次，受朝鲜战争影响，美国于

---

① ［日］中村隆英：《日本昭和经济史 1925—1989》，河北教育出版社 1992 年版，第 192 页。

1947—1952 年逐步撤销对日本汽车产业的管制。1947 年 7 月盟军驻日总司令部撤销对汽车生产、销售及相关工业品统制政策的解除，并逐年归还日本汽车企业的生产基地及设备。管制取消后，盟军成为日本汽车产业的最大海外客户。1947—1950 年，丰田、日产、五十铃、日野、三菱等企业年汽车生产量总共增加了一倍，丰田、日产、五十铃接受的战争订单超过一万辆特许车辆。凭借战争经济，日本汽车企业成功实现了初期资源与能力的积累。

综上所述，战后日本汽车产业具有很强的产业吸引力，且已确立的几大汽车的企业集团的市场地位，因而可获得较高水平的超额利润。基于这种产业结构与环境，日本汽车企业采取总成本领先战略，以国内市场为主要目标市场，以小型车为主要业务结构，并规划研发、生产运营、人力资源、供应商四大细化战略来实现竞争战略目标，而在细化战略的主要模式上主要采取了组织创新方法。Akan 等（2006）[①] 提出过关于总成本领先战略的流程创新战略理论，认为企业会采取推动流程创新来实现成本控制与生产效率的两维提高。不过，日本汽车企业却是以组织创新来实现成本、效率与质量的三维统一，成为其竞争战略的最明显特征。

（二）具体战略展开

1. 生产运营战略

生产运营是企业的竞争武器与运营基石，其不仅仅是企业生产专业化工作，还关乎企业整体战略的顺畅实施。自 Wkckham 首次提出生产运营应该被视作企业由上至下的战略规划的一部分后，对生产运营的研究提升至战略层面，并被波特列为企业竞争战略的重要细分战略。[②] 从定义上看，生产运营战略是关于生产制造资源的获取与配置、产品的设计、生产与交付等一系列战略决策的集合。[③] 日本汽车企业的生产运营战略最为典型的是采取组织创新方法，制

[①]　Akan O. , Allen R. S. , Helms M. M. , et al. , "Critical Tactics for Implementing Porter's Generic Strategies", *Journal of Business Strategy*, Vol. 27, No. 1, 2006, pp. 43 – 53.

[②]　李玉刚：《战略管理》（第三版），科学出版社 2013 年版，第 7 页。

[③]　樊奇、徐学军：《国际代工背景下我国制造业企业生产运营战略研究》，《管理现代化》2008 年第 4 期。

定精益生产战略，实现成本、效率、质量的三维统一。这里，典型案例是丰田公司。

精益生产战略的基础是生产运营体系现代化。在丰田喜一郎、丰田英二等人的推动下，丰田先后改进提案制、泰勒主义科学管理教育体制，[①] 并以全面质量控制取代进货检查质量管理，形成了对低成本、效率与质量的全方位要求的生产运营理念，之后基于此正式部署精益生产战略。精益生产战略的核心是精益生产方式，兴起于 20 世纪 50—60 年代，主要由准时化生产与自动化生产组成，关键流程为单件流作业流程、看板制度与安灯制度。

准时化生产是指企业只生产所需要的产品，将各环节的库存降至最低，最大限度避免浪费。这种生产方式主要服务于成本控制，其主要措施是单件流。单件流作业流程也称连续流作业流程，是指通过一系列的工序，在生产和运输产品时，尽可能地使工序连续化，每个步骤只执行下一步骤所必需的工作。[②] 在单件流原则下，企业生产设备并非以泰勒制大批量零件分批生产为形式，而是遵循材料向产品的转化流程来安排生产线的具体形式。生产线由以产品为导向划分的工作小组操作，每个小组在此组装成完整的产品。单件流的本质是材料生产与产品组装的同步进行，不产生存货，将工序连接环节中的时间耗损降至最低。看板是指后一道工序向前一道工序提供所需物品相关信息的卡片，看板制度是指后工序利用看板方式来向前工序实现补货的制度。[③] 看板制度推动了送料制向取料制的转变，实现了生产信息的流动化，使物流供应建立在工序的实时需求上，以达到"必要的时候只生产必要数量的必要产品"。[④]

自动化生产是一种成本预防以及质量控制体系，"自动化"的含

---

① ［日］藤本隆宏：《能力构筑竞争：日本的汽车产业为何强盛》，中信出版社 2007 年版，第 91—93 页。

② ［美］杰佛瑞·莱克：《丰田模式：精益制造的 14 项管理原则》，机械工业出版社 2016 年版，第 95 页。

③ 张玉来：《丰田公司企业创新研究：兼论企业创新研究》，天津人民出版社 2007 年版，第 141 页。

④ 王频：《精益生产在日本的发展状况》，《成组技术与生产现代化》2002 年第 19 期。

义是指产品在生产过程中能够自动暂停并排查问题,[1] 核心组织方式为安灯制度。安灯制度也被称为"定点生产线停止制度",是指生产线上每道工序都装有故障信号灯。每个操作工序的员工在信号灯亮起时按下紧急按钮,停止整条生产线,并于故障或问题排查结束后再启动。安灯制度属于丰田的"暂停流程以内建质检"流程中的主要类型,是将产品的质量检查步骤提前到产品生产过程的工序中,实现生产效率与产品质量的提升。同时,生产线内的质检方式也降低了产品次品率与产品售后维修成本,实际上也是典型的成本控制举措。

2. 供应商管理战略

供应商管理战略也是日本汽车企业利用组织创新来实现细分战略目的典型代表之一,在组织创新下,日本构建了独具特色的供应商管理体系,成为企业异质性的资源与能力的主要部分。供应商管理战略的组织创新主要由流动系列化与开发竞争两个部分组成。

系列化是指拥有长期持续交易关系的企业群体构建了用内部购买采购替代外部采购的集团化构架。[2] 系列化是日本战后特有的经济现象,表现为企业集团、金融财团等形式,具有较强的封闭性。日本汽车企业在 20 世纪 60 年代建立了流动系列化,首先建立多层次零部件供应商体系,其次实现采购对象多元化与多批次化,形成开放式金字塔形供应商网络。流动系列化承担了 70% 的零部件生产,采取多个零部件集成的"单元式发包"方式,为日本企业提供灵活性强的供货服务。后来,丰田将质量控制导入供应商体系。[3]

开发竞争是指供应商之间的竞争。它并非价格竞争,而是研发能力的竞争。日本汽车企业仅提供设计粗略图纸,由供应商进行自主性修改,并据此选择合作方。这种方式叫作"确认图纸"方式,供应商凭图纸修订争取订单,其设计能力才是赢得供货权

---

① ［美］杰佛瑞·莱克:《丰田模式:精益制造的 14 项管理原则》,机械工业出版社 2016 年版,第 138—141 页。

② 刘景竹:《日本企业系列化的特点及其对日本经济的影响》,《世界经济》1993年第 5 期。

③ ［日］藤本隆宏:《能力构筑竞争:日本的汽车产业为何强盛》,中信出版社2007 年版,第 95 页。

的关键。① 在交易关系中，日本汽车企业采取"利益分配原则"，对零部件供应商提出成本削减要求，如果得到满足，将共享低成本收益。实力强大的供应商通过对图纸的改善与设计来实现成本削减，从而与汽车企业建立了长期交易关系。这种供买双方的共同设计体系也被称为双向性设计。②

3. 人力资源战略

日本汽车企业的人力资源战略主要通过以下层次实现总体竞争战略三维统一：一是以改革劳动力协调体制来削弱劳动力的讨价还价能力，二是通过全面培训提升劳动力作业效率，三是以特殊化培养体系增加劳动力黏性。以丰田为代表的日本汽车企业对上述战略思维的贯彻，最先推动了终身雇佣、年功序列与企业内工会的成型。③

劳资协调体制改革计划提出的初衷是压制日本工人运动。战后军队遣返与盟军驻日总司令部主推的"劳动三法"④ 促成了日本全国性工人运动，⑤ 汽车企业雇员在全日本汽车产业工会的领导下成为组织工人运动的主要群体。朝鲜战争爆发后，盟军驻日总司令部对日本工人运动的态度转冷，成为日本汽车企业进行劳资协调体制改革的契机。不同企业的具体做法不同，丰田是在企业内扶持各种团体来弱化工会地位，最终以《劳资宣言》确定丰田工会将帮助公司实现"提高产品质量性能、降低成本与确立量产体制"三大目标，⑥ 正式将工会改造成与企业价值观与战略目标相一致的内部组织。日产则以激进方式推动企业内工会的汽车企业，通过建立日产汽车工会正面对抗全日本产业工会，提出工人工薪提高应以企业效率提高为前提这一原则，并以暴力手段瓦解全日本产业工会，极大

---

① ［日］植草益：《日本的产业结构》，经济管理出版社 2000 年版，第 57—62 页。

② ［日］西口敏宏：《战略性外包的演化——日本制造业的竞争优势》，上海财经大学出版社 2007 年版，第 182—185 页。

③ ［日］植草益：《日本的产业结构》，经济管理出版社 2000 年版，第 86 页。

④ "劳动三法"分别为《工会法》《劳动关系调整法》《劳动关系基准法》，相继于1945 年、1946 年、1947 年由日本国会通过。

⑤ 张玉来：《丰田公司企业创新研究：兼论企业创新研究》，天津人民出版社 2007年版，第 240—241 页。

⑥ 同上书，第 247 页。

推动了日本汽车企业内工会的建设速度。

全面培训和特殊化培训机制共同构成劳动力培训体制，具体来说，可分为以下几个部分。首先，多层培养体制。丰田按照企业不同的职务与职层，开设上至董事与骨干，下至组长、班长的分层培训制度，并为新员工作专项培训。其次，多能工培养体制。日本企业针对员工进行多种技能培训，使员工尽可能掌握多机种、多领域的知识。这种培训机制被称为多能工体制，与欧美的专业化人才路线展现出完全相反的战略思维。多能工是配合精益生产战略而制定的一种人力资源战略安排。丰田的单件流模式、产品为导向的工作组体系都是组合性工作机制，要求同一员工处理多种工序。自动化生产模式也要求员工在生产过程中能独自发现并处理生产线的多种突发故障，因而多能工是精益生产方式下的必需要求。最后，培训内容特殊化，只提供雇员在本企业内实现效率最大化的职业能力培训，削弱雇员跳槽后获得同等收益的可能性。

终身雇佣制并非企业既定制度安排，[①] 客观上却成为劳动力培训机制的配套性制度，也成为人力资源战略的一部分。企业的长期录用制度降低了人才的流失率，为企业实行终身学习体制提供了制度保障；企业的长期高水平职业培训，又赋予了人才成长的长期性，提高了长期录用所带来的收益。在终身雇佣的物质保障上，日本汽车企业大多采取年功序列制工资管理方法，提供与工龄相挂钩的年龄工资，为雇员提供长期留守本企业的时间激励，从而实现劳动力的黏性。

4. 研发战略

根据创新程度，技术创新战略可以细化为技术领先、技术追随与技术模仿战略。[②] 在二战后至 20 世纪 60 年代，日本汽车企业研发战略受研发基础薄弱与技术能力匮乏等客观因素制约，又受低成本竞争战略的方向性引导，从而呈现出以技术模仿战略为主的研发

---

① 旺晓媛、苗慧：《从终身雇佣到工作柔性——日本企业雇佣制度的演进》，《经济管理》2009 年第 4 期。

② Freeman C., "The Economics of Industrial Innovation", *Social Science Electronic Publishing*, Vol. 7, No. 2, 2009, pp. 215 – 219.

战略模式。而在如何实行技术模仿上，日本汽车企业主要存在两种模式，一种是丰田的自主模仿模式，另一种是其他日本汽车企业的合资引进模仿模式。

从事纺织业时期，丰田就取得过研发 G 形发动机的创新成果，因而其战后自主模仿研发路线实际是企业风格的延续。1946 年，丰田自主模仿英国福特宝贝轿车和联邦德国的阿多拉发动机，研制出 4 缸 995cc 排量的 S 形发动机，并以此作为技术基础发展小型车。1954 年，丰田成立总部技术研发中心，同时开始进行民用汽车方面的研发。1954 年前，丰田车型主要以大型车为主，供应公共服务与军用领域。1954 年后，丰田开始推出小型车产品，分别于 1955 年与 1957 年推出皇冠与花冠轿车。1960 年，丰田中央研究所正式成立，负责基础研究；1966 年，东富士研究所成立，负责整车技术开发与安全性实验。至 20 世纪 70 年代以前，丰田先后推出国民轿车（Publica）、花冠、丰田运动系列等后续车型，并在日本国内市场获得成功。丰田的自主研发投入远远高于日本其他汽车企业，奠定了 20 世纪 70 年代迎来爆发的技术基础。不过依然是一种成本领先的研发战略模式。一方面，丰田在引入国外技术时，丰田运用分解、测绘国外制成品等低成本方式；另一方面，丰田利用大型技术平台来研发小型车架构，试图控制研发成本。另外，随着企业经营规模的扩大，研发团队也才随之扩大。

其他日本汽车企业更为重视对外部技术的引进与吸收。首先，日本企业与国外汽车企业以签订技术合作协议、专利转让等方式进行技术合作。1952—1953 年，日产、日野、五十铃、新三菱重工分别与美国奥斯丁、法国雷诺、英国罗伊斯、美国奥弗兰德公司签署了技术合作协议，获得了相应技术。其次，日本企业重视与本国企业展开研究开发，获取内部合作排外性，节省研发成本，提高研发效率，如日产与丰田所展开的技术合作。最后，日本汽车企业充分利用本国军工企业的改组、分解来降低自身研发成本。三菱、日野等公司都在军事企业转型过程中获得了航空航天科技；原中岛飞机公司被分解成 13 个公司后，其中 5 家并入富士重工，提升了后者的研发实力。[1]

　　然而从总体上来看，研发战略在该阶段后期确立了环保、安全技术方向。法律严格了汽车在环保、安全等方面的硬性规定，构成了日本汽车企业研发转向的外部因素。1966 年，美国颁布《国家交通及汽车安全法》，随后日本颁布《公害对策基本法》，次年颁布《大气污染防治法》，于 1969 年颁布《道路交通安全法》。但面临类似制度环境的同时期美国汽车企业并未对环保、安全技术进行大量投入，已经可以表明日本汽车企业规划研发战略的战略思维：研发战略是企业竞争战略调整的指向性战略，为竞争战略提供先行性的基础构建。日本汽车企业从社会对汽车企业社会责任的变化中已经确定低能耗为长期发展方向，因此率先对研发战略做了调整。

　　（三）战略效果与评价

　　具体从时间上界定，以本国市场占有率为主的低成本战略时期是从战后至 20 世纪 70 年代以前。低成本战略在完成日本汽车企业战略目的上效果显著。第一，日本汽车企业的生产能力接近发达国家。日本汽车占全球比例从 1950 年的 0.3% 上升到 1970 年的 18%，成为世界上最主要的汽车制造国之一。第二，日本汽车完成了国内汽车市场的填补。丰田于 1969 年实现了国内汽车销量破一百万台的历史性纪录。日本企业于 1970 年生产的 529 万辆汽车绝大多数为国内市场所消化，使日本成为汽车普及国家。[2]　第三，日本汽车企业的技术研发能力初步成型，为下一阶段竞争战略调整做好了准备。根据日本工业技术研究院有关研究，1964 年日本汽车在质量、性能方面已经接近世界平均水平，在油耗方面甚至已经具备国际竞争力。[3]　1967 年丰田研制出 ESC 装置与 ESV 车身等安全技术，在一定技术领域已经具备开创性。[4]　总而言之，这一

---

　　① 唐杰、杨沿平、周文杰：《中国汽车产业自主创新战略》，科学出版社 2009 年版，第 109—113 页。

　　② ［日］藤本隆宏：《能力构筑竞争：日本的汽车产业为何强盛》，中信出版社 2007 年版，第 34—35 页。

　　③ 唐杰、杨沿平、周文杰：《中国汽车产业自主创新战略》，科学出版社 2009 年版，第 112 页。

　　④ 张玉来：《丰田公司企业创新研究：兼论企业创新研究》，天津人民出版社 2007 年版，第 79—84 页。

阶段的总成本领先战略帮助日本企业迅速扩大生产，抢占国内市场，完成了产业发展的初期积累。

日本汽车企业总成本领先战略成功的关键在于战略手段并非对欧美企业的学习，而是通过对生产运营、人力资源、供应商管理、研发等领域进行了成功的组织创新，创造了首创性的精益方式、"三大法宝"以及高效的追随研发体系，从而在产业导入期内就获得了难以模仿、不可复制的核心能力。因此，从资源基础观来看，日本汽车企业在产业发展早期并未依赖外部条件而走向适应性体制道路，而是重视对自身异质性能力的构建，试图根据环境之便利构建属于自己的核心能力，为长期的竞争做铺垫。

二 1970—1980 年的日本汽车企业竞争战略

（一）竞争优势界定及竞争战略决策

自 20 世纪 70 年代开始，日本汽车企业竞争优势的来源已经发生了变化，促使竞争战略的密集调整。在这一时期，产业内竞争力结构的吸引力开始降低，国家竞争优势逐渐成为日本汽车产业的重要竞争优势来源，表现为以"五力模型"分析的日本汽车产业竞争强度收缩企业盈利空间，而以"钻石模型"分析的日本汽车产业的国家优势在增强。

运用"五力模型"分析 20 世纪 70 年代日本汽车产业面临的竞争力量。第一，新进入者威胁增加，降低产业内利益分配水平。1962—1966 年，马自达、三菱、大发、本田、铃木、富士重工等企业由于受汽车产业的吸引，相继从三轮车、机械、飞机、摩托等产业转型进入汽车领域，[1] 降低了产业集中度，形成了与美国寡头竞争截然不同的国内竞争秩序。第二，国内市场竞争日益激烈。20 世纪 70 年代初，日本进入汽车普及时期，乘用车保有量突破一千万辆，[2] 产业从导入期向成熟期发展，企业间直接对抗程度加深，超

---

① 解柠羽：《美日汽车产业集群生命周期比较研究》，中国科学技术出版社 2015 年版，第 56 页。

② ［日］日本经济新闻中文版：《中国汽车普及率相当于日本 70 年代》，2014 年，http://cn.nikkei.com/china/ceconomy/9872 – 20140626.html，2021 年 4 月 28 日。

额利润获得难度加大。第三，替代品威胁开始显现。日本城市现代化进程加快，公共交通运输体系逐步成熟，其对汽车的替代作用日益明显。

"钻石模型"则表现出日本汽车产业国家竞争优势的增强，但是这种增强来自产业上一阶段总体竞争战略所带来的不利因素的转换。日本汽车产业主要从生产要素、相关产业及支持性产业、企业战略及企业结构三个方面增强了国家竞争优势。在生产要素方面，日本战后虽然深受自然资源、人力资源、基础设施匮乏的束缚，但日本汽车企业所实行的人力资源战略成功扭转了日本在生产需求上的劣势；日本汽车企业构建的多层次零部件供应体系促成了中小型汽车零部件生产体系，形成了相关产业及支持性产业上的优势；日本汽车企业的低成本战略及所建立的组织结构，形成了日本在企业战略及组织方面的优势。日本庞大的人口与国内竞争力量的激化，形成了需求条件的优势。迈克尔·波特认为，规模大而需求标准高的顾客、激烈的国内竞争环境，以及国内市场预期需求是国家产业需求条件优势的来源。① 日本汽车企业的低成本、高质量、高效率三维统一的竞争战略，培养出对产品全方位要求都很高的国内顾客群体。在消费者的挑剔与国内激烈市场竞争的塑造下，日本汽车企业获得了能够从容面对国际竞争的竞争力。此外，由于石油危机对汽车消费结构改变行将发生，国内市场对小型车的持续需求一定程度上成了国内的预期需求，坚定了日本企业发展低能耗小型车的战略决心。上述的石油危机也形成日本汽车企业的机会要素。一是石油危机下的能源消耗结构与观念转变。20 世纪 60 年代末以来，汽车产业社会责任问题开始涉及环保、安全性能的讨论，1973 年与1979 年相继爆发的两次石油危机更是加速了汽车消费结构的变迁。这为日本汽车产业提供了机遇。二是石油危机前美欧竞争战略为日本企业留下了小型车市场空间。美国汽车产业以高能耗大型车为主要经营领域，欧洲汽车产业以奢侈型汽车市场为主要经营领域，两者都不擅长于低能耗经济小型车市场的运营，从而为日本汽车企业

---

① ［美］迈克尔·波特：《国家竞争优势》，中信出版社 2016 年版，第 78—86 页。

国际化运营提供了机会。

因此，日本汽车企业这一阶段的竞争优势来源主要有二：一是国内竞争强度与国家竞争优势的变化，驱使日本汽车企业走向全球化；二是内生竞争优势方面，日本汽车企业已经具备的精益生产方式、"三大神器"、研发模式形成了企业内部异质性的资源与能力。不过需要注意的是，这一阶段国家竞争优势的提升，很大程度上是因为日本汽车企业在上一阶段正确的竞争战略，对新进入者来说，是外生竞争优势的增强，但是对于产业内现有竞争者来说，是自身能力的外延。鉴于自身竞争优势的来源，日本汽车企业于 20 世纪 70—80 年代结合了总成本领先战略与集中战略，推动成本型产品从低端层面向中端层面升级，并运用集中战略对产品与研发战略进行范围界定。

（二）具体战略展开

1. 产品战略

产品战略体现为两个层次的集中，是集中战略的具体表现，主要内容如下。

第一，产品类型集中于低能耗小型车。这种产品营销结构沿袭自日本汽车企业的运营传统，随后由外部机会要素进一步加强。主要措施是将微型、小型载客与载货经济型车型作为出口的主要产品。丰田以皇冠、花冠作为小型载客车主体，将海拉克斯（Hilux）作为小型载货车主体，并相继推出 Celica、Publica Starlet 等小型车型；大发、铃木则聚焦排量 1000cc 以内的微型车主营模式；① 本田开始主推以微型车技术平台为基础的经济型产品思域（Civic），并将高能耗的新产品雅阁（Accord）改造为经济车型，之后推出微型车产品 City。以上几家主要日本汽车企业依靠上述产品线的布置，在世界范围内成为低能耗小型车类的代表。

第二，产品供应集中于美国市场。20 世纪 70 年代，日本产小型车在美国进口小型车总量的占有率从 1970 年的 24.8% 上升至 1979 年的 76.3%，达 177 万辆。1980 年，日本汽车企业依靠小型

---

① 张玉来：《丰田公司企业创新研究：兼论企业创新研究》，天津人民出版社 2007 年版，第 58—59 页。

车出口优势，在美国市场占有率高达 24%。① 虽然在这一时期，日本汽车行业对欧洲的出口规模也在同步扩大，然而在战略地位上不及美国。1979 年，日本汽车出口规模为 456 万辆，即其中的 38.8% 是向美国出口的小型车。从以上两种集中可以归纳出，这一阶段日本汽车企业在美国小型车这一细分市场获得了显著的集中战略效果。

2. 研发战略

研发战略与产品战略互为体系，互相促进。日本汽车企业的研发战略集中于轻型化与环保技术领域，以支撑产品集中战略。上一阶段日本汽车企业率先将研发方向向环保领域转型，成为这一时期研发战略的基础。在此基础上，日本企业进一步强化轻型化、环保化研发战略，在世界范围实现了引领性。引领性的研发工作推动着创新战略由模仿创新战略向跟随创新、领先创新战略转型。典型案例为丰田与本田。

最先确立环保技术领先优势的日本汽车企业是本田公司。本田自成立以来，先后从事纺织机械与自行车辅助机械，对于发动机研发的关注具有历史沿袭性。20 世纪 60 年代进入汽车领域后，本田就开始着重于对发动机性能的研究，并在环保化的战略部署下，转向环保型发动技术研发。1972 年，本田成功发明复合涡流控制燃烧式发动机（CVCC），是日本汽车产业改变其研发薄弱形象的开始。本田依靠 CVCC 成为世界轻量小型车的代表之一，标志着日本汽车产业迈入低能耗时代。②

丰田在发展环保技术初期，指定技术部门负责关于汽车尾气的专项研究，建立尾气检测大楼与相关实验机构，成立东富士研究所，进行针对汽车环保效能的综合研发与实验。1976 年，丰田在本田技术的基础上研发出稀薄燃烧方式以及三元催化装置，达到了环保与能耗领域的世界领先水平。③

---

① 肖莹莹：《丰田美国化站稳北美市场》，《经济参考报》2005 年 5 月 30 日。
② 邱询旻：《日本企业竞争力个案研究》，中国经济出版社 2015 年版，第 133 页。
③ 张玉来：《丰田公司企业创新研究：兼论企业创新研究》，天津人民出版社 2007 年版，第 83—85 页。

同上一时期一样，日本汽车企业的研发战略继续保持相对于整体竞争战略的先行性，发挥着对下一阶段竞争战略的奠基作用。丰田于 1974 年开始在美国布局研发体系，成立美国设计研究公司、洛杉矶技术中心等，布局新材料与电子领域的开发与应用。丰田的先期研发投入对这一阶段的竞争战略并未有实质性帮助，但其确立的北美中高端技术研发体系对下一阶段竞争战略具有重要作用。本田自 70 年代中期进行高技术、大排量、豪华型轿车的研发，并出台豪华车型雅阁。虽然碍于当时竞争战略及产业环境影响而将雅阁轻量化，然而所获得的豪华车研发能力是本田于 80 年代走向中高端的基础。

3. 危机中的战略表现：减量经营与危机中扩张

1973 年与 1979 年爆发两次石油危机，然而，日本汽车企业对两次危机的应对调整却有所不同。1973 年危机所带来的能源价格的飙升、社会消费水平的高涨、日本各行各业生产规模的萎缩，导致汽车企业运营成本大幅度上升，从而纷纷采取减量经营的临时战略调整。石油危机导致的日本汽车企业大规模出口战略暂时难以为继，汽车企业在第一次石油危机期间在生产运营层面进行主动减产，如 1974 年汽车产量从 447 万辆减少为 393 万辆，以适应缩小的市场。①

然而在第二次石油危机期间，日本汽车企业采取了危机中扩张，虽然产量再次受到波及，但采取了相对更为积极的生产策略，并在危机后实现了世界范围内的强势地位。两次危机应对策略的不同，根源于日本汽车企业与 1970 年以来竞争战略调整成功适应了世界汽车产业的市场变化，甚至说成功预见了产业发展趋势。1973 年，日本汽车企业尚未在低能耗、环保方面获取明显优势，小型车国际化战略的需求基础也处于积累之中。而到了第二次石油危机时，日本已经实现了环保领域关键技术的掌控，且充分享受了第一次石油危机后的小型车需求的井喷式增长，从而在能源危机下向消费群体构建出了汽车未来的应有形态，成功获得了大量的持续性竞争

---

① 伞锋：《日本"减量经营"的经验及对中国的借鉴意义》，《国际经济评论》2005 年第 5 期。

优势。

（三）战略效果与评价

1974 年，日本汽车出口达 260 万辆，首次超过德国成为全球最大汽车出口国。[①] 1980 年，日本汽车产量达 1104 万辆，占世界的 28.7%，首次超过美国，成为世界第一大汽车生产国。同年，日本汽车在美国市场占有率达四分之一，成为美国第一大汽车进口对象。经过 1970—1980 年的发展，日本成为世界上汽车产业最为发达的国家之一，在国际范围构建了明显的竞争优势，可以看出，这一阶段日本汽车企业竞争战略获得了成功。

该时期竞争战略的成功与两次石油危机所导致的汽车产业结构根本性变化有着密切关系。然而，机会并非产业成功的原因，把握机会的能力才是。梳理 1945—1970 年、1970—1980 年两个时期的竞争战略可以发现，日本汽车企业竞争战略调整幅度从广度上说，是从本土化走向国际化，但从战略深度来说，具有很强的连贯性与一致性。从制造战略与人力资源战略来看，第一个时期奠定的精益生产方式与高素质劳动力，在第二个时期不进行主要调整，但却是新产品战略的生产力与智力支撑；从研发战略来看，第一个时期是围绕低成本小型车展开研发，第二个时期是围绕低能耗小型车展开研发，两者前后具有极强的技术延续性。战略一致性使日本汽车企业的竞争战略具有了长期性，后一个战略时期与之前呈现递进关系。企业资源与能力按着一种明确的路径持续积累，其效果必然是更高的。当这种路径恰好符合产业发展方向时，将能提供更强大的持续性竞争优势。日本选择了正确的低能耗路线，因而长期性特征的竞争战略获得了巨大的成功。

三　1980—2000 年的日本汽车企业竞争战略

（一）竞争优势界定与竞争战略决策

从行业基础观理论体系来看，无论是从五力模型还是从钻石体系分析，都难以解释日本汽车产业 1980 年后的深入发展。从五力

[①]　成新轩：《日本汽车工业的发展及启示》，《日本研究》1998 年第 2 期。

模型来看，新进入者威胁有所降低。随着寡头竞争格局的稳定，行业的规模经济、资本要求、系列化供产销体系下的分销渠道、专利技术群都提高了进入门槛。买方议价能力随着日本汽车企业供应商战略而持续提高，这一切归功于开发竞争与持续性交易机制使整车厂与零部件供应商倾向于采取内部化的交易价格。但这以上变化都是产业内企业构建的，并不能说是外生竞争优势，而行业内竞争已经严重削弱了产业的吸引力。从钻石体系来看，日本汽车产业的国家竞争优势保持着激烈的同业竞争、具有高淘汰性的需求条件、由企业后生的优秀生产要素，以及完备的相关产业及支持性产业等延续性优势，但机会因素不复存在。

　　而在这一阶段，美国因素导致日本汽车产业环境严重恶化。首先，在美国政府"企业平均燃效限制"政策等影响下，美国汽车产业快速实现了"高能耗大型车—低能耗大型车—低能耗小型车"产品战略转型，与日本企业展开直接的市场竞争。其次，美国企业凭借雄厚财力，对日本汽车企业展开投资战略。1970 年，克莱斯勒入股三菱，并直接进口三菱小型车产品；随后，通用购买五十铃34.2% 的股份，派遣五人进入后者董事会，负责后者在美市场小型车销售，并于 1981 年与五十铃共同推出小型车产品；① 1979 年福特收购马自达四分之一的股权，与后者展开小型皮卡研发合作。投资战略收获了以下战略效果：进入日方管理层以影响日本企业战略实施、分享日本企业在美销售收益、促成日本企业在美直接投资建厂以引进精益生产方式、与日本企业进行研发合作提升自己的小型车竞争力等。最后，美国挑起贸易争端，以贸易制裁手段打击日本汽车产业。美日汽车产业贸易摩擦于 1979 年底首次爆发。1979 年 12月，美国汽车工人工会挑起争议，以限制进口或者在美国本地生产为原则，督促政府与日本汽车企业展开谈判。后来日本政府加入谈判，并于 1980 年同意美国单方面的贸易保护措施。日本汽车企业于 1981 年实施出口自主设限，于 1985 年受美国超级 301 条款贸易报复，1993 年遭美国企业反倾销诉讼，直至 90 年代末，贸易摩擦

---

① 　吴建全：《通用公司加紧与五十铃的合作》，《车用发动机》1999 年第 2 期。

才逐渐平息。

总之，产业环境总体上出现了严重的恶化，政府支持性与引导性产业政策、中进国优势①等外部结构或环境对市场吸引力与市场地位的塑造已经充分发挥了作用，不存在新生的外生竞争优势来协助日本企业扭转局势。因此，日本汽车企业依靠内生的竞争优势，展开了重大的竞争战略调整。这次竞争战略调整的主线是采取了基于全球化战略维度的中高端差异化战略。

（二）具体战略展开

1. 产品战略

向豪华车转型的产品战略，是日本汽车企业总体竞争战略的关键调整部署。豪华车战略布局的特点为：首先，由大型企业实施，主要为丰田、日产、本田三家寡头企业，而不包括次级竞争企业；其次，策划时间点集中于 20 世纪 80 年代中前期，产品上市期集中于 80 年代后期；最后，豪华车产品首要营销目标市场皆定为北美。

日本汽车企业纷纷转型豪华车战略，有其环境影响因素。第一，自 1981 年起，日本汽车企业开始自主限制对美出口配额，起始配额为 168 万辆，比上一年对美出口总数还低 12 万辆。自主设限制度性降低了日本汽车企业在美业务规模，加大了企业运营成本，为进军豪华车业务提供了转型动力。第二，随着石油危机的结束，1983年以后全球豪华车市场需求有所回暖，帮助欧美豪华车企业走出亏损泥潭。

下文将说明生产运营战略的全球化降低了出口受限对日本企业的实际影响，自主设限除了刚实行的前几年，其他时间基本处于名存实亡状态（见表 3－1）。② 而石油危机后豪华车市场的回暖，也不能扭转全球性经济车型需求导向，因此无论从哪个角度都难以解

---

① "中进国"是指发展程度介于先进国与后进国之间的国家。学术界认为，中进国比后进国在工业基础、劳动力素质等方面有明显优势，而比先进国在劳动力、土地成本方面又存在明显的价格优势，从而在实现经济振兴上具有"中进国优势"。日本是最典型的中进国之一，中进国优势被广泛认为是其实现战后经济腾飞的重要原因之一，也是由国家性质赋予的各产业实现发展的重要外部因素。

② ［日］藤本隆宏：《能力构筑竞争：日本的汽车产业为何强盛》，中信出版社2007 年版，第 137—138 页。

释日本企业踏足从未涉猎过的豪华车领域的战略决策。日本企业的豪华车转型战略的根源，还是其核心能力增长下的企业运营广度进一步扩张的自然进化过程。

表 3 - 1　　　**日本汽车企业对美出口自主受限与实际出口**
规模（1981—1989 年）　　　单位：台

年份	1981—1983	1984	1985—1986	1987	1988	1989
自主设限数量	1680000	1850300	2300000	23000000	2300000	2300010
实际出口数量	1680000	1850300	2300000	2210000	2180000	1950000

资料来源：作者整合。

表 3 - 2　　　**日本汽车企业豪华车产品战略布局（1983—1989 年）**

年份	丰田	本田	日产
1983	美国丰田的销售总管结城安东卿决定开辟豪华车系列		
1985	新概念原型车 LS400 被制造出来	推出高配置旗舰车型 Legend 与豪华轿跑 Quint Integra	开始研究针对北美市场的豪华轿车设计与研发
1986	正式确认雷克萨斯（Lexus ES）为新事业部名称	设立讴歌（Acura）自动汽车事业部，负责北美市场豪华车业务运营。本田于北美 18 州分配 60 余家新经销商，建立讴歌营销体系。Legend 与 Integra 皆被纳入讴歌产品系	
1987			正式确立英菲尼迪（Infiniti）为新事业部名称
1989	正式推出雷克萨斯车系第一部车型 ES - 250		正式推出英菲尼迪车系产品：Q45 与 M30

资料来源：根据丰田、本田、日产官方时间表整合。

　　首先，日本汽车企业积累的生产研发能力，提高了核心管理层对企业边界扩展的期望。美国丰田主管结城安东卿的野心，是日本豪华车战略的起点。结城安东卿认为，丰田已经具备进军豪华车领域，与欧美豪华车企争夺高端市场的能力。丰田的实力基础成为他野心的支撑，并最终促成了美国丰田对雷克萨斯品牌的构建。其次，日本汽车企业精益求精的研发路线，给予了企业决策层走高端产品营销战略的战略信心。本田自 20 世纪 50 年代开始就对竞技运动非常热衷，先后参与国际性摩托大赛与 F1 大奖赛。竞技传统使企业即使在低能耗小型车战略时期也未放弃对高性能汽车系统研发的支持，60 年代末的豪华型雅阁就表现出了研发团队试图改变当时企业总体竞争战略的尝试。精益求精的研发路线使本田掌握了强大的研发能力和技术基础，促成了讴歌营销战略的诞生。最后，日本汽车企业的北美本地化进程，加速了竞争战略风格的北美化。经历了 1970—1980 年对北美低能耗小型车战略的实施，日本大型汽车厂商纷纷针对北美市场建立当地销售体系与研发体系，促成了北美本地化进程的加快，使企业更易受到北美厂商战略风格的影响。

　　日本汽车企业的豪华车战略的差异化主要体现于产品品质与产品形象颠覆日系车传统理念。而差异化战略的实施，首先基于市场调研。这方面，丰田卓有成效的市场调研具有代表性。丰田总工程师铃木一郎于 1983 年对美国市场展开针对豪华车调研，发现中高层收入群体对汽车功能需求的重要性程度依次分别为：身份与地位的表现力、品质高的用料、产品保值能力、汽车传统性能、安全性，而日本产车型的优越性能、简洁合理用料、低排量与安全性等优势性能都不被豪华车用户所倚重。丰田继而发现，美国豪华车依靠款式展开市场竞争，欧洲豪华车依靠款式、质量、保值性展开竞争，并最终依此规划了自己的差异化战略。首先，在产品形象上，雷克萨斯要摒弃日系车的小型、简朴的设计风格，引入身份地位象征性价值传导；其次，在形象设计上，不追求欧美的华丽冷酷风格，而是自创亲切、优雅与精致，将日本东方文化元素融入其中；再次，在产品品质上，采取更为奢华的用料；最后，在产品性能上，采用先进技术理念实现产品的舒适性与制动性能的统一。[①] 总而言之，丰田豪华车，以及日后的其他日本豪华车，其差异性所在皆为优雅形象、高品质与高性能的融合，做到在形象上能与美系车竞争，在质量上能与欧系车竞争。这一差异化战略打破了日本总成本领先的竞争战略传统，通过投入更高、价格更高的高端车，以中高端差异化战略展开对欧美市场的争夺。后来，随着日本泡沫经济的形成，国内经济局势的长期繁荣，促成了日本三大汽车企业豪华车战略向国内的扩展，战略本身也随着营销业务的成功而日益成熟。

2. 全球化的生产运营战略

20 世纪 80 年代以来，日本汽车企业生产运营战略最大转变在于其生产区位策略从国内转为国外。全球化生产运营战略的根源在于随着业务开展的国际化，国内生产难以满足海外需求的增长。以下外部因素加速了战略转变的速度。（1）始于 1981 年的日本汽车企业自主设限，难以满足企业出口需要，在美国直接投资设厂的急迫性提高。（2）日元汇率的逐年升值，大幅度提高了以美元计价的国内生产成本。（3）日美贸易摩擦升级，美国就日本汽车产业开放性问题施加压力，要求日本提升本地生产及零部件本地采购比例。借着外部因素的推动，日本汽车企业抓紧布局全球化生产战略，而且在贸易摩擦负面影响消退后依然坚持战略推进，表现出全球化是企业长期竞争战略的部署，而非对短期外部因素的适应。

表 3 - 3　　　　　日本汽车企业出口及海外生产规模变迁

（1980—2000 年）　　　　　　　　单位：台，%

年份	国内产量	出口量	海外产量	与国内产量比
1980	11042884	5966961	352638	3.19
1981	11179962	6048447	376029	3.36
1982	10731794	5590513	387881	3.61

---

① ［美］杰佛瑞·莱克：《丰田模式：精益制造的 14 项管理原则》，机械工业出版社 2016 年版，第 47—51 页。

续表

年份	国内产量	出口量	海外产量	与国内产量比
1983	11111659	5669510	455771	4.10
1984	11464920	6109184	632522	5.52
1985	12271095	6730472	891142	7.26
1986	12259817	6604923	1123386	9.16
1987	12249174	6304918	1433075	11.70
1988	12699807	6104151	1734879	13.66
1989	13025735	5883903	2339127	17.96
1990	13486796	5831212	3264940	24.21
1991	13245432	5753379	3481725	26.29
1992	12499284	5667646	3804065	30.43
1993	11227545	5017656	4339954	38.65
1994	10554119	4460292	4896074	46.39
1995	10195536	3790809	5559480	54.53
1996	10346699	3771718	5784252	55.90
1997	10975087	4553202	5991484	54.59
1998	10041958	4528875	5371171	53.49
1999	9892389	4408953	5780143	58.43
2000	10140796	4454885	6288192	62.01

资料来源：日本汽车工业会调查，转引自关洪涛《战后日本汽车产业的发展及政策研究》，博士学位论文，吉林大学，2008年，第88页。

日本汽车企业主要通过两种方式实施全球化生产战略：一是直接在海外投资建厂，二是与海外展开合资生产。合资方式分为主动型和被动型，主动型来自日本企业自身战略决策，而被动型则是受海外企业合资扩张的影响，处于劣势或者被收购的一方。两种合资方式都推动了日本汽车企业的海外生产规模，然而被动型合资方式影响了企业的自主发展能力，长期侵蚀日本汽车产业的竞争力，导致了20世纪90年代后日本汽车企业运营能力的分化。

全球化生产仍然以北美为主展开，无论是投资建厂还是合资生产都以北美为首选。海外投资建厂方面，日本汽车企业第一步是建

立基础，集中于 1982—1989 年建立第一批工厂，包括丰田肯塔基
工厂、本田俄亥俄工厂、日产田纳西工厂等。五十铃与富士则采取
联合投资方式，共同设立斯巴鲁—五十铃汽车制造厂。第二步是巩
固北美生产体系的同时延展海外生产体系，主要方向为欧洲与亚太
地区。合资生产方面，主动型合资方式的代表是丰田与美国通用公
司建立合资企业新联合汽车制造有限责任公司，在美国加利福尼亚
州进行生产运营，是日本汽车行业中规模最大、影响最深远的合资
案例。此外，还有三菱与克莱斯勒合资建立钻石星有限公司、铃木
与加拿大通用合并生产工厂建立 CAMI 汽车制造有限公司，进行合
资生产。20 世纪 90 年代以来，日本汽车企业被动型合资生产逐渐
增多，通用先后成为五十铃、铃木、富士重工最大股东、福特成为
马自达最大股东，并向马自达派遣社长、戴姆勒—克莱斯勒继续增
持三菱股份、雷诺成为日产最大股东，导致至 2000 年，除丰田、
本田外，其他主要日本汽车企业都受到了欧美汽车企业不同程度的
控制或影响，其海外生产的扩展实际上也成为控股公司竞争战略的
一部分。1990 年以来，除了丰田与本田继续世界范围的独资生产扩
张，其他日本汽车企业的生产扩张陷入停滞（见表 3 - 4）。

表 3 - 4　日本主要汽车企业海外生产体系的构建（1982—1999 年）

年份	企业	海外设立公司名称	投资方式	目标国
1982	本田	本田美国制造有限公司	独资	美国
1983	日产	日产汽车制造有限公司	独资	美国
1984	丰田	新联合汽车制造有限公司	合资（通用）	美国
1986	日产	日产汽车制造（英国）有限公司	独资	英国
1986	本田	本田加拿大制造有限公司	独资	加拿大
1987	马自达	马自达美国有限公司	独资	美国
1988	丰田	丰田汽车制造美国有限公司	独资	美国
1988	丰田	丰田汽车制造加拿大有限公司	独资	加拿大
1988	三菱	钻石星汽车制造有限公司	合资（克莱斯勒）	美国
1989	富士重工、五十铃	斯巴鲁—五十铃汽车有限公司	合资	美国

续表

时间	企业	海外设立公司名称	投资方式	目标国
1989	铃木	CAMI 汽车有限公司	合资（通用）	加拿大
1990	本田	本田菲律宾汽车有限公司	独资	菲律宾
1992	本田	五羊本田摩托有限公司	合资（五羊）	中国
1992	本田	本田泰国汽车制造有限公司	合资	泰国
1992	丰田	丰田英国汽车制造有限公司	独资	英国
1993	本田	嘉陵本田发动机有限公司	合资（嘉陵工业）	中国
1993	日产	郑州日产汽车有限公司	合资（郑州轻汽）	中国
1996	本田	本田越南有限公司	合资	越南
1998	丰田	丰田印第安纳汽车制造有限公司	独资	美国
1998	丰田	丰田西维吉尼亚汽车有限公司	独资	美国
1998	丰田	天津丰田汽车有限公司	合资（天津刹车管厂）	中国
1998	本田	广州本田汽车有限公司	合资（广汽集团）	中国
1999	丰田	丰田基洛斯卡汽车有限公司	合资（基洛斯卡集团）	印度

资料来源：根据日本各汽车企业的官方时间表整合。

（三）战略效果与评价

日本汽车企业的豪华车营销战略自产品推出就大获成功。1987年，本田的讴歌首年销量即超过奔驰与宝马，达 109000 辆。1990年，讴歌销量增长至 138000 辆，超过奔驰的 78000 辆、宝马与雷克萨斯的 64000 辆。作为 1989 年上市的雷克萨斯，能够在次年实现与宝马平起平坐，也超过了丰田的首年营销目标。① 1994 年，讴歌在美累计销量破一百万辆。雷克萨斯突破该纪录为 1999 年，并与该年首次成为美国最畅销豪华车品牌。日本三大车厂在北美创造了年销量 50 万—60 万辆的日本豪华车市场，逼迫美国政府于 1993

---

① Michelle Krebs, "A Short History of Japanese Luxury Cars", Bloomberg Businessweek, May 23, 2006, http://www.businessweek.com/stories/2006 – 05 – 22/a-short-history-of-japanese-luxury-cars.

年单方面对日本豪华车强征 100% 关税，引发两国 WTO 诉讼纠纷，说明了日本豪华车战略对美国汽车行业的杀伤力。

全球化生产运营战略可视作大型日本汽车企业走向跨国集团的必经之路，在短期也提供了重要帮助。一是协助日本企业弱化日美贸易摩擦的负面作用。1987 年后，本地化生产降低了日本汽车企业对美出口金额的同时提高了市场占有率。1989 年日本汽车企业对美出口金额比 3 年前下降了 8.3%，当地占有率却上升了 2.2 个百分点。[1] 二是增强日本企业对日元汇率上升的抵御能力，通过分化国内生产规模，降低汇率上升情况下国内产品美元计价出口价格上升对企业价格控制的影响程度。三是推进了日本企业在世界各地的本地化进程，利于产品差异化战略的进一步展开。

第二节　日本电子企业竞争战略调整的几个历史阶段

日本电子产业虽然诞生时间不晚，但基础薄弱。松下、早川等企业于 20 世纪初就建立了起来，但一直以来未得到有力的发展。二战后，国内电子消费市场随着"电气化"浪潮才初步形成，市场规模仍然很小。[2] 之后，日本电子行业先受道奇萧条重创，大量企业倒闭。1950 年，日本电子产业产值不及美国的 1/55，在世界上毫无竞争优势。[3] 局势于 20 世纪 50 年代末才开始有所好转，[4] 1957 年，作为机械设备制造商的日立、东芝、三菱、东京通信工业（日后的索尼）相继进入家电领域，松下也短时间扩张企业事业部，广

---

① 马文秀、杨茜：《日本对外直接投资缓解日美贸易摩擦的效应及其启示》，《经济研究》2008 年第 1 期。

② ［日］西口敏宏：《战略性外包的演化——日本制造业的竞争战略》，上海财经大学出版社 2007 年版，第 88 页。

③ 李国祥：《日本电子工业发展模式的探讨》，《现代日本经济》1987 年第 6 期。

④ 道奇萧条，见正村公宏的《战后日本经济政治史》，为美国道奇方针所导致的日本短期经济萧条。战后冷战格局形成，美国为保证日本国内政治稳定，实行以综合预算平衡、税收强化、单一汇率制为主要措施的政治经济方针。因该方针由美国总统杜鲁门派道奇为特命全权公使来日本全力推行，而被称为"道奇方针"。

泛参与到电子行业的竞争中，也标志着日本电子企业竞争战略构建的开始。

一 1957—1965 年的日本电子企业竞争战略

（一）竞争优势界定及竞争战略决策

与汽车产业类似，日本电子产业在战后的发展初期，面临类似的外部环境所赋予的竞争优势。日本政府的政策支持、金融支持、税制支持以及对国内市场的封闭式保护，形成了电子行业的国家竞争优势。对内政策方面，日本政府于 1957 年正式通过支持电子产业研究、开发和应用的《发展电子工业的几项措施》法案，建立隶属于通产省的电子工业事务局，并于 1961 年组建日本计算机公司。不仅如此，政府对电子行业企业提供融资支持以及出口税收优惠。对外政策方面，日本建立限制体制，一方面对外国对内投资项目实行审查制，另一方面对外资产品营销实行严格监管及限定，并采取标准门槛、国产化门槛与行政门槛。① 而日本国内市场于战后开始向大众消费模式转变，家庭电子需求随着国家经济复苏而迅速膨胀。总之，封闭的以及潜力无限的国内市场成为行业发展良好的需求条件，各类行政支持又为企业提供获取资金、土地、劳动力、设备更新的优势来源，从而形成良好的生产要素。

当时的国际环境又给予了日本电子产业发展的机会。首先，冷战格局形成使美国电子行业从民用类向投资类项目转移，确立军工、航空航天支持性产业发展方向，留给了日本发展民用电子领域的机会。直到 1990 年，美国大部分优秀电子工程师都参与了国防项目。其次，在冷战压力下，美国政府希望日本成为抵御红色阵营的桥头堡，对日本电子工业进行直接扶持，为技术引进提供官方便利。同时，美国国内电子行业遭受反托拉斯诉讼风波，有助于美国电子行业开明专利转让风格的形成。从 1949 年开始，美国电话电报公司、无线电公司与 IBM 相继受反垄断调查，被迫将部分半导体技术转让，从而催生美国无线电公司对日本实行的专利转让策略，

---

① 谢迪斌：《战后日本政府对电子工业的扶持》，《日本研究》1994 年第 2 期。

为日本企业提供前沿半导体技术。

日本中进国优势与日本国内电子企业自身传统要素也发挥了作用。电子产业的核心技术晶体管技术所需生产资料主要为锗、硅、磷等几种常见工业原料，① 适合日本这种资源贫瘠的国家发展。同时产业工业门槛也恰好符合日本作为中进国的工业基础。国内第一批电子企业都具有传统重工集团背景及战前财阀背景的企业集团背景，能在转型至电子企业成立之初就获得国内寡头地位，顺利地展开企业总体竞争战略。

基于以上竞争优势界定，日本电子企业以总成本领先战略为主要竞争战略，目标市场以国内市场为主，产品布局以中低端消费类电子产品为主，面向大众消费格局逐渐产生的国内潜在需求。同时，依靠自身寡头地位背景，对日本国内中小型低成本制造商展开以成本控制为主的供应商战略，进一步实现成本领先。不过，竞争优势来源是动态变化的，随着产业的发展而影响着企业竞争战略细节上的调整。随着产业发展，日本一些电子企业的技术人员对轻、小型技术的研发热情开始积累，并形成了差异化研发风格，从而使企业逐步展现一定的差异化战略风格的应用。此风格所影响的相关产品，成为日本电子企业该阶段在国际市场获取竞争优势的主要领域。

（二）具体战略展开

这一阶段的竞争战略主要以产品战略、供应商战略、研发战略等细分战略形式来具体实施。

1. 产品战略

松下于1959年建立收音机、电视机、电风扇、电冰箱、洗衣机、电饭煲、暖气机、电热器、照明用具、灯具、干电池、特殊点灯用品、蓄电池、配电器、电子管、自行车零部件、电机等18个事业部，向家电领域全面出击。同时，日立进入电冰箱与计算机领域，东芝则在洗衣机、电冰箱、灯具、计算机、电饭煲、电视机等领域展开多品种竞争，索尼则通过收音机、电视机为切入点加入家

① ［美］鲍勃·约翰斯通：《我们在燃烧：日本电子企业研发史》，华夏出版社2004年版，第16—17页。

庭消费类电子领域。此外，三洋、富士电机、三菱电机等传统重型电机企业也介入家电领域。截至 20 世纪 60 年代中期，日本电子行业已经表现为几大电子企业在多种产品领域，针对同为消费类的电子市场展开以争夺国内市场份额为主的全产品营销战略。[①]

消费类电子战略的实施，使日本电子企业于 1958—1965 年成功享受了基于基础需求膨胀的市场迅速扩张的发展红利。1960 年，日本电冰箱年产量 91 万台，洗衣机 153 万台，电视机 355 万台，收音机 1285 万台，其规模扩大速度超过同期汽车行业。[②] 20 世纪 60 年代，日本电子产业产值中，消费类电子占 70%，成为日本电子产业的替代词。[③] 然而，家庭耐用品属性决定了消费类电子产品市场饱和度上升期迅猛而短暂，其产业发展阶段迅速度过初始期，并短时间内实现从成长期向成熟期的过渡，从而使日本电子产业于 20 世纪 60 年代中期就形成了过度竞争局势。电视机、电冰箱、洗衣机等家电产品 10 年内就完成了国内家庭的普及（见图 3－1），吸尘器、照相机、收音机等产品也于 20 世纪 70 年代以前进入饱和期（见图 3－2），标志着家电行业的快速成长期行将结束。

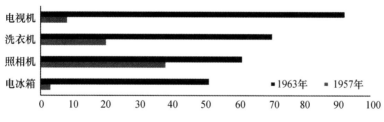

图 3－1　日本家庭耐用品的普及率（1957—1963 年）（%）

2. 供应商战略

汽车与电子企业在这一时期都采用了布局系列化供应商战略，

---

①　全产品营销战略，来自 "全产品战略"，首先由日本学者 SMITKA 于 1989 年提出。

②　［日］正村公宏：《战后日本经济政治史》，上海人民出版社 1991 年版，第356 页。

③　李国祥：《日本电子工业发展模式的探讨》，《现代日本经济》1987 年第 6 期。

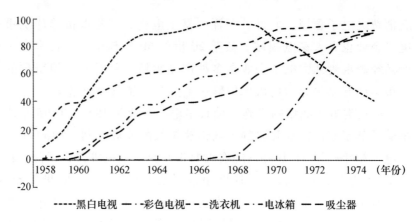

图 3 - 2   日本消费类电子产品普及率（1958—1976 年）（%）

资料来源：〔日〕中村隆英：《日本昭和经济史 1925—1989》，河北教育出版社 1992 年版，第 231 页。

源于系列化战略能降低发包方与下包方之间的交易成本，且企业能通过稳定的生产业务转移来协助总成本领先战略目的的实现。不过，日本电子企业与汽车企业在这一时期已经开始展开的确认图纸等能力构筑的供应商战略，采取的是以成本控制最大的剥削型供应商战略。

首先，日本电子企业的供应商网络主要承担低端工序与零部件制造，主要为具有通用技术和低资产专用性的工作，如机械加工、切削加工、冲压加工、成型、填涂、电镀、焊接、热处理、铸造、模具制作、螺帽线圈、弹簧、各种金属零件、木制品、橡胶制品、纸制品、各类零配件等。

其次，日本电子企业通过话语权对供应商施压，以最大化成本节约空间。由于下包工作的低技术性以及市场上数量的泛滥，供应商话语权很低。电子企业单方面以低价格强加于下包企业成为电子产业内的惯例做法。松下电器于 20 世纪 50 年代采取复数企业发包战略，进一步强化了发包企业对下包企业的剥削能力。1959 年，为 5 家垄断性电子企业供货的 209 家供应商超过一半遭受降价要挟，绝大多数被迫屈服。这种表现剥削性的供应商模式，成为电子企业实现成本控制的重要战略组成。

最后，为实现下包制造网络制造业务的内部化，日本电子企业加快部署系列化策略，通过资金与经营方面强化对下包企业的惯例，利用出资、派遣干部等方式构建系列供应商网络（见表3－5）。在系列构建过程中，资本专用性得到加强，电子企业与供应商的长期契约关系开始出现。

表3－5　　　日本知名电子企业对关联企业的投资动向
（1956—1963 年）

企业	1956	1960	1963
日立制造所	2022（21）	6969（41）	18785（74）
松下电器	1356（70）	4073（182）	12200（274）
东京芝浦	607（16）	3431（45）	8669（50）
富士电机	467（6）	2378（10）	4014（10）
三菱电机	114（6）	749（13）	2401（21）

注：（）内为关联企业数量。

资料来源：大藏省《有价证券报告》各公司各年度版，转引自［日］西口敏宏《战略性外包的演化——日本制造业的竞争优势》，上海财经大学出版社 2007 年版，第165 页。

3. 研发战略

通过技术追随实现在家电领域为主的消费类电子领域的研发是日本电子企业这一阶段研发工作的重点，但是同时，企业研发战略逐渐形成以轻、小型技术与产品为主的战略特征，成为差异化战略实施的起点，也是日本电子企业在日后获取持续性竞争优势的关键。20 世纪50 年代以来，日本电子企业对电子技术的研发关注点普遍聚集于精细领域，细微环节与技术的研发为整个日本电子产业提供了创造性的研发成果。1957 年索尼研发人员江琦因对高频晶体管接触金属丝失灵这一小型问题的细致分析，从而发明了具有技术前沿性的隧道二极管装置，获得了诺贝尔物理学奖，是日本电子产业研发历程的里程碑。此外，须羽精工等电子企业执着于对电子表、小型收音机等小型电子产品的研发工作，实现了微小型电子领域的突破，成为日本电子产业发展初期在全球市场获取竞争优势的主要领域。

4. 营销战略

由于国内市场的封闭性以及电子企业的财阀背景，日本电子企业能够采取生产者驱动的商品销售链模式。生产者驱动是指在商品生产与销售过程中，生产者占据主导地位，直接建立或者控制分销渠道以实现价值向生产者的集聚。日本电子企业于 20 世纪 50 年代末开始投入大量资源以建设本企业垂直一体化体系内的营销渠道网络，通过参股、人员派遣、财务支持、销售优惠政策、强制性手段等方式将各地分销商改造为本企业的地区销售公司，并直接建设零售商或构建加盟零售商网络。无论是地区销售公司还是本地零售商，都必须遵从企业的销售政策，是企业垂直一体化结构中的一部分。① 通过垂直一体化的营销战略，日本电子企业牢牢把控整个产业的批发零售环节，对寻求国内市场占有率的扩大与稳固具有很强的战略效果。

（三）战略效果与评价

从日本电子企业初期发展成果来看，这一阶段的战略是成功的。1966 年，日本电子产业产值为 11146 亿日元，比 1950 年的 236 亿日元增长了 46 倍。从国内市场来看，几家主要电子企业实现了垄断经营，有效满足了日本国民消费类电子需求的增长。从技术上来看，日本电子企业也实现了迅速的后发追赶，并在摄像成像等少数技术领域接近国际先进水平。从产业对社会的影响度来看，日本电子产业整体发展速度要快于汽车产业，于 20 世纪 60 年代中期就使日本进入电气化时代，而汽车社会的成型要晚于这个时间。

日本一些电子企业在出口上的突破则归功于轻、小型技术与产品研发战略，一些电子企业对小型电子产品技术的执着对获取竞争优势的主要意义是对国外市场的开拓。1959 年，日本出口额的77% 为晶体管收音机，对美国出口数量高达 600 多万部，成为国际市场对日本电子产品的初印象。在这一阶段的出口下，日本电子企业在消费类电子产品类型与功能上的特色化的设计能力与风格填补

① 胡左浩、欧阳桃花、段志蓉：《日本家电企业营销渠道模式的动态演变及其特征分析——从控制关系到合作伙伴关系》，《中国工业经济》2004 年第 9 期。

了世界电子产品的空白，不仅成为日本电子产业在该阶段的竞争优势来源，也为下一阶段竞争战略展开做了铺垫。

二　1965—1985 年的日本电子企业竞争战略

（一）竞争优势界定及竞争战略决策

外生的竞争优势方面，以国家竞争优势来看，首先，日本电子市场持续扩大，一是消费类电子市场需求格局多元化，二是日本国内市场规模持续扩大并一直作为电子产业的主要推动力，三是其所带动的工业电子市场也迅速发展起来，拥有了更为良好的需求条件。其次，经过产业初期的积累，日本国内电子行业相关产业与支持性产业也迅速发展起来。最后，西方企业与研究机构进入半导体技术突破期，以美国无线电公司贝尔实验室为代表的研发成果塑造了新一代电子产业技术框架，技术的变革为日本电子产业提供了机会。以五力模型来看，由于低端中小企业随着电子行业内供应商体系的初步形成，其竞争优势在增加，从而相对降低了电子企业的议价能力。新进入者威胁方面，进入电子行业的竞争者明显增多，进入者威胁增强。行业竞争者的威胁方面，日本主要几大电子企业之间的直接竞争逐渐增强，各个企业经营范围因消费类电子发展战略，重叠性有所增强，且国内市场也处于迅速饱和。因此从行业状况来说，日本电子企业的外生竞争优势是减弱的，而国家竞争优势一定程度的增强，是由产业发展所致。

内生的竞争优势方面，上一阶段国内发展战略为企业提供更为强大的财政力量，为企业经营规模的扩大与研发深化提供后盾。技术积累推动了企业技术实力与和研发实力的持续增强。轻、小型产品技术研发战略为企业提供广阔的微型电子产品研发基础，也为企业进军以微电子半导体等以细微技术研发为主的工业电子领域提供研发实力保障。在内生竞争优势的强化下，日本电子企业这一阶段展开了以企业内部异质性资源与能力为基础的竞争战略。

基于以上竞争优势来源的界定，日本电子企业在这一阶段普遍采取了由总成本领先向差异化战略的整体转型，这种差异化转型主要体现在产品战略、研发战略与供应商战略三个细分战略。产品战略是差异化战略在市场竞争中的直接表达，研发战略与供应商战略则是深入企业价值链的差异化能力构建，为企业差异化战略的实现提供异质性的资源与能力。

（二）具体战略的展开

1. 产品战略

（1）消费类电子领域

消费类电子产品是日本电子企业实施差异化战略最为主要的产品领域，其战略方法主要为通过快速布置新产品来为市场提供新的需求增长点。其中既包括传统产品类别中提供更好的性能，也包括部署新的产品类别创造全新需求，而后者是日本电子行业在消费类电子战略中最主要的差异化战略模式。

这种差异化战略的重点不在于给细分市场提供差异化服务，而是通过全新产品创造全新的细分市场，新产品的推出是战略重心。20 世纪 60 年代末至 80 年代末，日本电子企业，以索尼、爱普生、卡西欧、夏普为首的国内寡头企业创造了录像、摄像、数码存储、便携式电子娱乐、高质量家电等全新的细分市场（见表 3-6），从根本上改变了电子产业的产品构架。由于新产品的产品替代性很低，价格交叉弹性也很小，在市场上具有垄断特征，因而不需要采取价格竞争，从而获得了很高的溢价空间，表现为高额的垄断租金与熊彼特租金。

表 3-6　日本电子行业投产的主要新产品（20 世纪 70—80 年代）

发明年份	产品	发明方
1971	带式录像机	索尼
1973	人形机器人	早稻田大学
1973	数字 LCD 手表	须羽精工（爱普生前身）
1975	Beta 录像机	索尼
1976	VHS 录像机	日本胜利公司（JVC）
1976	激光读取型数码音频光盘	索尼
1978	CCD 摄像机	索尼
1979	C 型激光读取型数码音频光盘	索尼与荷兰飞利浦

续表

发明年份	产品	发明方
1979	便携式媒体播放器	索尼
1981	快速成型技术（3D 打印技术基础）	名古屋市工业研究所
1981	非胶片电子单反相机	索尼
1981	笔记本电脑（非翻盖式）	爱普生
1981	3.5 英寸软盘	索尼
1981	2 英寸软盘	索尼
1981	闪存技术	东芝
1982	CD 播放机	索尼
1982	D-Pad 游戏控制器	任天堂
1982	激光打印机	日立
1983	摄影机	JVC 与索尼
1983	彩色 LCD 电视	须羽精工
1983	袖珍 LCD 电视	卡西欧
1983	调频硅片合成器	雅马哈
1985	带式摄像机	索尼
1987	光盘游戏机	Hudson Soft 与 NEC
1988	TFT LCD 电视	夏普
1988	卡片式数码相机	富士
1990	储存卡	日本电子情报技术产业协会

注：储存卡于 1985 年开始研发，故算入表中；表中深色词条为工业用电子领域，无色词条为消费类电子领域。

资料来源：作者根据各企业资料整合。

（2）工业用电子领域

日本电子企业的工业用电子战略的差异化主要表现在应对客户需求的短时效特征，重于缩短产品的生产与投放周期、产品的质量、性能与特殊需要，以满足产业与社会发展所产生的支持性需求。工业用电子企业的产品需求方是设备生产商、商业公司、政府、社会组织等，需求的产品可为电子器件与工业用电子设备。电子器件主要包括一般电子器件、能动器件、电子管、半导体器件与集成电路。工业用电子设备分为工厂设备与商用设备。前者包括大型计算机、录音媒体、汽车载电子设备等，后者包括计算机、收款机、复印器械、电动打印机等办公电子设备，涉及产品类别非常复杂。企业需要根据 B2B 需求模式的变化，发挥自身核心能力，进行适应性的产品结构调整与生产能力扩展，对需求的快速变化进行快速应对策略。

快速应对策略主要对应社会需求趋势、产业结构变化趋势、本地特殊化需求三种需求。第一，抓住日本制造业、商业信息化与自动化形成的机遇，将产品结构向微电子半导体技术转移，大型计算机、自动化设备、机器人等基于微电子技术的新兴拓展业务。第二，提供本地化服务，在商用及厂用设备中提供日文文字显示、处理等功能。第三，为消费类电子领域新产品提供更为精细的电子零部件。

日本企业凭借自身核心能力，实现了高效的需求快速应对，促进了工业用电子领域的迅速发展。电子元器件、半导体、超大规模集成电路等零部件领域迅速成长起来（见表 3 - 7），增长速度明显快于消费类电子领域，并于 20 世纪 80 年代超过消费类电子，成为日本电子行业的最重要的分类部门。同时，日本电子企业倚仗本国消费类电子与商用设备在世界范围内的竞争优势的建立，成功实现了出口扩展。其中最具代表性的是 1975—1986 年，日本半导体企业在世界范围内逐步击败美国半导体企业，建立起垄断优势。

表 3 - 7　　　　　　日本电子器件生产额（1969—1978 年）　　　单位：亿日元

	一般电子器件	能动器件	电子管	半导体器件	集成电路
1969	400517	301500	175697	125803	—
1970	473562	419744	186830	179664	53250
1971	474529	380374	180359	149180	50835
1972	567700	449063	201891	174913	72259
1973	777585	577246	232022	232910	112314
1974	748333	559078	212008	221573	125497
1975	651371	485038	208602	158787	117649

续表

	一般电子器件	能动器件	电子管	半导体器件	集成电路
1976	988267	754190	299941	257168	197081
1977	986458	774277	297699	268092	208486
1978	1024186	822502	289811	251285	281406

资料来源：孙立群：《日本电子工业发展状况简介》，《电视技术》1981 年第 2 期。

2. 研发战略

这一时期的研发战略转变，是日本电子企业实现差异化整体转变的根本。研发战略的转变是主要日本企业脱离技术追随的研发范式，尝试突破创新以获取技术领先创新优势的战略模式。这一时期的研发战略转型，是日本电子企业最具冒险性的战略尝试。

研发战略首先表现在放权策略。第一，大幅度增加研发投入，为研发工作的自由展开提供坚实财政基础。1984 年，佳能、松下电器、三洋电机、富士通、东芝、TDK 等日本主要电子企业研发投入年增长皆超过 20%，远远高于同期汽车企业与重工企业，其研发投入占销售比也更高。第二，尊重核心研发人员对于研发项目的自由选择权。第三，给予研发层产品研发的话语权，如夏普选取 C-MOS 而非 n-MOS[①] 研发路线、须羽精工的液晶手表路线都是研发层所定的基调，管理层未曾进行干涉。

研发战略其次表现在对西方同行业研发技术与人才的引进策略。日本电子企业对西方电子行业研发动态采取知识跟进策略，跟进的重点是突破性技术。20 世纪 60—70 年代，是欧美电子行业领域基础研究的繁荣期，只要出现突破性基础研究成果，日本企业就快速跟进，了解动态、联系发明方，快速展开专利谈判与人才引进。当时，美国电子企业基于自身总体战略考量，放弃了大量关键性基础研究成果，为日本企业做了嫁衣。在专利与人才引进的选择上，研

---

① 两者为特点各异的半导体技术，C-MOS 转换速度慢，但功耗更低。n-MOS 转换速度快，但功耗高。欧美电子企业都倾向于 n-MOS，不理解日本企业为何选择前者。日本企业内的核心研发人员决定选择 C-MOS 为发展方向，是世界中的异数，但获得了企业管理层全力支持。

发层依赖放权策略所给予的话语权，督促管理层尽可能做到引进范围的最大化。在这一策略下，日本电子企业获得了大量专利转让及关键海外研究人才。

研发战略的另一种策略是基础技术商业化策略，也是整个研发战略最重要的环节。日本研发团队根据引进策略所获得的技术资源，大多为西方主动放弃或转移的专利发明，植入自身对技术商业前景的理解，根据自身研发风格与理念，糅入更精密的技术改良，创造出全新的商业化产品。从成效来看，日本电子企业的基础技术商业化策略大获成功，大量新产品来自海外引入的专利技术，而产品在市场获得的大量竞争优势，则为日本企业所得（见表3-8）。

表3-8　　　　日本电子企业部分以引入专利技术为基础而
推出的新产品

日本所引入的技术	首创方	主要引进方	推出的新产品
C-MOS 元件	美国无线电公司	须羽精工、夏普	石英精密计时器
液晶技术	美国无线电公司	夏普、须羽精工	数字液晶手表、液晶电视
无晶型硅	苏格兰丹迪大学	三洋、夏普	无晶型硅太阳电池
电偶元件	美国电话电报公司	索尼	CCD 摄像机、带式摄像机
调频（FM）合成技术	美国斯坦福大学	雅马哈	FM 硅片合成器、数字乐器
半导体激光器	美国电话电报公司	日立、索尼	激光打印机、激光唱机

资料来源：〔美〕鲍勃·约翰斯通：《我们在燃烧：日本电子企业研发史》，华夏出版社2004年版。

在研发构架上，日本电子企业普遍采取母国中心的研发体系，该体系下，母国研发中心是创新活动的主要执行者，海外研发机构为学习型机构，负责知识获取与技术支持，受母国研发中心协调与控制。日本电子企业依靠这一研发框架，获得了高效的海外信息追踪，并能够在本国研发机构内依靠统领地位实现技术引进的处理与商业化。

然而，极高的差异化引发封闭化的形成。这种研发战略与内需型营销战略相结合，带领日本企业走向一条以本国细分市场为根本、技术研发个性化的研发道路。电视产业领域，日本电子企业走向"高品位电视机"的技术开发，以画质清晰度与产品精细度为主要发展方向，与美国的服务化与模块化研发道路背道而驰；计算机领域，日本电子企业倚仗日语处理功能来服务国内市场，技术发展方向与国外完全异化。越来越多的研发活动指向独特的产品标准、服务方式与性能表达，形成了与世界行业发展相隔离的"孤岛"现象。而海外研发机构话语权的缺失与功能的残缺，难以为母公司提供开放视野。

3. 供应商战略

这一时期，日本电子企业的供应商战略逐步摆脱唯成本论的供应商战略思维，建立起以供应商生产质量、效率为核心的能力构筑供应商战略，以服务于日本电子企业整体性的差异化竞争战略。差异化竞争战略下，企业需要实现技术、资本专用性更强的高品质生产体系，而供应商体系作为电子企业主要内部供货单元，需要更强的业务专业化水平。这一时期的供应商战略主要由两个策略组成，一是长期契约关系的建立，二是集群式管理模式的运用。

长期契约关系起步于上一战略阶段，成熟于该阶段。上一阶段，基本契约成为发包企业与下包企业的主要契约关系，在这一阶段则大多转化为长期契约关系。这种契约关系，第一，体现于关系的稳固性，如非出现重大问题，不会结束合作关系。第二，体现在业务协助的内部化，发包企业对下包企业提供技术指导，进行技术转让等行为，协助下包企业构建技术能力。第三，体现在保护策略，在经济困难时期，发包企业尽可能对下包方进行保护，因为双方深度合作已经形成了很深的互相依赖。

表3-9   日本电子企业与下包企业交易年数：松下电器与
富士电机的比较

交易年数	下包企业	
	松下电器（1961年）	富士电机（1983年）
21年以上	10（1.8%）	164（25%）
11—20年	59（10.3%）	154（23.5%）
6—10年	127（22.2%）	93（14.2%）
5年以下	329（57.6%）	146（22.3%）
不明	46（8.1%）	99（15.1%）
合计	571（100%）	656（100%）

资料来源：［日］西口敏宏：《战略性外包的演化——日本制造业的竞争优势》，上海财经大学出版社2007年版，第171页。

集群式管理模式与日本汽车企业的金字塔式供应商体系类似，是电子企业减少发包对象，将少部分供应商列为一级供应商进行发包。一级供应商向二级供应商购入相关制造服务，二级供应商再向三级供应商采购相关资源，以此类推（见图3-3）。集群式管理模式的建立，使一级供应商建立起由次级供应商组成的集群，增强了集成能力，为电子企业提供综合性服务，包括检测、设计、零部件采购等。电子企业通过上述模式的构建，能够将委托责任集中于少数一级供应商，增强了发包效率，并利用一级供应商的集群效应获取能力输送。

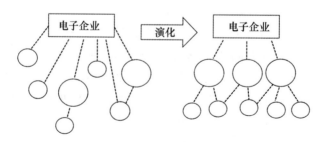

图3-3   集群式管理模式的演化

总之，这一阶段，电子企业供应商战略与汽车企业趋于一致，长期契约与集群管理建立了电子企业与供应商战略休戚与共的战略同盟关系与核心能力协同强化网络，是日本电子产业产品质量与价值上升的重要支撑。

（三）战略效果与评价

日本电子企业在这一阶段凭借差异化战略获得了成功。1965—1985 年，是日本电子产业飞速发展的 20 年，产业年均增幅明显高于国民生产总值，并于两次石油危机内实现了持续性高速增长。1985 年，日本电子产业产值高达 17.933 万亿日元①，位居世界第一，占 GDP 比重高达 5.5%。该年，日本的消费类、工业用电子设备与零部件产品在世界市场表现出强大的统治力，以表 3 - 10 中的主要产品出口额占日本出口总额的 12% 以上（见表 3 - 10）。

表 3 - 10　　1985 年日本电子产业主要产品占全球出口总额的比例

产品类别	占全球出口总额比例（%）	出口值（千美元）	占日本出口总额比例（%）
电视录像、录音机	80.7	6622119	3.77
留言记录机	71.7	1817413	1.03
计算机	69.7	660432	0.38
照相、复印器材	65.9	2032389	1.16
传统式相机、镁光灯	62.2	1608936	0.92
收款机和会计计算机	62.0	351522	0.20
电唱机	59.0	264557	0.15
麦克风、音箱、扩音器	55.7	981176	0.56
彩色电视机	49.5	2691101	1.53
手提式收音机	48.4	1171209	0.67
其他无线电收音机	47.9	575146	0.33
电动打印机	45.0	498134	0.28
汽车收音机	42.5	908083	0.52

---

① 杨清宗：《1983—1987 年日本电子工业的产值统计》，《压电与声光》1987 年第 5 期。

续表

产品类别	占全球出口 总额比例（%）	出口值 （千美元）	占日本出口总额 比例（%）
电视显像管	42.2	709509	0.40
录音媒体	41.5	1589513	0.90

资料来源：[美] 迈克尔·波特：《国家竞争优势》，中信出版社 2016 年版，第 351 页。

三　1985—2000 年的日本电子企业竞争战略

（一）竞争优势界定及竞争战略的决策

日本电子产业发展到这个阶段，各企业的资源与能力构筑了强大的国家竞争优势，包括市场基础的稳固、相关支持产业的成熟、市场需求苛刻风格的形成等。然而正如前文所述，国家竞争优势进一步强化已经是建立在企业竞争战略推动下行业发展的基础上，对于新进入者才算是外生竞争优势。但自 20 世纪 70 年代以来，日本电子产业主要寡头格局基本未见变化，因此是企业的竞争战略与其培养出的经营模式、能力、资源的表现方式与外溢效应培养了国家竞争优势，而不能反过来说。不过，东盟地区经济发展与中国大陆改革开放的深化，为日本电子产业提供了外生的机会。东南亚及中国大陆在劳动力价格、市场门槛、市场潜力、资源存量等方面具有强的比较优势，对于制造门槛相对较低的电子产业来说，是理想的扩张目标。而两个地区毗邻日本，文化传统与社会习俗上与日本也较为接近，对于日本企业来说，产业转移成本可控制在较低的水平。

不过，冷战结束后世界电子工业发展新局势构成了对日本电子产业的威胁，一是美国电子产业脱军工化后，民用电子产业迅速发展起来，并推动了信息通信产业的发展。信息通信产业来源于因特网技术，后者来源于美国军用电子产业时期中的一项政府外包任务，由民间公司研发成功。冷战以后，以"硅谷"为主要区位的美国民间互联网公司快速推动因特网的发展，塑造了信息通信产业。随着信息通信产业的发展，跨国企业产业链分割具备了信息联通基础，欧美跨国企业开始根据区位优势与所有权优势，采取差异化网络模式布局产业链。① 这种发生于产业结构、产业链、企业价值链的变化将改变竞争优势的获取方式，挑战日本企业的竞争优势。而亚太地区新兴工业体在差异化网络模式的普及下能够更快获取知识转移效应与产业扩张效应，快速形成竞争力，对日本形成挑战。

日本电子企业的市场控制力、差异化研发能力、稳定的内部化供应商体系、熟练的人力资源、丰厚的财政实力等内部资源与能力持续加强，竞争战略对企业核心能力的依赖也继续加深。在这一时期，日本电子企业继续采取差异化战略，但具体实施领域向中高端产品与成熟产品集中，形成中高端差异化战略，差异化的方向由新的技术与产品商业化调整为既定优势技术路线的深化，以及优势产品路线的固定。同时，由于企业规模扩大以及经营领域的扩展导致成本压力的增加，日本电子企业也在生产环节展开成本控制与产业价值压榨，以支撑差异化战略的顺利实施。这一时期的差异化战略的调整主要体现在生产运营战略与研发战略等细分战略上。

（二）具体战略的展开

1. 雁行模式生产运营战略

雁行模式是指日本将亚洲工业国家依据工业化水平分为三个梯度：日本、"亚洲四小龙（NIEs）"、其他新兴国家（主要为东盟地区与中国大陆）。日本按照自身产业发展水平，将边际产业按照垂直梯度实行产业传递，这些地区也按照产业发展阶段实行产业转移。这一产业转移体系内，日本作为雁首发展技术密集型产业，"亚洲四小龙"作为雁身承接资本密集型产业，东盟与中国大陆作为雁尾承接劳动密集型产业，形成雁行模式。雁行模式并非日本官方战略，而是日本学界率先归纳的，并将其定性为边际产业扩张理论。②

日本电子企业主要采取向雁行生产运营战略的调整，是典型的边际产业扩张，实现产业剩余价值与生产成本控制，以支撑企业差异化战略的深化。1960 年以来，日本电子企业开始产业扩散，将生

---

① 余珮：《全球工厂理论述评及新常态下对中国制造业的启示》，《经济学家》2015 年第 7 期。

② 胡俊文：《"雁行模式"理论与日本产业结构优化升级》，《亚太经济》2003 年第 4 期。

产据点部分向 NIEs 转移，并深刻影响了这些地区工业化发展路线。① 不过这次产业转移并未改变日本电子产业的国内生产模式，且 NIEs 自身也受市场规模所限，未呈现出完整的雁行模式。1985年后，日本电子企业加速生产转移，转变出口导向模式，才标志着电子行业内雁行模式生产运营战略的成型。

第一，产业转移方向从 NIEs 转向 ASEAN 与中国大陆。1985年，NIEs 吸收日本家电行业超过七成的对外投资，而到 1990 年降至不足一半。作为对华投资规模最大的日本电子行业带领日本制造业对华直接投资占东亚比重升至 1993 年的近 70%，成为打开中国资本市场的急先锋。② 第二，产业转移速度增快。20 世纪 80 年代初，日本家电行业向国外投资的企业不到 100 家，1997 年增加至600 家。③ 第三，产业转移类型主要为整机组装环节，转移类别以家电等消费类电子为主。

在生产控制与边际产业扩张指导下的雁行模式生产运营战略实施过程中，日本企业主要电子产品的整机生产从日本国内转向东南亚与中国大陆，然而零部件、电子元件、核心产品仍然留在日本国内，形成垂直结构下的二元分工（见表 3 – 11），在产业构架的国际化，但生产任务依然是基于国内以及非雁行体系内国家的需求基础进行规划，本质依然是国内需求本位的、出口导向企业构架。

表 3 – 11   日本主要家电产品国内产量（1982—1998 年）   单位：万台

产品	1982	1985	1987	1990	1992	1994	1996	1998
彩电	2342	1945	983	1234	1263	723	701	731
冰箱	2213	1763	1043	742	831	513	513	498
洗衣机	1924	1347	864	524	487	365	365	402

资料来源：日本经济产业省制造业白皮书各年度版数据整合。

---

① 韩国、中国台湾、中国香港、新加坡等地区于 20 世纪 60—80 年代都将电子作为支柱产业。后来，中国香港与新加坡转型服务业，韩国与中国台湾一直坚持重于电子产业的产业发展方向。

② 数据整合自 JETRO、日本财务省等机构历年数据。

③ 李晶：《从日本家电行业向东亚的转移看东亚经济一体化》，博士学位论文，对外经济贸易大学，2007 年。

2. 内部强化的母国中心研发战略

这一阶段，日本电子企业研发战略需要完成向领先创新战略的转变与适应，不能再依靠对欧美技术的学习、引进或再创新，而是需要在技术研发与产品设计上都实现对产业发展趋势的自主引导。基于此，日本企业所采取的战略方针是坚持以母国研发机构为中心，完善与改善研发组织构架，弱化上一阶段学习与追赶功能，强化母国研发机构的基础研发能力与领先研发效率。

改善研发组织构架的具体措施包括交叉开发模式、跨部门开发组织等方式来加强研发组织的柔性与研发速度。东芝公司采取两代产品交叉式研发活动，在半导体领域部署两个研发项目组，每个项目组分别对应两代产品，任意一组率先完成研发，将直接进入第三代产品的研发工作。这种研发模式通过交叉递进构架，加速产品更新换代的速度。夏普则在这一阶段采取跨部门开发组织，将研发工作从单纯的研发组织向技术、生产、销售、服务等部门的扩展，推行知识共享与跨部门协同。不仅如此，针对研发工作的性质，不同事业部也将采取横向合作方式。① 当研发项目面临急迫性时，将获得更大的人事调动权，从横向合作与跨平台开发组织中获取智力支持。

各类企业内研发组织与结构的改善帮助日本电子企业的研发能力在效率上有所保障，推动日本电子企业技术进步向更深层递进。1985—2000 年，日本电子企业相继在卡片式相机、光盘游戏机、刻录技术、碳纳米管技术、液晶摄影机技术、数码相机技术、等离子技术、光碟播放技术等领域实现突破，在成像、存储、游戏娱乐、影音、精密材料与半导体元件等领域保持着世界范围内的领先，表现出以母国深度研发为主的内部强化研发战略帮助日本企业在传统优势领域实现了领先创新，依靠中高端差异化把持中高端市场，获取熊彼特租金。

然而，这种实际上通过内部联系机制来提升研发效率的做法会

① 韩中和：《创新型企业的活力机制——日本企业研发组织的案例分析》，《研究与发展管理》2002 年第 6 期。

对国际化路线产生排斥与阻碍①，表明了日本电子企业在推行研发全球化上的谨慎态度。松下在 2000 年前，主要的国际研发机构仅为新加坡研发中心；夏普这二十年在全世界设置了许多销售公司与生产基地，在海外的研发机构只局限于成立于印度的软件研发中心。

小　结

日本制造业于 20 世纪 70—90 年代的辉煌，主要归功于汽车产业与电子产业的成功。两个产业都被称为日本的"十分之一"产业，代表着日本制造业的核心竞争力。无论是从企业管理体制、劳动力雇佣体制、企业文化，还是从消费者认知所衍生出的社会文化现象、品牌认同至国家认同，汽车与电子产业都是主要的动力与实践者。两个产业的竞争战略的变迁具有相似性，组成日本制造业竞争战略的大致范式。

首先，从竞争优势来源来看，两个产业的企业都经历了由竞争优势外生向竞争优势内生的过程。战后初期国际形势、日本政府的国内产业政策以及一定的中进国工业基础，对两个产业都形成了优势明显的行业环境，促进了产业初期的发展。然而随着产业的发展，竞争的激烈、国内保护性政策的失效以及产业政策重要性的下降等因素已经使战后的温室环境不复存在，之后产业对竞争优势来源的界定已经转向企业自身的异质性资源与能力，也代表着日本制造业整体进入以企业资源与能力为基础的竞争战略时期。在竞争优势外生向内生转变中，日本两个产业的企业对基于资源与能力竞争的主动性很强，这是日本与其他新兴工业化经济体在发展制造业方面的重要区别，如丰田等汽车企业自发展初期就采用的以低成本、高效率、高质量为目标的精益生产战略，索尼等电子企业积极推动

---

① Kzuhiro Asakawa, "External-Internal Linkages and Overseas Autonomy-Control Tension: The Management Dilemma of the Japanese R&D in Europe", *IEEE Transactions on Engineering Management*, Vol. 43, No. 1, 1996, pp. 24 – 32.

技术引进后的技术商业化战略等。

其次，从整体竞争战略来看，汽车与电子企业都经历了从总成本领先、集中战略到差异化战略的转变，体现出产业转型升级的发展轨迹。而从战略实施层次来看，总成本领先战略也经历了从低端总成本领先走向中高端总成本领先战略，差异化战略也经历了从中低端差异化向中高端差异化的战略调整。在这一时期，日本企业主要采取了独立的竞争战略，主要的战略组合方式是总成本领先加集中战略，同样可以归类于成本导向的集中战略这一战略模式。两个产业在兴盛时期依靠组织创新、技术进步实现了部分程度的总成本领先＋差异化战略的简单组合，但这种组合一是来自不同领域的不同的分立战略的实施，如汽车企业日本领域的总成本领先战略与美国领域的豪华车战略等，二是来自组织创新所构建的特色企业组织构架与流程作业方式形成了总成本领先战略的战略惯性，沉淀在日本企业内，独特的成本削减的异质性资源与能力为日本提供了类似战略结合的战略效能。

最后，从细分战略来看，两个产业都具有很多相似之处。在生产运营战略上，两个产业大致经历了国内低成本生产、国外转移生产到全球化生产的战略路径，表明了日本制造业从内向外的生产扩张过程。在研发战略上，两个产业都从追随者角色起步，实现技术的引进、模仿、追随，最后到技术领先的战略过程。其中，以汽车产业为首构建的人力资源发展战略的人才专业化、长期培养体系是研发战略深化的重要支撑，并扩散到整个制造业，形成日本特色的长期雇佣、年功序列、企业内工会等三大神器。在供应体系战略上，两个产业都致力于金字塔式多层级供应体系的构建，将企业的内部化渗透到零部件采购与供应，将成本控制、质量控制与核心能力构建深入供应企业中，形成日本制造业独特的供应体系风格。这其中，汽车产业相关构建工作开展最早，也是该风格供应体系的奠基者。电子产业随后追随，巩固了这一体系。在产品战略上，两个产业都经历了由国内向国外、由低端向高端的战略转变，产品从追逐低成本向追逐超额利润转变，对应市场由国内向全球扩张。汽车产业由低端国民车到低端低能耗车，再到中高端低能耗、中高端高能耗车转型，电子产业则从低端家电到中高端家电、低端消费类电子产品到创新型消费类电子产品，再到中高端产品领域，相关工业电子领域也逐步向微电子半导体领域集中。

然而，发展到20世纪90年代以来，两个产业的竞争战略形成了一点根本差异，即汽车产业是走向基于全球化的整体战略部署，而电子产业则延续着基于国内市场的整体战略部署，这种差异也代表着日本制造业主要两种发展模式。日本汽车产业强调全球化发展，而日本电子产业则始终立足于国内需求。日本汽车企业全球化布局的重点在于全球，并基于全球市场特征转变企业战略，试图改变日本在全球的产业形象与产业链地位。日本电子企业的全球化布局则以转移边际产业与生产成本控制为主，而非面向全球市场进行主动战略布局。两个产业道路的差异导致了细分战略的差异。汽车产业方面，以丰田为首的汽车企业以北美为全球化基地，将生产、研发、销售体系逐渐转移至北美，并基于北美需求来制定中高端差异化战略，推动整个产业结构的转型升级。而电子产业方面，日本主要电子企业的生产体系首先基于新工业经济体，后基于东南亚与中国大陆，在中高端市场的本地化推进则很缓慢，产业结构并未依据全球市场格局及需求变化进行转型调整，而是基于国内市场需求以及自身既定路线来制定中高端差异化战略。

第四章

21 世纪日本制造业企业开展
竞争战略调整的动因

从第三章总结可以得出，日本制造业企业在不同阶段，实施了不同的竞争战略，其中总成本领先战略是日本制造业企业战后半个世纪以来最为主要的竞争战略之一，各制造行业以全面质量控制为基础的持续性的成本削减是日本经济战后腾飞的核心。[①] 20 世纪 80 年代以后汽车企业的豪华车战略与电子企业的新产品战略共同构成了日本企业的差异化竞争战略模式，不过汽车企业与电子企业在战略具体实施上有所区别。日本汽车企业的总成本战略仍然用于不同独立领域，形成总成本领先战略与差异化战略在不同独立主体的实施格局。一方面，将豪华车战略作为地区差异化战略予以实施，如从丰田、本田、日产三大寡头企业于北美地区的战略制定动机、战略制定主体与实施范围中即可看出。另一方面，除北美特定事业部之外，日本汽车企业仍然坚持质量、性能与低价格的统一，是日本三维统一总成本领先竞争战略的延续。电子企业则是整体战略已经转型为差异化战略，但发展初期的总成本领先战略指导下的组织优势继续作为一种战略惯性存在于企业之中。

不过，随着国家环境、市场环境、国际竞争环境的变化，独立竞争战略局限性日益凸显。对总成本领先战略来说，这主要表现在日本企业在总成本领先战略的优势要素逐渐丧失或者减弱，深刻影

---

① Allen Richard S., Helms M. M., Takeda M. B., et al., "A Comparison of Competitive Strategies in Japan and the United States", *Sam advanced Management Journal*, Vol. 71, No. 2, 2006, pp. 179 – 193.

响了汽车企业独立实施总成本领先战略的战略效果与电子企业保持组织优势的可能性。对于差异化战略来说，产业发展阶段转变中创新格局的变化、差异化优势维持难度的增加，以及日本企业自身差异化推进模式局限性的日渐形成界定了差异化战略的局限性。两种战略各自局限性的逐渐明晰，成为日本企业在新世纪展开竞争战略调整的主要动因。

第一节　总成本领先战略局限性增强

一　劳动力优势的丧失

生产要素优势包括资源、资金、劳动力、土地等要素，对于日本制造业来说，生产要素的优势主要表现为劳动力优势。首先，劳动力雇用价格低廉，来自本国人口基数所形成的劳动力优势禀赋与战后遣返形成的短期富余劳动力。其次，劳动力素质相对较高。战后日本劳动力的专业化水平并不高，但是完善的基础教育体系与传统观念灌输，日本劳动力普遍具有一定水平的基础知识，并表现出很强的自律性与纪律性。凭借劳动力优势，日本制造业尤其是汽车与电子产业都围绕人力资源开发展开了一系列的组织创新，其以生产方式构建为主的总成本领先战略离不开供大于求的高素质劳动力市场的支撑。不过从20世纪80年代开始，日本制造业的劳动力优势正在迅速消退，原因为人口老龄化与服务业的发展，前者降低了劳动力市场的整体规模，后者降低了劳动力流向制造业的整体规模。20世纪90年代以来，日本老龄化进程加速，老龄人群年增长率从2.36%增加到3.10%。① 老龄化比例于2000年上升到23.3%，在发达国家中仅次于意大利。② 服务业的发展主要对劳动力就业结构造成了影响。1990年日本制造业总就业人数为1519万人，2000

---

① 赵雅婧、王有鑫：《人口老龄化对日本制造业出口比较研究》，《日本问题研究》2013年第3期。

② 王莉莉：《新时期日本人口老龄化的国际比较研究》，《日本问题研究》2011年第2期。

年下降到 1327 万人。与之相比，服务业就业人数则从 1990 年的
1421 万人增加到 2000 年的 1750 万人，两者之间的比例 10 年间从
1.06 下降到了 0.76，显示出人口就业结构的变化。1990—2000 年，
日本的主要几个就业部门中，只有制造业就业人数总规模出现了下
降（见表 4-1），就业人数排名也从第一跌至第三，表现出就业人
口向非制造业流动，加重了制造业劳动力短缺问题。①

表 4-1　　　　　　　1990—2000 年日本就业结构变迁　　　　单位：年/万人

部门 年份	建筑业	制造业	运输通信业	零售餐饮业	服务业
1990	593	1519	382	1452	1421
1991	602	1561	395	1463	1471
1992	631	1557	398	1463	1488
1993	651	1528	405	1461	1528
1994	660	1472	408	1449	1563
1995	669	1439	425	1468	1570
1996	692	1437	429	1471	1597
1997	670	1428	432	1488	1660
1998	668	1384	425	1479	1640
1999	633	1360	413	1513	1673
2000	629	1327	400	1515	1750
增减	36	-192	18	63	329

资料来源：日本总务省统计局：《劳働力调查》，http：//www. stat. go. jp/data/roudou/
2. htm，2020 年 4 月 29 日。

　　老龄化与就业结构的转变深刻影响了日本制造业的劳动力优势，
首先是劳动力价格。虽然国家经济的发展与日元汇率的上升已经使
日本形成了发达国家水平的劳动力成本结构，然而老龄化与就业结
构转变使日本劳动力价格超过发达国家平均水平而进一步上升，从
而弱化了日本与发达国家之间相对的总成本领先战略能力。老龄化

———————

①　以上年份数据皆取自日本总务省统计局劳动力调查中当年 12 月数据。

对劳动力价格的推动力主要来自劳动力稀缺而形成的高工资水平，以及退休群体扩大所造成的福利开支负担。就业结构转变意味着制造业人才吸引力下降，也逼迫制造业企业进一步提高工资待遇来增强吸引力。其次是劳动力短缺所导致的产业规模经济问题。总成本领先战略的核心是利用先进设备、高效率的组织结构来实现大规模生产的规模经济。劳动力短缺意味着劳动力市场供给规模的减小，使企业遭遇规模扩张难题。企业可能遭遇无人可用或者雇用人工边际成本迅速增加的局面，从而面临规模经济门槛的持续上升，甚至根本无法摆脱规模经济的困境。

虽然人口问题自 20 世纪 70 年代开始显现，然而由于人口生命周期一般超过 20 年，因而形成人口惯性，对制造业影响也体现为长周期性。[①] 因此，制造业劳动力优势丧失的问题直到 20 世纪 90 年代左右才彻底爆发出来。日本经济整体产业结构的变迁也经历了 20 世纪 70—90 年代的长期渐变，并于 90 年代导致了就业结构的剧烈变化，与人口自然结构变化形成联动反应，造成了 21 世纪前制造业劳动力问题的积聚爆发。

二　市场需求的变化

总成本领先战略的目标市场是定位于每个目标市场内的低价格趋向客户，这些客户具有很高的价格敏感度，形成价格弹性很高的需求结构。因此，总成本领先战略对市场需求具有一个潜在前提：目标市场必然存在价格弹性高的需求群体，并且这一群体的规模足够让企业获取规模经济。战后至 1980 年前，日本制造业各细分市场的确存在低价格客户并占据相对大的市场份额的现象，其原因主要有：（1）日本战后人均收入水平较低，低收入群体占消费结构主体；（2）汽车、电子产品等主要支柱产业对于日本是新兴产业，消费市场经历从无到有的过程，消费模式上是追求"便利和机能"[②]；

---

① 马学礼：《老龄社会对日本经济增长与刺激政策的影响分析》，《现代日本经济》2016 年第 4 期。

② 赵瑾：《战后日本个人消费结构变化对产业结构的影响》，《现代日本经济》1992 年第 2 期。

（3）贫富差距拉大形成低价格导向与高品质导向消费群体的分化，形成二元消费结构。从日本的工人存款、自由职业者存款、法人经营者存款水平的相互变化可以发现，① 日本社会在二战后三十年经历了贫富差距迅速扩大的时期，从而形成了价格弹性高的消费群体。该群体的规模足以使企业进入规模经济，是日本汽车、电子等主要制造产业战后的主要目标市场。

不过，20世纪80年代以后，日本社会随着高收入结构的彻底成型，中产阶级群体逐步扩大并成为国家主要消费群体，大众消费模式步入成熟，原先较为清晰的二元消费结构逐渐消失，并于21世纪以来形成了全新的消费结构，具体表现为：（1）长期的大众消费使价格弹性相对较高的低价格群体对产品质量与性能也提出了更高的要求；（2）品牌意识逐步成熟，所有层次消费者对优良品牌都具有更高的偏好；（3）从马斯洛需求层次理论来看，中产阶级产生了社会尊重、自我实现等中高阶需求，从而将其引申至对产品与服务的自我理解中，产生了个性化需求；（4）经济发展下的社会、文化生活逐渐丰富，地区间、国家间交流随着全球化进程而日益频繁，互联网迅速发展并激励消费者进行自由化的诉求表达，使市场需求逐渐呈现多元化特征。在这一消费结构的转变中，需求市场的价格弹性持续降低，差异化要求逐渐增多，使总成本领先战略获取竞争优势的难度越来越大。

三　企业结构优势的减弱

如第三章所述，日本制造业企业在战后所获得的成功的三维统一的总成本领先战略很大程度上是来自组织创新的成功，为日本企业带来了企业结构上的巨大优势，尤其是汽车企业。凭借精益生产体系、人力资源管理、供应链体系等组织优势，日本制造业企业能够同时实现成本控制与质量控制，在很长一段时间内不需要依赖价值溢价也能实现较高的盈利水平，并成功占据了主流产品市场。然而，企业结构优势也在逐渐减弱，其所代表的异质性资源与能力的

---

① 鱼金涛：《日本国民贫富差距拉大浅析》，《外国经济与管理》1989年第11期。

难以替代性与难以模仿性明显降低了。结构优势减弱主要缘于知识传播与欧美"反追赶"策略。日本制造业，尤其是汽车产业在实施全球化战略时，在北美等地区建立独资、合资公司，导致了精益生产方式等组织创新知识向海外扩散。同时，欧美各界有意识采取"反追赶"策略。1990 年，美国麻省理工学院主导国际汽车计划项目，会集世界各地学者与企业人士，对汽车产业国际竞争力及源泉展开大规模联合研究，最后确立学习日本的精益生产方式这一战略目标。① 此外，欧美企业展开主动性的反追赶战略，主要战略手段包括投资、并购等资本工具，对日本组织创新成果进行引进与学习，最终缩小了与日本企业在企业结构上的差距。企业结构是日本企业实现三维统一总成本战略与战略惯性的制度基础，而欧美的反追赶则使制度先进所产生的成本领先优势明显降低，直接威胁日本企业总成本领先战略的实施与战略惯性的保持。

四　新兴经济体的威胁

20 世纪 80 年代以来，日本制造业企业采取雁行模式的生产经营战略，以边际产业转移为战略模式实现对新兴经济体的低成本资源禀赋的攫取。然而，随着新兴经济体制造业实力的显著增强，原来作为日本总成本领先战略一部分的"雁尾"国家或地区，却逐渐转变为与日本企业的主要竞争对手之一，竞争方式则以价格竞争为主，其中典型代表为中国。拜规模庞大的低廉劳动力、较低的土地与资源价格、改革开放以来的自由化贸易政策路线所赐，② 中国依靠投资与内需市场的扩大，在企业研发、制造能力飞速发展后形成了性能适用于本国与其他发展中国家市场、成本却远低于日本的制造业企业，从而成为日本在中国以及发展中国家的主要价格竞争者。在汽车领域，奇瑞、吉利、江淮等低成本汽车厂商以价格竞争分食中国国内中低端汽车市场，形成对日本汽车企业的冲击。在电

---

① ［日］藤本隆宏：《能力构筑竞争：日本的汽车产业为何强盛》，中信出版社 2007 年版。

② 周友梅：《"中国制造"的成本优势与国际反倾销的会计应对》，《国际贸易问题》2004 年第 10 期。

子领域，联想、长虹、康佳等个人计算机与家电厂商以低价格冲击市场，迅速打破日系品牌与以上领域的垄断地位。除中国外，印度塔塔等其他发展中国家企业也纷纷依靠自身成本优势展开价格竞争，都对日本企业形成威胁。新兴经济体的崛起不仅在于增加日本企业的竞争难度，其经济发展所带来的国民收入与资源价格的提高、当地产业结构的转型与升级、最惠国待遇的减弱等后果进一步增加了日本企业内部化跨国体系控制成本的难度，使传统的总成本领先战略更加难以为继。

第二节　差异化战略局限性增强

一　产业发展阶段下维持差异化优势难度的增加

如前文所述，差异化战略依靠产品的性能、质量、依赖性、服务的差异化优势创造或进入价格弹性较低的需求市场，为将价格维度因素置于次位的顾客提供差异化的产品。因此，实施差异化战略的企业通过在产品后续更新、品牌形象的维护、产品包装、售前与售后服务等环节维持不间断的差异化来获得这类顾客对其产品的持续性认同。然而，差异化优势并非随着企业的发展而必然深化，相反，产业发展阶段推进下市场需求、竞争对手、企业谈判能力、技术发展"瓶颈"等诸多要素都处于动态变化中，从而使企业的差异化能力随着产业发展而遭遇诸多挑战。

（一）创新选择的趋同

创新是企业实施差异化战略的主要手段，是实现产品差异化的关键。在企业实施差异化战略之初，会根据对何种具体竞争优势的方向性策划界定创新的大体范围与推进路径，体现为技术创新与具体目标的不可确定性与试探性。随着差异化战略实施的深化，市场反馈信息流的集聚与过往创新经验的积累，降低了市场的不确定性，协助企业构建起成熟的差异化产品与服务体系，并对市场需求状况形成了成熟的认知。随着产品与服务种类与模式的成熟，消费者对差异化的认识也趋于一致，从而引导差异化企业在产品与服务的后续更新中保持相似的创新路径。① 另外，产品与服务水平达到相对稳定的程度后，进一步的突破创新将导致创新成本的显著提高，企业也会为了获取集群间知识交流与资源共享，追求产业整体性的创新路径以降低创新风险。在以上因素的影响下，最终导致相关市场内各企业创新选择的趋同。

（二）购买者驱动市场的建立

在产业生命周期从导入期向成长期、成熟期与衰退期演进过程中，顾客对企业的创新评价也随之改变。在产业导入期，产业作为新产业形态存在大量的发展方向不确定性与信息不对称性，其所产生的新需求更容易受到主流市场接纳并转化为新的主流需求，从而形成典型的生产者驱动市场。在这一时期内，新产品供小于求，顾客处于相对弱势，由于对产品理解存在模糊性，其需求模式更多受制造业企业的塑造。尤其是对于汽车、电子这类经产业导入后就迅速成为大众消费结构中的重要环节，更是强化了这种生产者驱动现象。然而，当产业生命周期进入成熟期后，产品不确定性与信息不对称性随着产品结构的成熟与交易系统的完善而降低，从而使因产品模糊性所产生的差异化优势降低了。市场饱和度的提高与相关产业的扩展，进而使顾客的刚性需求程度下降，所面临的同类产品增多，推动市场由生产者驱动向购买者驱动转变，从而显著增大了企业通过产品差异化来实现竞争优势的难度。

（三）差异化优势的模仿破坏

差异化战略实施的情况，很大程度上取决于企业产品的差异化所具备的难以模仿性的程度。然而，随着相关市场的成熟，各差异化企业一定程度的异质性知识将随着产业集群的发展以及人力资源的流动而逐步扩散至整个产业。随着产业发展经验的积累以及市场需求模式的成熟，对其他企业产品性能设计等差异化内容复制模仿的成本难度将显著降低，从而使差异化企业维持差异化优势的难度增加。在产品的性能、品质、可靠性与服务四个方面，产品性能差异化的被模仿风险最高。20 世纪 80 年代末，索尼就由于产品性能

① Abernathy, William J., Utterback J. M., "Patterns of Industrial Innovation", *Technology Review*, Vol. 80, No. 7, 1978, pp. 40 – 47.

遭到大规模模仿，从而损失了差异化优势。①

（四）产业转移与扩散

产业转移与扩散主要伴随发达国家的边际产业转移与制造业分工专业化的推进而出现。发达国家将产业生命周期接近衰退期的落后产业向发展中国家转移，而全球化进程下的全球专业化分工体系又将发展中国家纳入产业链的广泛合作中，从而导致了知识的扩散与转移，增强了发展中国家企业的学习效应。这种知识的溢出一方面增强了发展中国家的后发优势，使发展中国家企业能以更短的时间获得提供具有一定差异化优势产品的能力；另一方面使企业更易受到竞争对手的模仿，从而加速腐蚀企业自身的差异化优势。因此，产业转移与扩散加剧了成熟产业内的竞争，导致差异化企业仅依靠产品或市场运营来实现差异化的难度徒然增加。发展中国家企业与竞争对手的低端模仿或低成本追赶降低了产品的差异化优势与资产专用性，激化了产品市场的竞争强度并压缩了企业的价值溢价空间。

二　日本制造业企业差异化战略自身的局限性

除上述产业发展周期对企业差异化战略能力造成的普遍性难题外，日本制造业企业自身由于独特的战略制定与战略实施过程，形成了独特的战略局限性，并影响着日本企业差异化战略的长期效果。

（一）推进差异化过程中经济效益的降低

在竞争市场中存在广泛的信息不对称，既来自对竞争对手研发状况的未知，也来自对市场反馈态度的未知。因而，信息不对称会驱使企业尽可能提高设计研发水平，以增加新产品在不可知的未来市场中占据优势的可能性。欧美企业注重通过加强市场分析把握需求信息，来降低市场反馈的信息不对称，在新产品上实现更稳定的经济利益而非追求技术上对竞争者的压制。日本企业则相反，长期依靠组织创新、生产研发能力构建获取竞争优势形成了过往路径依

① Alan I. M. , "A Contingency View of Porter's 'Generic Strategies'", *Academy of Management Review*, Vol. 13, No. 3, 1988, pp. 390 – 400.

赖，使日本企业认为倚仗内部能力足以缓解外界信息不对称，实际是强调以更强的研发能力确保对竞争对手的压制。这就导致了企业对市场竞争的"过度适应"问题。20 世纪 90 年代以来的日本汽车企业就出现了上述问题，从而面临了严重的过度设计与开发问题，在追求高差异化上丧失了对成本与市场的敏感性。在具体做法上，日本汽车企业秉承豪华车战略下对汽车性能与质量的高追求，对中低档车型也展开了高级化的改良。与此同时，以能力构建为基础的系列化零部件企业也为日本汽车企业提供更为先进的零部件，加速了这种臃肿设计与过剩性能风格的发酵。这些臃肿的设计方案、零部件样式与频繁推出的新车型与改款车型，提供了高于市场需求的过剩性能，经济利益显著降低（见图 4 - 1）。

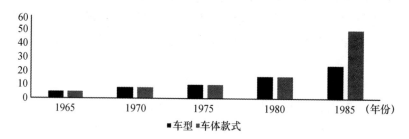

图 4 - 1　日本汽车的车型与车体款式的增加（1965—1985 年）

资料来源：整合自〔日〕藤本隆宏《能力构筑竞争：日本的汽车产业为何强盛》，中信出版社 2007 年版。

（二）推进差异化过程中产业模式的僵化

除了过度运用异质性资源与能力导致"过度适应"外，以既定范式持续深化并形成僵化产业模式是日本制造业企业推进差异化所产生的另一个局限性，实施边际产业扩张生产战略与内部强化研发战略的日本电子企业是这种产业模式僵化的代表。边际产业扩张具有以下特点。第一，日本电子企业对外转移为低端产业链，是产业淘汰转移过程，而非产业扩张过程。第二，日本电子企业产业转移为东亚新兴需求布局，面对新的中低端需求，而非中高端需求。第三，日本电子企业维护雁行模式下日本本土市场的雁首地位，将中高端核心产业链留在国内，因而其顾客界定范围以国内为主，国外为辅。边际产业扩张战略并不能为日本企业提供充分的行业竞争动态，只会进一步强化"本国至上主义"，加深了企业对内部强化研发战略的偏执。日本电子企业的"内向化"风格来自前期技术商业化战略的成功。由于技术商业化战略利用各项未被认可的技术推出被市场验证为成功的新产品，相较因受企业短期业务表现、股东收益等商业运营压力而在新技术取舍上出现多次战略失策的欧美企业而言实现了极大的战略成功，日本企业对自身核心能力做出了过高的战略评判，从而抛弃以往的产业追随者的身份，构建了"内向化"战略模式，从而造成了与行业发展方向的割裂。

第一，技术方向与国际相较有所偏离。一是一些技术领域应用对象出现重大变化，日本企业并未给予重视，比如 DRAM 技术对个人计算机的应用逐渐成为主流，而日本企业仍然坚持对大型机应用领域的开发。二是新兴技术领域在逐渐改变电子行业业态，日本企业也未给予重视，如因特网技术为核心所代表的信息通信技术的发展，日本企业比欧美企业有明显的滞后。

第二，产业技术研发生产构架与国际发展趋势有所偏离。信息通信产业的发展使产业链分割成为可能，在企业层面则表现为价值链的重构，其中研发与生产环节的重构最具代表性。以前，研发与生产是封闭价值链下的一环，这种研发生产构架被称为工业社会型。后来，生产与研发随着价值链的重构而分解开来从而形成独立性更强的相互结构。各自增强独立性后，研发环节与用户形成互动，直接针对需求展开更专业化的研发工作；生产则根据更具弹性的区位选择来实现效率上的专业化，对体系内区位进行更合理的优化。这种结构被称为信息社会型的研发生产构架。（见图 4 - 2）日本企业仍然主要坚持传统内部化的企业构架，以生产研发一体黑箱为特征的工业社会型研发模式，一方面研发环节用户互动程度难以与信息社会型相比，另一方面生产区位优化难以做到体系内优化，而只能对整个体系进行区位选择。

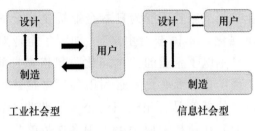

图 4 - 2   设计、制造与用户间关系的变化

小   结

　　无论是总成本领先战略还是差异化战略，都随着国家环境、市场环境、国家竞争环境的变化而日益展现出局限性。老龄化与就业结构的改变降低了日本劳动力成本优势；大众消费模式、品牌意识的兴起、中产阶级社会的成型与需求多元化打破了传统二元需求结构；全球化战略与企业组织边界跨国化推动着知识转移，减弱了企业结构优势；全球新兴国家以低成本战略融入产业链，根本腐蚀了日本企业的价格竞争力。以上因素综合导致日本制造业企业的环境性成本优势与组织性成本优势都遭受严重挑战，实施总成本领先战略的战略能力与预期战略效果在不断下降。

　　差异化战略的局限性则体现为共性和个性两个层面，共性问题在产业生命周期推进过程中逐渐显现，市场不确定性的下降与创新风险的提升导致了创新选择的趋同，市场信息不对称性的下降与市场饱和性的提升导致了购买者驱动市场的建立，产业成熟环境下产业集群的发展促进各领域资源的流通提升了竞争对手模仿破坏能力，其中新兴国家通过发达国家的边际产业转移与产业分工获得更大的资源流通与知识转移并逐渐发展起来，显著提高了产业竞争强度。日本在应对市场需求、市场信息不对称性与产业扩散速度等问题时表现出认知的被动性与对抗的主动性。一方面，对市场需求、市场信息不对称性具体的变化并不重视，对产业扩散下新兴竞争者的兴起问题不敏感。另一方面，认为内生竞争优势足以应对产业发展周期对保持差异化优势的挑战，追求"绝对"的竞争优势，主要做法是采取高于市场所需规格的差异化竞争，并持续强化"内向化"的战略模式，坚信不断强化既有战略模式是持续竞争优势的源泉，最终导致了异质性资源与能力的大量浪费与产业发展方向与国际的割裂。

第五章

21 世纪日本制造业企业竞争
战略调整：战略结合

　　由于日本制造业企业的总成本领先战略能力与差异化能力都遭受了腐蚀，国家环境所赋予的低成本优势与自身异质性能力建设所提供的成本控制能力的减弱、需求结构的变化、新兴经济体的崛起形成了"低成本陷阱"状况①：成本控制难以进一步深化、消费者价格弹性又进一步下降，从而影响了日本企业效率型总成本领先战略模式。而汽车、电子等日本制造业主要产业所形成的成熟期所引发的差异化优势的收缩，也威胁着日本差异化战略的实施。在这一背景下，日本企业一方面需要为低成本产品注入更强的差异化优势来减弱高成本结构的形成对企业竞争优势的负面影响，另一方面需要为差异化产品寻求成本控制途径以转移差异化优势降低所带来的战略风险。因此21世纪以来，日本制造业企业更多倾向于以战略组合为方式而非独立实施总成本领先战略。与此同时，20世纪80—90年代以来，战略管理理论研究也与时俱进，逐步提出战略结合的理论基础、维度与方式，为分析日本总成本领先战略调整提供了理论分析工具。

---

① 陈圻、任娟：《创新型低成本战略的科学研究纲领方法论基础》，《科学学研究》2011 年第 29 卷第 3 期。

第一节　总成本领先战略与差异化
战略结合的理论探究

一　战略结合的理论可行性分析

20 世纪末以来，学术界对总成本领先战略与差异化战略的结合提出了诸多理论创新之处，大抵可归纳为：（1）差异化战略可以成为总成本领先战略的战略手段之一；（2）差异化战略同样可以将成本领先作为战略目标的一种进行有效的调整。① 另外，差异化战略自身的调整也能实现战略结合的战略效果，这包括向下垂直差异化与水平差异化这两种差异化调整手段。前者是指通过删减部分消费者不需要的差异化功能来实现成本的降低，后者指在向下垂直差异化的基础上，利用所删减的差异化功能所节省的成本来实现新的差异化。只要新差异化产生的新成本低于节省而来的成本，那就实现了总成本领先于差异化战略的成功结合。②

学术界对如何实现两种竞争战略的结合进行了不同的理论可行性分析，不过边际成本递减被普遍认为是连接两种战略的桥梁。Charles（1988）指出如果企业采取差异化战略显著增加了产品销量并获得规模经济，实现单位产出成本的下降，那么就能实现战略间的结合，至少是同时获得两种竞争战略的战略效果。③ 如图 5 - 1 所示，产品差异化降低了产品价格弹性，使需求曲线由 D1 变为 D2，虽然增加了同等价格的销量，但成本水平也上升了。但如果差异化能够使产品需求显著上升，让需求曲线由 D1 向 D3 移动，那么即使企业长期平均成本曲线 LRAC 上升了（由 LRAC1 向 LRAC2 方向移

---

① Charles W. L. H. , "Differentiation Versus Low Cost or Differentiation and Low Cost：A Contingency Framework", *Academy of Management Review*, Vol. 13, No. 3, 1988, pp. 401 - 412.

② 陈圻：《一般竞争战略的逻辑基础重构》，《管理学报》2011 年第 8 期。

③ Charles W. L. H. , "Differentiation Versus Low Cost or Differentiation and Low Cost：A Contingency Framework", *Academy of Management Review*, Vol. 13, No. 3, 1988, pp. 401 - 412.

动），LARC2 与 D3 的交点却下移了，从而使企业获得更高的利润空间（利润空间 aefg 大于 abcd）。明确指出两种战略的结合通常是建立在一定的要素基础上。总成本战略效果取决于学习效应、规模经济与范围经济，因此企业在市场份额的提升空间对成本削减至关重要。差异化战略效果取决于差异化能力、市场集中度与顾客忠诚度。差异化能力方面，产品结构与内在属性的复杂程度决定着企业的差异化能力，主要由资源基础观所述的企业内部异质性资源与能力来决定。市场集中度方面，市场集中度与差异化强度呈现倒"U"形关系。完全竞争市场中，价格竞争最为主要，差异化的重要性较低；多寡头竞争市场中，寡头之间通常形成了潜在的价格协议，价格竞争难以展开，差异化竞争达到峰值；独占竞争市场中，市场中只有一个供应者，企业无须考虑差异化问题。顾客忠诚度方面，决定着产品与服务的价格弹性，以及消费者的转换成本。因此，结合两种战略的前提是能同时协调上述两种战略的关键要素：既要具有差异化的潜力空间，包括在产品复杂度上的改进空间、获取顾客忠诚度的高预期、市场竞争主要不表现为价格竞争等，又要具有差异化后能够实现规模经济、范围经济与学习效应的条件。

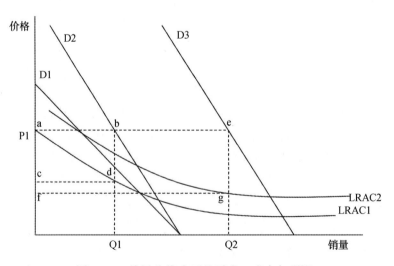

图 5-1　差异化战略下的需求、成本与利润

　　Gareth J. 与 John B. ① 则是从成本结构出发，来得出两种竞争战略结合的收益。他们将成本分为制造成本与交易成本，企业的竞争战略安排将深刻影响两种成本在总成本中的结构。交易成本由产品与服务在市场交易活动中的谈判成本、监测成本与执行成本组成，主要来自产品模糊性（Performance Ambiguity）、机会主义（Opportunism）与资产专用性（Asset Specificity）。差异化战略要求企业提供复杂性更强的产品与服务，必然降低消费者对产品与服务价值性的判断。企业需要支付更高的营销成本来降低产品与服务价值传导过程中的信息模糊与不对称现象，并为其提供系列化的相关产品与服务来促成商品功能发挥的系统性。另外，对多组消费群体提供差异化的服务，也增加了企业对专用性资产投资的依赖。因此，差异化战略将导致交易成本的上升。制造成本是实行总成本领先战略的企业的主要成本类型，企业通过谋求规模经济与范围经济来实现大规模生产的低成本水平。由于规模经济与范围经济将能显著降低制造成本，如果制造成本降低幅度小于差异化战略所导致的交易成本的上升幅度，那么企业就获得了更低的成本。

　　图 5-2 表现了两种成本结构的调整与总成本水平之间的关系，其中 C 点为企业平均总成本曲线的最低点。当企业只考虑规模经济而采取制造成本最低的 Q2 为产量时，由于产品范围与市场范围的扩大，交易成本非常高，从而导致总成本水平高于 C。当企业只考虑交易成本最小化而大幅度缩小服务范围，由于规模经济的缺位而导致制造成本的高昂，使总成本水平也高于 C。只有企业平衡交易成本与制造成本，将产量设置为 Q1 时，总成本才达到最低（C点）。当企业实行总成本领先战略时，ATRC 曲线会向下方移动，从而形成更低的 APC 曲线。当企业实行差异化战略时，ATRC 曲线会向上方移动，从而形成更高的 ATC 曲线。此外，差异化程度的不同也将影响到 ATRC 曲线的倾斜程度，进而改变两种成本的最优结构比。如果企业将两种战略结合，形成介于总成本领先战略与差异化战略之间的 ATRC 与更平缓的 ATC 曲线，那么也将获得介于两种战

　　①　Gareth R. Jones, John E Butler, "Costs, Revenue and Business-Level Strategy", *Academy of Management Review*, Vol. 13, No. 2, 1988, pp. 202 – 213.

略之间的成本水平与销量规模，既实现了一定程度的差异化，也实现了一定程度的低成本大规模生产。虽然销量低于总成本领先战略，但总成本也显著低于差异化战略，从而获得了最大化的企业绩效。

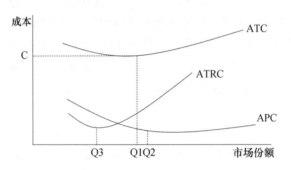

图 5 - 2　交易成本、制造成本与生产/市场选择

在成本、收益模型推导来构建两种战略结合的理论基础上，学者们认为企业的竞争战略结合不仅具有可行性，还具有必要性，从而建立了竞争战略的维度观，打破战略之间的独立性，为战略组合提供新的切入点。Miller 与 Dess[1] 将战略实施广度分为宽与窄两种，并于总成本领先、差异化战略进行结合，总结出宽广度下的差异化战略、总成本领先战略、差异化与总成本领先战略结合，窄广度下的差异化战略、总成本领先战略、差异化与总成本领先战略结合，以及中间战略七种战略模式，并提出不应将波特的三大竞争战略完全限定为独立战略，而是应视作竞争战略的三种维度，企业根据战略需要进行维度上的结合。我国学者顾天辉等（2004）也提出了竞争战略的维度概念，认为竞争战略可理解为成本控制与差异化之间不同程度的结合，总成本领先与差异化这两种基本竞争战略也可以拆解开来，从而形成以下五种竞争战略：低成本与低差异化的廉价战略、低成本与平均差异化的总成本领先战略、兼顾低成本与较高

①　Miller A. , G. Dess, "Assessing Porter's (1980) Model in Terms of its Generalizability Accuracy and Simplicity", *Journal of Management Studies*, Vol. 30, No. 4, 1993, pp. 553 - 585.

差异化的整合竞争战略、平均成本与高差异化的差异化战略、高成本与高差异化的极端差异化战略。① 竞争战略的维度观实际上是打破波特的基本竞争战略的固定范式，将战略的关键要素解构出来，企业可以根据解构出的关键要素，拼凑出适合他们的具体竞争战略。

二　战略结合的现实可行性分析

不过，战略结合的理论基础在现实中转化为可操作性战略的难度较大，所提出的一些理论要求往往在现实操作中存在困难，主要表现为对差异化战略的引入在实现规模经济、范围经济与学习效应时所产生的冲突与难题。

规模经济是指在一定的生产规模范围内，当长期平均总成本随着产量的增加而减少时，就存在规模经济，表现为边际成本小于平均成本。② 生产规模越大，企业的成本水平也越低。一般而言，企业的专业化程度的提高将带来规模经济。然而随着企业规模的扩大，企业间协调成本逐渐提升，从而使企业由规模经济转为规模不经济。范围经济是一种企业多元化经营而产生的成本节约现象，是指当企业同时生产多种产品时的每种产品平均成本低于分别生产每种产品时的每种产品平均成本的经营状况。当企业能够同时实现规模经济与范围经济时，表现为企业生产多种产品，比多个独资生产每种产品的企业的总产出水平更高，而单位成本水平更低。③ 学习效应是指专业人员在企业运营过程中由于积累的知识与能力的增加而降低了企业长期的成本水平。学习效应分组织内学习效应与组织间学习效应，组织内学习效应是企业异质性能力在组织内的传播与共享，并推动企业在设计、研发、生产、服务等各领域竞争力的提高。组织间学习效应主要来自集群间学习，企业随着产业集群的成

---

① 曾凡琴、霍国庆：《"夹在中间悖论"研究》，《南开管理评论》2006年第3期。
② 曼昆：《经济学原理：微观经济学》，北京大学出版社2012年版，第277页。
③ 徐斌：《规模经济、范围经济与企业一体化选择——基于新古典经济学的解释》，《云南财经大学学报》2010年第2期。

长而获得集群内部的知识转移与共享。① 要实现规模经济、范围经济与学习效应，则对企业的生产规模、生产范围以及与产业集群化发展程度要求很高，而以上因素皆建立在企业大规模生产的基础上。

从实现规模经济与范围经济的角度看，企业需要较大的市场份额来降低实现规模经济的难度，需要更为明晰的业务关系与客户关系来降低实现范围经济的难度。然而，将差异化战略与总成本领先战略进行结合所带来的产品复杂性问题所导致的生产成本的上升将提高规模经济门槛，由于更为不明晰的业务关系与客户关系而使业务部门间协调、企业与顾客服务关系间协调等交易成本上升将增加范围经济的实现难度。从市场结构上来看，寡头市场并不适合总成本战略的引入，因为在差异化空间较大的市场，寡头之间的竞争表现为非价格竞争，企业难以通过成本控制来实现一定程度的价格竞争。从学习效应角度来看，差异化战略要求价值竞争，企业必须具有能把握消费者特殊需求的创新能力，包括技术创新与商业模式创新等。然而，学者们发现，非集群学习效应是提升企业创新能力的关键因素，② 而集群学习效应则更多通过集群效率提升来提高集群绩效，在降低生产成本和产业链合作成本方面更具效果，在提供创新效应方面则相对不足。如果企业坚持总成本领新战略，可以最大化集群学习效应，充分利用产业集群发展下生产成本的递减优势。然而，差异化战略引入将降低产业集群间学习效应对企业成长的实际作用。企业需要更多通过组织内学习效应推动创新以实现价值叠加，包括企业自身管理与研发体制的改革以及与产业集群外的组织构筑知识转移与成果共享的合作框架等。③ 因此，差异化战略使企业面临构筑学习效应的高成本风险。

---

① 刘霞、陈建军：《产业集群成长的组织间学习效应研究》，《科研管理》2012 年第 4 期。

② Bathelt H.，Malmberg，A.，Maskell P.，"Clusters and Knowledge：Local Buzz Global Pipelines and the Process of Knowledge Creation"，*Progress in Human Geography*，Vol. 28，No. 1，2004，pp. 31 - 56.

③ 张远征、骆品亮：《具有学习效应的虚拟研发组织的激励效率分析》，《复旦学报》（自然科学版）2005 年第 44 卷第 2 期。

综上所述，可以看到战略结合现实性的几个难题。（1）竞争战略中的差异化属性所带来的业务性质变化会提升企业获得规模经济与范围经济的难度；（2）差异化较高的市场本身可能存在相对较低的市场规模，差异化领域内的寡头竞争市场又不适合总成本领先战略的引入，使企业处于两难之中；（3）产业集群的学习效应能为总成本领先战略提供成本削减功能，却难以为差异化战略提供足够的创新。因此，成功实施战略结合的现实前提是存在并非以价格竞争为主的分散市场（fragmented markets），同时该分散市场具有较大规模的市场需求与未来成长空间。而满足这一现实前提的市场形态主要体现为以下两种。

（1）快速发展并具有一定差异化需求特征的新兴产业，使产业并不以价格竞争为主，且较大的市场发展潜力能为企业提供实现规模经济与范围经济的空间的市场规模条件与学习效应。

（2）发生重大科技进步的差异化成熟产业，为寡头厂商提供全新的发展空间，从而产生新的范围经济、规模经济与学习效应。

不过需要注意的是，以上的学习效应主要功能是新产业发展过程中推动边际成本递减。在获得知识之前，企业仍然需要投入高成本构建创新性学习效应。不过，在新知识的流动与传播变得愈加成熟后，学习效应自然也会推进创新的进一步深化。

不管如何，无论是新兴产业还是发生重大科技的差异化成熟产业，都表明了新业务领域对实现战略结合的重要性。于是，"价值创新"战略成为实现战略结合的一种现实性战略模式，[1] 通过对新兴产业的创造或者是对成熟产业的突破性的创新，在新发掘出的市场发展空间内实现总成本领先与差异化战略的结合。[2] 从产业生命周期来看，新产业随着经济、社会与技术的进步而不断出现。企业如果具有进入新产业导入期的战略能力，就能享受不同新产业导入期所带来的低成本与差异化战略的结合效应。然而，从宏观产业发展

---

① Kim W. C. , Mauborgne R. , "Value Innovation: The Strategic Logic of High Growth", *Harvard Business Review*, Vol. 75, No. 1, 1997, p. 102.

② 芮明杰、李想：《差异化、成本领先和价值创新——企业竞争优势的一个经济学解释》，《财经问题研究》2007 年第 1 期。

状况来看，新产业的出现在波特理论体系内属于机会要素，具有偶然性甚至投机性，且新产业所需的高额先期固定成本及无法保证的成本控制预期使新产业扩展并不能作为企业实现战略结合的常规战略，因而结合战略的现实性难题的解决仍然需要以差异化产品实现规模经济、范围经济与学习效应为基础，来考虑其他解决途径。

三　战略结合的促进因素

不过，战略结合的现实性难题随着时代的发展日益弱化。或者说，战略结合本身也是时代特征对企业竞争战略提出的时代要求。电子信息技术、组织结构、产业链与消费结构的深刻变化，从不同角度化解企业在规模经济、范围经济与学习效应困境，并提供了制定与实施常规性结合战略（除发展新业务领域之外）的可能性。

（一）电子信息技术的发展

首先，电子信息技术的发展为企业提供追求低成本差异化的可选路径。如对计算机辅助设计技术的采用与改善，来降低新产品的设计成本与研发效率，并有效降低修改现有产品或增加新差异化特征的成本。其次，电子信息技术对生产制造系统的改良，使企业能够采取全新的生产制造流程来实现低成本的差异化产品生产，从而降低规模经济与范围经济门槛。例如，依托电控技术与机器人技术搭建柔性制造生产体系，将单品种、大批量的生产方式转变为多品种、小批量、快速调整的生产方式，通过增加生产灵活性与搭配性来实现规模经济与范围经济。① 再次，信息技术的发展催生新型服务方式与信息反馈方式，从而为企业提供新的低成本差异化实现路径。如由互联网技术而日渐成熟的电子商务营销服务模式，提供网上交易、支付与信息服务。企业能采用网络信息的互相交流与反馈提供定制服务等营销服务方式增加差异化，并根据网络数据增加柔

---

① 许正良、冯小东、陈太博：《制造柔性概念困惑辨析及关系模型构建》，《中国软科学》2014 年第 3 期。

性生产体系管理以进一步降低生产成本。[①] 最后，网络平台上的信息高速流通，加速了知识的转移与积累，为企业低成本获取创新性学习效应提供支持。

（二）组织结构与产业链布局转变

随着全球化进程的加快，国家间、区域间、产业间的差距逐渐缩小，企业打开"黑箱"结构，开始在更广泛的领域追求资源的优化配置，从而推动了跨区域、跨集群的组织间合作，与企业价值链、产业链布局方式的转变，其中最典型的是企业组织结构扁平化与外包模式的形成。为适应广泛性的资源优化，企业管理结构开始由科层制结构转变为水平结构以促进企业组织边界的扩张。同时为更有效利用各区域优势禀赋资源，企业之间开始建立以业务为单位的对外合作关系，从而深刻改变了产业链布局。组织结构水平化带来企业决策机制的多元化，使企业在规划竞争战略上具备了结合多种战略的灵活性，且为组织间合作提供边界嵌合基础。产业链布局的转变改变了成本分担结构，企业能选择合适的产业链融入方式来构建合适的成本分担结构，以实现战略结合。[②] 另外，组织结构与产业链布局所带来的区域间的横向与纵向合作强化了集群外的学习效应，各国间、各产业间的战略同盟与研发合作的深度与广度继续深化，为企业提供更优异的创新性学习效应。

（三）消费结构的转变

如前文所述，消费者二元结构随着日本经济发展水平的提高而逐渐消失，这种变化适用于全世界大部分新兴经济体市场。随着中产阶级群体的扩大，价格敏感型与价值敏感型消费者逐渐相互融合，形成了更倚重于低成本差异化产品的消费结构。跨国公司全球化的品牌培养，对这一变化也推波助澜。对于发达经济体市场，消费结构的转变主要体现为随着产品内在属性复杂性的提升，由单一

---

① 徐万里、吴美洁、黄俊源：《成本领先与差异化战略并行实施研究》，《软科学》2013 年第 10 期。

② 杜龙政、汪延明、李石：《产业链治理架构及其基本模式研究》，《中国工业经济》2010 年第 3 期。

产品所构成的消费结构向追求功能集成产品转变，从而使一些廉价属性的产品被要求更高的差异化，一些差异化属性的产品被要求更为大众化。以上消费结构的变化降低了各相关市场中的价格敏感度，提高了差异化产品的需求规模，为企业实施结合战略提供了需求基础。

第二节　模块化战略转变：战略结合的主要形式

自 20 世纪末以来，欧美企业成功寻找到了一条解决差异化战略与实现规模经济、范围经济与学习效应难题的途径，这种途径不局限于开拓新产业或实现价值创新，而是从企业价值链、产业链角度出发，构建了一种实现价值分散与集聚的全新战略模式，并成为 20 世纪末以来最为成功的一种结合战略形式，这就是模块化战略。欧美企业的模块化战略极大冲击了独立实施总成本领先或差异化战略的日本制造业企业，并迫使后者也于 21 世纪以来按照模块化战略展开了深刻的竞争战略转变。不同的是，以丰田为代表的日本汽车企业展开模块化战略的时间点与欧美相对一致，并发展出独具特色的模块化战略模式。而日本电子企业在模块化战略的实施上更为被动，更多将其作为一种市场适应性战略采纳，不过其实施方式也受诸多传统因素影响而颇具特色。

一　模块化战略的概念

模块化是 20 世纪 80—90 年代以来兴起于欧美制造业企业的全新理念。模块化本身是一种标准化形式，是与分工经济相联系的经济现象，更强调科学的、系统性的分工布局。"模块"是指多个半自律性的子系统按照一定规律相互关联构成更加复杂的系统或过程。[①] 将一个复杂的系统或过程按照一定规则分解为各组子系统的

①　[日]青木昌彦、安藤晴彦：《模块时代：新产业结构的本质》，上海远东出版社2003 年版，第 5 页。

过程称为"模块分解化"；按照某种规则将子系统组合构成新的系统或过程称为"模块集中化"，"模块分解化"与"模块集中化"相结合成为"模块化"的基本内涵，即系统的分解与组合。在模块集中的过程中，必须存在界定模块集中的方式，即模块之间耦合的对接方式、逻辑安排与规则构建，称为"接口"。

　　制造业模块化理念首先源于产品模块化。产品的传统构架为磨合型，产品的功能和整体性能依赖于各零部件系统性的内部集成。产品模块化是指企业根据模块分解与模块集中原则对产品结构进行解构式的设计，将传统的零部件集成式、构架封闭式的磨合型结构改为由多种半自律性质的零部件模块或模组根据一定规则组成。通过产品结构的解构后，企业只需独立生产各零部件模块或模组，并根据各模块或模组之间的开放式接合规则进行组装，就完成了产品生产过程中的"模块集中化"过程，实现了对产品的模块化生产。①

　　产品模块化理念来源的根本在于随着技术发展与信息的不断流通，企业组织间的交易成本大大降低，促成了企业外部分工经济的成型。② 外包、战略联盟等分工经济形式逐步诞生，并随着产品模块化的大规模运用，推动企业为实现进一步的分工经济而将模块化改革深入组织结构层次。在企业结构模块化过程中，"模块分解化"是指将企业分解为管理中枢和多个独立部门，一个部门可被视为一个"模块"，每个部门独立负责不同的任务；"模块集中化"则是指各部门达成的效能通过企业管理中枢的整合和协调转化为企业整体的运营能力。"接口"则是指企业为水平组织之间业务联系、合作往来的管理体系，以及为任务分工所设置的组织间协同方式与规则安排。经过模块化改革后的企业结构具备了以下特征。第一，企业各单元具备了更强的独立性与自由性，因而可以独自培养或发挥资源与能力。第二，企业纵向解构形成横向单元组织，具有天然的外部合作性。随着模块化与全球化的融合，模块化的分解可以不再局

---

　　① 崔健、陈庭翰：《日本主要电子企业生产经营战略性转变分析》，《现代日本经济》2016 年第 5 期。

　　② 徐宏玲、颜安、潘旭明、马胜：《模块化组织与大型企业基因重组》，《中国工业经济》2005 年第 6 期。

限于企业内部的部门，而是涵盖与企业建立合作关系的外部组织与机构。第三，独立单元自成体系，降低了对上级管控的依赖，也不存在依附于单元上的冗乱下级结构，因而具有更高的灵活性。企业能够以更低的成本和更快的速度将单元部署在全球范围存在优势禀赋的区域。

可以看出，模块本质在于工序的自由重组与抽象独立联系，来源于企业价值链的重组，因而也被称为价值模块。① 随着技术不断进步和社会分工的不断细化，企业价值链活动出现的增值现象越来越多，从而推动企业价值链的重组，而价值模块成为企业实现价值链重组的具体单元，因而可以说价值模块承载着企业的资源与能力，主要包括知识与信息，而这两个元素正是价值的主要组成部分。模块化产业链中的模块分解与组合的过程本质上是对价值的分散与集聚，即一种价值转移的过程。价值转移是指收益率与市场价值随着外部环境的改变，在产业间、产业内、企业间、企业内等层面相互转移的过程。② 每个企业参与到模块化产业链的分解与整合，是追求价值向己方的转移，即通过价值的分散来获得更高价值的集聚。因此各企业根据自身的资源与能力，在广泛联系的模块化网状产业链中的价值流动进行指引、分配与争夺，并采取不同的模块化战略来实现价值集聚的最大化。

二 模块化战略模式

正因为各企业在产业链内的竞争表现为知识与信息的竞争，③企业根据自身所掌握的由知识与信息所组成的资源与能力决定扮演何种角色、以何种方式或提供何种功能来参与到网状结构的模块化分工产业链条中，从而形成模块化战略模式。企业可以选择成为模块集成商，自己掌握核心模块，制定可视化的系统规则设计，将产

---

① 张治栋、韩康：《模块化：系统结构与竞争优势》，《中国工业经济》2006 年第 3 期。

② 朱瑞博：《价值模块的虚拟再整合：以 IC 产业为例》，《中国工业经济》2004 年第 1 期。

③ 韩晶、佛力：《基于模块化的中国制造业发展战略研究》，《科技进步与对策》2009 年第 26 卷第 19 期。

品的研发、设计与制造等任务通过模块化逻辑处理后并分解外包给外部合作伙伴，自己负责最终产品的整合工作及后续的售后服务环节。企业也可以选择成为模块供应商，通过有限的具有异质性或者比较优势禀赋的资源与能力参与到模块化产业链中的垂直分工体系中。[①] 企业也可以同时成为模块集成商或者模块供应商，在某领域承担模块集成者，在其他领域承担模块的供应者。

选择做模块集成商的企业首先必须具备核心模块与可视化系统规则设计的能力。核心模块决定产品的性质与最关键的性能，能够实现价值创造。可视化的系统规则设计虽然需要公开，然而系统规则设计具有开创性与引导性，在产业广泛接受而形成新的产业标准后具有很强的价值集聚效果。在实现对核心模块与系统规则设计后，模块集成商获得了价值集聚的能力，接下来是引入价值分散过程，将非核心模块的设计与制造作为可分散价值投入模块化产业链的价值流动循环内，最终实现价值分散与集聚的全过程。为强调价值分散的流动性与价值集聚的排他性，模块集成商对模块的"接口"和"内核"两个部分进行泾渭分明的差别对待，对接口部分的技术标准和规格实行开放，对内核部分进行彻底的封闭。这也被称为"开放与封闭"的战略，是模块集成商的主要战略。[②] 这种模块集成商战略能成功追求价格竞争与价值竞争的统一：将关键技术、规则设计与售后服务作为主要业务以实现差异化优势；将制造生产等低价值附加环节交由全球化下的模块化产业链内合作机制负责以实现低成本化，因此成为一种典型的总成本领先战略与差异化战略的组合战略。后来，一些企业将价值集聚范围进一步凝缩，将模块的整合环节也全盘外包，自身只负责研发设计与服务，典型案例为无晶圆厂模式（Fabless）。

模块供应商则是以外包订单承接者的角色融入模块化产业链体

---

① 鲁利民：《企业的整合与分化：从一体化到模块化生产组织方式变迁的经济逻辑》，博士学位论文，西南财经大学，2012 年。

② 经济产业省商务情报政策局：《情报经济革新战略：~情报通信コストの劇的低减を前提とした複合新産業の創出と社会システム構造の改革~》，http://home. jeita. or. jp/，2021 年 4 月 30 日访问。

系内，实现价值集聚的方式是对模块化产业链中分散出的价值进行争夺。一般来说，大部分的外包订单为劳动密集属性的外围模块或组装工序，因而模块供应商主要是具备低成本生产能力的新兴经济体制造业企业。由于是对分散价值进行争夺而不具备价值创造能力，模块供应商只能获得较少的价值集聚。并且由于分工的固定化与模块集成商对高价值模块相关知识与信息的封锁，模块供应商遭遇了严重的"低端锁定"① 问题，难以在价值链中进行攀升。不过随着模块集成商对价值集聚范围界定的缩小，越来越多的价值被分散，从而为模块供应商提供了一定的价值创造空间。如在模块化早期，只提供低成本生产能力的后发企业被称为原始设备生产商（Original Equipment Manufacturer，OEM），后来随着部分产品研发设计与服务也加入下包体系，部分原始设备生产商具备承担部分产品的设计与研发任务，从而转型为原始设备制造商（Original Design Manufacturer，ODM），部分企业承担设计研发、生产与维修、物流等售后服务，形成电子服务制造商（Electronic Manufacturing Services，EMS）等企业形态。

不过，并非所有分散出的价值都来自低价值模块，模块集成商也难以掌握所有高价值模块的研发技术，一些对模块产品具有核心功能的模块研发企业同样扮演模块供应商这一角色来攫取该领域的价值。这类模块供应商的知识与信息集聚于高技术制造领域，提供高价值模块或与之相关的高精密的代工服务。这类模块供应商也更可能实施模块供应商与模块集成商的结合，一方面将非关键模块外包出去，另一方面承接其他企业的高价值附加的外包订单。

三　模块化战略实现规模经济、范围经济与学习效应的途径

从具体战略模式来看模块化战略具有清晰的战略结合能力：使原本内部化的生产成本问题能通过外部解决，从而实现非核心流程的低成本化；通过对核心知识与技术进行"黑箱"化处理以实现差异化。不过，从如何在差异化基础上实现规模经济、范围经济与学

---

① 丁宋涛、刘厚俊：《垂直分工演变、价值链重构与"低端锁定"突破——基于全球价值链治理的视角》，《审计与经济研究》2013 年第 5 期。

习效应这一理论分析角度出发，能够厘清模块化战略对战略结合现实性问题的解决逻辑，并更深层次地解释了模块化战略为何能成为一种成功的结合战略。

首先，模块化战略为实现规模经济提供了两种途径。其一是专注途径，模块化企业根据自身的知识领域，专注于网状模块化产业链内的某种模块的生产以实现规模经济。由于模块产业链互相联结，企业只需实现自身生产领域的规模经济，就等同于获得了所经营产品的规模经济。其二是转嫁途径，模块化企业以外包方式将各模块生产与模组间整合工序转移给合作伙伴，完成生产风险向契约缔结方的转嫁，使后者承担实现规模经济的风险。

其次，模块化战略为范围经济提供了新的表现形式：替代经济。范围经济对于传统企业的大规模纵向一体化生产体系非常必要，多品种生产实现边际成本递减是企业实现多品种生产扩大化的基础。然而在模块化战略下，模块化网状产业链替代企业的垂直结构，为企业提供外部性的多品种服务，因而企业无须通过对内部化结构的优化来追求组织内的范围经济。更重要的是，由于模块化结构决定了产品的创新对象为特定的模块或模组，而无须涉及整个产品构架。因此企业在创新过程中可以保留大部分原有模块或结构，而只对部分组建进行替换或破坏，从而实现替代经济。[1] 在模块化战略下，替代经济日益明显，成为范围经济的另一种表现方式，使企业能够更容易实现范围经济。

最后，模块化战略也能够满足企业学习效应的要求。一方面，由于范围经济的易于实现以及规模经济风险的易于转嫁，企业能够将更多资源投入异质性资源与能力的构建，包括核心能力的构建与动态能力的培养。因此，高成本的创新性学习效应构建与总体竞争战略不再产生冲突。另一方面，由于合作关系与合作层次对于产业链流畅运行至关重要，因而模块化产业链强调企业间"面对面"合

---

① 王相林：《企业组织模块化的经济分析》，博士学位论文，厦门大学，2007 年，第 127—129 页。

作而使企业间竞争关系向竞争合作关系转化,[①] 从而显著降低了市场交易中的"逆向选择"与"道德祸因"。[②] 企业间主动性的深度合作与频繁交流强化了企业之间实现知识转移与互补的主动性,使无论是一般知识的组织外学习效应还是关系设计研发等前端高价值活动的创新效应都显著增强了。

四　模块化战略下产业价值链、微笑曲线的表现形式

产业链分为产品的设计研发、零部件供应、产品组装、营销与售后服务五个主要链节。每个链节由于技术、资本密集程度而必然产生不同的价值,而这种产业链节间价值分配格局被称作产业价值链。[③] 微笑曲线是表现产业价值链中价值分配不均衡的曲线,最早由宏碁董事长施振荣提出。微笑曲线是沿着产业价值链中各链节价值分配形成类似微笑的曲线形式,曲线两端代表研发与营销服务环节,中间代表装配制造环节。微笑曲线越陡峭说明产业价值链分配不均衡的程度越严重。[④]

在模块化战略之前,垂直一体化战略是制造业企业主要的竞争战略,企业通过前向与后向一体化确保在各个环节的控制力,每个环节的价值分配的不均衡程度也相对较低。随着全球化分工经济的发展,企业间的分工也沿着产业链之间形成了前后顺序关联的、横向延伸、纵向有序的体系,加剧了产业价值分配不均衡格局。不过,微笑曲线最终走向陡峭则是模块化战略对产业价值链的深远影响,同时也是模块化战略作为结合战略的另一种表现。在垂直一体化下,分工经济更多表现为环节之间的合作,而模块化战略则进一步缩紧企业边界,每个环节都依据价值集聚能力进一步细化分工层

[①] 王瑜、任浩:《模块化组织价值创新:路径及其演化》,《软科学》2014 年第 35 卷第 1 期。

[②] 李想:《模块化分工条件下网络状产业链的基本构造与运行机制研究》,博士学位论文,复旦大学,2008 年,第 80 页。

[③] 李平、狄辉:《产业价值链模块化重构的价值决定研究》,《中国工业经济》2006 年第 9 期。

[④] 王茜:《中国制造业是否应向"微笑曲线"两端攀爬——基于与制造业传统强国的比较分析》,《财贸经济》2013 年第 8 期。

次：产品设计环节分为核心、中高价值模块、外围模块三个层次，
零部件供应分为高价值模块、中高价值模块与外围模块三个层次，
产品组装环节分为核心模块整合与最终产品组装两个层次；营销与
售后服务也包括高价值的品牌营销服务于低价值的物流、维修等服
务。这种层次划分实际上是对各环节与流程的价值进行进一步抽
离，增强了设计、生产与服务各环节内部的价值分配不均衡，与环
节之间的价值分配不均衡。最终，模块化产业价值链的微笑曲线比
垂直一体化产业的微笑曲线表现得更为显著陡峭，模块化企业成功
攫取了高价值与低成本的双重竞争优势（见图 5 - 3）。

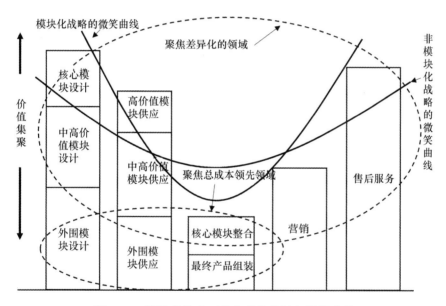

图 5 - 3　模块化战略下的产业价值链与微笑曲线

五　欧美企业模块化战略的实施状况

不同的制造行业，欧美企业的模块化具体方式与程度也不同。
在汽车与电子行业里，电子行业的模块化开始得最早，程度也最
深。IBM 作为模块化战略先驱，于 1981 年推出 IBM-PC，首次采用
开放构架，简化电脑本体的零部件复杂程度，并设计包括各类标准
接口的本体基本构架，将图像卡、中央处理器等原件进行外包，而

将软件作为产品的核心模块，决定计算机的性能表现方式与工作能力。为保持这种战略模式，IBM 促成世界范围知识产权法规的改善，使软件成为版权法保护对象，彻底将软件"黑箱"化。① 在这一过程中，扮演承包商角色的新兴经济体企业获得了技术上的提升，但仍然难以填补核心技术领域的空白。高技术企业倚仗核心技术迫使新兴经济体企业与之合作，既节约了生产成本，又获得了知识产权收入，并推动了竞争对手与合作伙伴的同一性，巩固了自身的市场地位。戴尔则将大部分生产制造环节外包，并采取直销形式最大化价格竞争能力。在模块整合环节采取按单生产，依靠成熟的物流体系实现低存货、短交货时间来实现一定程度的差异化服务，并聚焦产品设计改进以及产品的定制服务、无条件退货等售前售后服务的创新来进一步提升服务差异化程度。苹果则是无晶圆厂的典型代表之一，全部生产工序，包括组装工序都进行外包，自己控制产品设计、核心技术与销售服务体系。欧美汽车行业的模块化的先驱是大众集团，大众于 1993 年开始实施"共享平台"战略，将 20 多个独立生产平台削减去 3/4。2007 年推出纵置发动机平台，生产奥迪旗下产品，② 2012 年实施 MQB 模块化平台，用于小型 Polo 到中型 Passat 的生产，最终形成四大模块化生产平台体系。③ 欧美汽车企业模块化更多体现为供应商体系的模块化，即供应商承接整车企业相关零部件的系统性的设计、研发与生产。同时随着模块化水平的提升，零部件的系统性增强，逐渐表现为零部件数量的减少与大型零部件模块的产生。在这种模块化战略下，欧美车企主要承担汽车的整体设计、核心零部件研发与生产、整车组装以及销售服务，大量零部件相关的设计、研发、生产成本被转嫁到各级供应商头上。④

---

① ［日］青木昌彦、安藤晴彦：《模块时代：新产业结构的本质》，上海远东出版社 2003 年版，第 96 页。

② 尹小平、孙小明：《丰田公司模块化生产网络中信息生态系统的形成条件与机制》，《现代日本经济》2017 年第 1 期。

③ 康文：《大众集团的模块化战略和扩张之路》，《汽车与配件》2013 年第 7 期。

④ 林季红：《模块化生产与全球汽车业零整关系的演变》，《世界经济研究》2013 年第 7 期。

提供高价值模块的模块供应商的代表是英特尔公司，它的高价值模块为处理器、晶体管。英特尔的中央处理芯片在个人计算机与服务器领域处于垄断地位，所有生产相关产品的模块化企业都依赖于英特尔提供产品。2013年后，英特尔进入芯片代工领域，为其他企业提供代工服务。由于不存在外包业务，英特尔的企业构架也仍然保持垂直一体化结构，是欧美主要电子企业中的另类。不过由于技术风格不符合迅速膨胀的移动芯片市场，同时对Altera收购案而使最主要的外包关系也转变为内部化的纵向体系关系，英特尔遭遇前所未有的危机，被迫收缩代工服务并策划外包战略，寻求模块化改革。

总之，欧美企业依靠模块化战略利用了信息技术革命，以价值链与产业链在全球范围的深度融合实现了差异化产品对区域化的冲破与对高成本结构的束缚，在全球范围构成了大量的需求与低成本的批量生产，从而实现了总成本领先于差异化战略之间的结合。

第三节 日本汽车企业的模块化战略转型

日本制造业企业的代表：汽车企业与电子企业在实施模块化战略上存在诸多差异，这种差异代表了日本整体制造业企业竞争战略在面向模块化方向调整时的两种表现。汽车企业的模块化战略实施时间更早，且实施过程较为顺畅，而电子企业在全球性模块化体系已成熟后才确立模块化战略，在战略策划与实施中面临更多阻碍。

日本汽车企业向模块化战略调整的时间大多起始于20世纪90年代末并于21世纪初逐渐成为企业主要竞争战略之一，是在2001年以来巩固企业竞争优势的关键性的竞争战略。从时间点上看，日本汽车企业模块化战略主要表现为主动性战略，并成为全球汽车模块化战略模式发展的主要推动力与指引方，究其原因主要是两点：一是汽车作为整体调试性重要性较高的复杂制造产品，在向模块化发展中，由磨合型向模块型的发展需要长期的过程，因而为长于磨合型产品的日本汽车企业提供了更缓和的过渡期，从而增强了后者改革的动力；二是日本企业的基于核心能力构筑的多层供应链体系本身就具有模块结构的特征，"主查制"①下的零部件供应商根据确认图纸方式拟定产品的结构，从而形成了物理的独立性模块构架，构成了日本汽车企业初期的模块化特征。②因此，基于供应商体系的模块化深化就能为日本汽车企业流畅实施模块化战略提供了有效路径，使后者能够较电子企业更易展开模块化战略。在推动模块化战略转型时，传统的强调垂直领导与整体协调的企业制度赋予了日本汽车企业的更强调模块整合步骤的特色模块化战略方式，不仅表现在企业模块构架上更重视对模块间结合组织的设置，且更重视在模块化供应商网络建立更高层次的利益共同体以实现每个模块的运作效率。丰田作为日本汽车企业模块化战略改革的经典案例，都表现出以上特征，因此下面将对丰田进行详细的案例分析。

一 "超模块化"的丰田模块化战略

丰田于 20 世纪 90 年代末着手模块化战略布局，是日本汽车企业率先实施模块化的代表。丰田原本的设计、研发体系设置有 16 个纵向工程部与 15 个横向开发项目组，组成一个 15×16 的巨大矩阵。研发工作采取项目导向制，上级为研发部门确立研发项目，各工程部与开发项目组被分派至不同项目组下，进行窄维度内的开发研究。同时，大量项目研发工作又由不同项目组的工程师共同承担，导致每个工程师所负责的项目数量多且复杂。主任工程师负责协调 12 个工程部和多达 48 个二级工程技术部门的工作。这种设计研发体系虽然具有模块单元的分立结构，但本质上仍然是垂直体系，主管人员对整个研发体系进行纵向的惯例与协调，研发人员则根据上级的研发命令，进行详细指定的研究工作，并不具备任何独立性与自由性。1992 年丰田对研发体系进行重新拆分整合，成为实施模块化战略的雏形。丰田

---

① 主查制是指企业设立一名总工程师为车型相关工作的核心负责人，一种车型从开发到制造等所有流程的工作都听从主查的指挥并对主查负责。主查负责各部门的协调、任务安排等各层次的工作，直接决定一种车型的成功与否。

② 郝斌：《模块化创新企业间的价值吸收——以丰田汽车公司为例的分析》，《科学学研究》2011 年第 1 期。

将16个工程部进行拆分，以平台原则与技术共享原则重组成立了三个商品开发中心，第一、第二中心分别负责后轮驱动、前轮驱动的平台性研发，第三中心负责功能性和轻型卡车的平台性研发。解构整合后，每个开发中心内部单元设置精减至5个工程部与1个规划部，且每个中心同期的新产品开发项目数减少到了5个。新的研发体系强调平台研发单位间的独立性与平台研发单元内的资源共享性，形成了初期的模块化解构下的新的研发体系。研发人员能够从详细指定的上级研发命令转变为针对某一平台的研发方向与理念进行自由的研发工作。每个中心还分别设立规划部，增强每个开发中心的独立规划能力与地位。后来，丰田设立第四中心，标志着模块化战略在研发体系中的完善。丰田将研究与高级开发集团（RAD）重组为负责零部件及分总成开发的第四中心，将三个商品中心中从事通用零部件和分总成①开发及生产制造流程开发的相关人员调至第四中心，从而形成了前三个商品中心负责专门定制或者需要进行模块间调试工作的零部件与相关项目研发工作，第四中心则专门负责研发通用性及前沿性零部件的研发工作分配格局。②

这样，丰田设计研发体系的特定研发与通用研发分工结构正式确立，前三个商品中心虽然并不负责通用性模块的研发，但更趋向于平台化的独立研发，一方面负责增强企业技术基础研发能力，为通用模组研发工作提供知识积累，另一方面具有研发成果集成化的特征，所获得的研发成果以平台为单位，具有零部件集成、技术集成特征，能够形成半自律性模块成型的基础，更有利于新产品模块化体系的构建。更加重要的是，第四中心由于负责所有通用模块研发，因而前三个商品中心都将需要的通用项目汇报至第四中心，从而赋予了第四中心整体协调的作用。丰田更是主动为第四中心设立"跨领域系统项目"，调任来自不同技术领域的技术人员，为不同中心的不同研发要求采取跨领域的协调。具备整体观的第四中心，不仅局限于独立性的完成，各种通用项目的开发，更能够从全局出

---

① "分总成"是零部件术语，指汽车发动机的本体。
② 王凤彬、李东红、张婷婷、杨阳：《产品开发组织超模块化及其对创新的影响——以丰田汽车为案例的研究》，《中国工业经济》2011年第2期。

发，综合三个商品中心对通用模块的不同需求，提供更具泛用性与效率性的通用模组。因此，从"模块分解化"角度来看，丰田研发体系的模块化战略对任务模块进行了灵活性的分割与调整，各任务模组具备了独立性与自由性。从"模块集中化"角度来看，丰田则通过第四中心的设置规则，建立了能够统筹全局的界面规则，杜绝各任务模组的松散耦合性，形成具有整体策划路线的模组接合方式。

丰田的以上模块化战略在第一代普锐斯研发上实现了显著的战略效果，普锐斯项目负责人内山田武也进一步完善研发体系上的模块化战略。内山田武在研发普锐斯期间，首先创立"大部屋"制，打破丰田既定的规划、设计、研发、制造程序的纵向流程，将以上流程主要负责人都集中于一间大房屋内，进行跨环节的自由性讨论。项目所有信息集中于房屋内，为各环节负责人提供信息管理功能，然后负责人之间进行面对面直接讨论，履行现场决策功能。①大部屋制使诸环节从企业既定式的纵向流程转化为类似半自律性的独立模块，每个环节的负责人都全程参与到产品整个研发周期中。而房屋会议则是几个模块的连接规则，各负责人的共同决策机制可看作模块化整合过程。后来丰田确立大部屋制为正式制度，与新的四个商品中心研发体系互相结合，形成丰田式的模块化体系。

二　丰田模块化战略的再深化：新全球构架战略

为进一步强化模块化战略的总成本领先与差异化战略组合性质，同时增强低成本与差异化的竞争优势，丰田进一步调整并完善模块化战略。2012 年，丰田首次提出"丰田新全球构架"（Toyota New Global Architecture，TNGA）战略为中长期内的最主要的新战略改革。TNGA 战略是丰田未来动力系统与汽车研发的基础，对丰田的设计、研发和生产体系与流程再次进行了重大的革新，② 包括全新

---

①　［美］杰弗瑞·莱克：《丰田模式：精益制造的 14 项管理原则》，机械工业出版社 2016 年版，第 68—69 页。

②　Automotive World，Toyota New Global Architecture-A New Approach to Car Engineering and Production，http：//www. automotiveworld. com/news-releases/toyota-new-global-archite-cture-new-approach-car-engineering-production/，September 15，2015.

的战略理念以及与之相对应的新设计、研发与生产体系。TNGA 战略机制下的首款车型为新一代普锐斯，并计划于 2020 年覆盖超过一半的丰田产车型。

TNGA 战略理念由质量增强、智慧共享与智能制造三部分组成（见图 5 - 4）。以上三种理念的实现，依赖于新汽车刚性、高效率环保发动机等技术领域以及全新的合理性模块设计、高效可靠的模块化生产体系、新型供应商体系来实现，而新技术研发、供应商体系运作也都需要基于模块化展开。可见，模块化是实现 TNGA 战略理念的主干，也可以说，TNGA 战略本身是模块化战略的再调整。

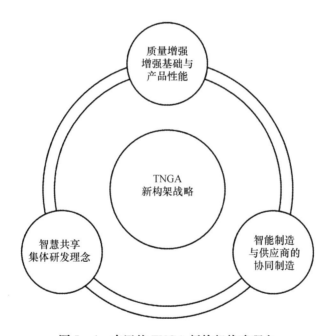

图 5 - 4　丰田的 TNGA 新构架战略理念

模块化深化领域包括企业的产品设计与制造体系。在产品设计方面，丰田计划通过 TNGA 战略将最初的通用零部件比例由 20%—30% 提升到最终的 70%—80%，实现模块化的全方位运用。TNGA 推动模块化程度的重要战略措施是对模块化与本地化结合规则予以确立。这种结合规则将汽车分为基础与差异化两大部分，基础部分指汽车动力总成、变速箱、发动机、底盘系统等关系汽车基础性能部分，差异化部分指汽车内饰系统（interiors）与外饰系统（exteriors），前者主要包括仪表、顶棚、立柱护板、方向盘、安全带、车内照明、车内声学等，后者主要包括车体整体设计、晴雨挡、车门、拉手、挡泥板、喷漆、车灯等。基础部分将进一步推动模块化在零部件通用与资源共享上的作用，在发动机、底盘、动力系统等关键领域实现通用性更强的模块设计。比如，冷却系统集成的发动机依托 TNGA 研发平台研发而出，成功将冷却系统与发动机系统合为一种通用零部件，并将在 TNGA 设计平台上广泛应用于各类车型。差异化部分则负责产品的本地化，向世界各地市场提供符合当地消费者习惯的差异与定制化设计。这部分的部分零部件不强调模块化通用，而是强调差异化功能表达，攫取差异化战略效果。不过，部分具有通用性的零部件也将进一步模块化，比如驾驶员驾驶系统，设计部门将驾驶体验这一项多样化需求量化为几种可通用类型，并按此设计驾驶系统各零部件的通用参数。现在，丰田已经根据驾驶位置、座椅位置、物理状况、运动敏感性、可视性与进出便利性等综合数据制定出五种驾驶系统通用模块参数，可为在髋关节点、身高、体重各异的各类人群提供相似的驾驶体验。这五种模块参数可以与大、中、小车型自由组合，分化为多种标准化设计。

在制造体系方面，TNGA 战略将推动集成化系统的模块化生产体系的构建，通过成熟的生产线配置体系来实现大规模标准化、定制化的生产服务。在 TNGA 战略的要求下，其生产体系围绕简性（simple）、柔性（flexible）与薄性（slim）等特征进行搭建。此外，丰田近年来加快进行全球性部署，保证 TNGA 战略在全球的顺畅实施。2016 年末，丰田中国总经理大西弘致表示丰田将于 2017 年在华部署 TNGA 架构的生产线，将中国纳入新架构战略的价值链与生产结构改革。

对企业供应商体系的调整举措也是 TNGA 战略的重要组成部分。TGNA 战略对供应商体系的调整具体表现为以下四项一致性举措组成（见图 5 - 5）：第一，跨组织边界合作，指丰田与供应商保持跨企业间的现地合作；第二，跨功能合作，指丰田与供应商于策划、采购与生产等领域实现跨功能间的合作；第三，前置调整（front loading），指丰田与供应商在产品开发早期就共同制订出完善的设计方案与工艺流程并付诸实施；第四，成本削减，在进行产品合作设计与开发过程中，界定可能产生的多余成本，并通过对产品结构或工艺流程设计进行即时修正以移除多余成本。

图 5－5　TNGA 战略下的丰田供应商体系的四项一致性举措

TNGA 战略下的供应商体系的四项一致性举措是对 20 世纪丰田所实施的供应商战略中强调企业与供应商之间核心能力层次关系构架路线的进一步深化，集中体现了日本汽车企业对供应商网络利益共同体的建设特征。TNGA 战略对供应商体系深化主要体现为：首先，TNGA 战略将企业与供应商之间的业务合作起始点上升到产品开发早期，从以前的"确认图纸"方式转变为共同研发方式。其次，TNGA 战略要求企业与供应商之间在产品设计、研发、制造、采购等各环节实现跨流程与全周期合作，是将合作的范围从传统的任务发包关系扩大到整个企业价值链活动范围。前置调整与成本削减等战略功能都是基于以上合作维度的提升与扩张。这种供应商体系调整举措与企业模块化战略具有方向的一致性。模块化战略使企业结构由垂直向扁平发展，横向模块构架促进了跨组织边界的合作。TNGA 战略要求供应商与企业的合作平台扩展到产品研发与生产全周期，正是对模块化企业与外部组织强化联系的合理化要求。另外，供应商与企业的合作方式也将以横向合作为主，使供应商本身也成为企业模块化合作框架下的半自律性模块。TNGA 战略还强调企业与供应商之间对产品设计与开发间对不合理成本部分的早期界定与共同排除功能，也表现出丰田式模块化战略中对模块间接合界面规则制定更为倚重的战略特点。因此，TNGA 战略对供应商体系的四项一致性调整措施是推动丰田式模块化战略持续性深化的战略措施。

第四节　日本电子企业的模块化战略转变

与能基本保持与全球模块化发展程度，并在制造业转型升级道路上成功保持并扩大竞争优势的日本汽车产业相反，电子产业是日本制造产业中受模块化等新型全球制造形态严重冲击，并在接下来的战略转型中举步维艰的典型代表。受20世纪70—90年代的成功经验，日本电子企业一直难以摆脱严重的过往路径依赖，仍然维持内部化为主的垂直跨国生产战略与母国本位的内部强化研发战略，依赖对磨合型产品（指产品零部件之间需要反复调试才能发挥作用。与之相对的是模块型产品，零部件之间通过接口需简插接就可使用，不需反复调试）的高效率延续性创新来保持在全球中高端精密电子产品的差异化竞争优势。21世纪以来，模块化战略对电子产业的改变迫使日本电子企业重新审视依靠总成本领先战略的战略惯性与传统差异化战略对维持竞争优势的作用。

就20世纪末企业竞争力严重下滑的现象，日本电子企业于21世纪伊始曾展开集体性的业务重组。日立、索尼、三洋电机纷纷调整整体业务领域，实现企业竞争力的恢复。松下改课部制为项目制，采取单元制生产体系，[①] 并通过剥离、分化与整合步骤将三大传统业务领域分化为四部二十二个分公司。[②] 不过，日本电子企业单元制改革更多局限于流线体系内的生产单元拆分，主要应对多品种的小批量生产，[③] 与欧美模块解构的技术组拆分以及发生于企业整体构架的水平改革有本质区别。这种体制上的调整并未使日本企业实现中长期的绩效好转，随着全球电子企业的整体战略转变，日

---

① 大貝威芳：《日本エレクトロニクス産業のものづくりと国際競争力——松下電器生産方式の変容》，《龍谷大学経営学論集》2004年第44卷第1期。

② 毛蕴诗、高瑞红、汪建成：《日本企业的生存危机与公司重构及其启示》，《管理世界》2003年第8期。

③ 刘晨光、廉洁、李文娟、殷勇：《日本式单元化生产——生产方式在日本的最新发展形态》，《管理评论》2010年第5期。

本电子企业受到了更大的挑战。首先，价格竞争的完全缺位已经无法支撑价值竞争对竞争优势的维持。由于欧美跨国企业从内部化向全球工厂机制的转变①与模块化战略外包体系的建立实现了更低成本的差异化产品生产与组装，从而相对降低了日本电子产品的差异化优势。其次，欧美企业模块化战略下的外围模块参数与模块接合规则公开、技术专利转移与专业指导构建了新兴经济体电子企业对产品硬件通用化与标准化的生产能力，使高于标准化的品质成为过剩品质，这对依赖于高标准硬件技术与质量实现差异化的日本企业来说冲击很大。② 最后，模块化产业链的开放产品构架将生产的价值附加一部分转移至软件产品设计与开发环节，形成欧美在软件开发、产品设计的高端锁定与日本企业在集成电路、元部件领域的中端锁定，固化了日本企业与欧美企业的价值分配不均。在这一背景下，日本电子企业连续十余年出现业绩下滑与竞争力衰退，不得不实施向模块化战略的转型，对产业形态转变做适应性的战略调整。

　　日本电子企业的模块化战略首先表现为企业组织构架的水平理念性改革，扁化企业的垂直构架，搭建趋于水平分业状态的机构体系，以使每个部门具有自律性，有效加快企业决策速度与降低管理协调成本。其次表现为产品设计研发与生产体系的模块化，降低磨合型产品比例与程度，简化产品结构复杂度与降低调试必要性，并构建垂直分离体系。这一层次的模块化改革形成了日本式的"开放与封闭"战略模式，与欧美有所区别。

一　组织结构由垂直化向水平化改革

　　日本电子企业在组织结构的水平化改革首先在业务部门层面进行部门的分立，实现对垂直一体化结构一定程度的解构。分立方式一是层级设置由流程导向向项目导向转变，将专门的设计、研发、

---

① Buckely P. J., Ghauri P., "Globalisation, Economic Geography and the Strategy of Multinational Enterprises", *Journal of International Business Studies*, Vol. 35, No. 1, 2004, pp. 81 – 98.

② 明石芳彦：《日本電子工業における国際競争力の低下と——水平分業の役割》，《季刊経済研究》2013 年第 36 巻第（1—2）期。

生产、销售、服务部门分化到每个项目部旗下，实现企业经营单元由流程间的接合转化为项目间的接合；二是扩大海外子公司的自治权，将地产地销售具体工作展开方式与本地化策略制定放置于责权更完整的本地决策机制内，使子公司能够根据本地市场状况采取即时的措施实施调整；三是压缩科层级数，扁化管理体系，以减少纵向领导关系来增强企业各机构之间的水平合作联系与协调；四是将主要业务部门分离出整体的纵向体系并成立新的专业化横向部门以集中负责主营业务。总公司以总体规划与战略层面领导分立部门，使其免受原纵向体系内复杂管理机构的干扰。

夏普是日本企业中实施水平化改革战略的主要代表企业之一。2013 年，夏普引入业务组体系（business group system），以业务领域为标准将企业业务结构重新划分为数个业务组，每个业务组将负责本业务相关产品从研发、生产到销售的整个过程。在自治权的保证下，研、产、销流程的直接负责使业务组形成了对完整的产品生命周期的掌控，具有了半自律性子系统的特征，能够独立决策和自我矫正。2015 年，夏普提出裁去子公司的上级机构（产品业务组和设备业务组），使子公司直接隶属公司董事，并将 8 个子公司整合为 5 个。2016 年，中国台湾鸿海精密集团与夏普完成股权收购协议后，鸿海精密派遣戴正吴为夏普新一任社长，成为推动企业组织构架模块化战略实施的主要推动方。戴正吴到任后，加快了企业管理构架的解构。后来，夏普分离知识产权部与物流部，并在子业务单元层面设立收益管理部门，赋予次级组织展开市场营销的能力与功能。

松下于 2012 年展开的企业水平化改革首先也由建立项目导向的经营单元结构重建开始，公司完全改变了企业的垂直结构，建立了九个全新子公司，并有机整合到一个 B2C 领域与两个 B2B 领域中。三大平台分别为消费类业务领域（B2C）、解决方案业务领域（B2B）、零部件与设备业务领域（B2B），并以横向集团业务构架展开，共享 R&D 平台资源。每个子公司独立行使职责并直接参与到与顾客的联动中，组织间资源交流的时机与方式以各单位需求条件而定。之后，松下设立全球集团总部办公室作为模块整合组织，对三大平台九个子公司提供专业化的资源协调工作。企业新构架建立后，松下开始推进全球的海外子公司自治权改革，构建当地法人自我管理机制来提高海外分公司的独立地位。如在马来西亚的吉隆坡和中国的上海成立的松下电化住宅设备机器公司亚太分部和中国分部等新组织采取自我管理制度，将总部管理权转移至新组织内部，使其具有根据当地市场实际情况决定消费类产品研发设计和营销方式等领域的本地化具体策略决策权。

索尼则着重于最终产品领域业务的重组与分立，典型案例为2014 年初拆分电视业务并成立独立的索尼电视公司，单独经营电视机业务。机构的剥离，极大降低了索尼电视业务运营成本，并成功转亏为盈。①

日本电子企业的水平组织架构改革是将模块化解构理念在管理组织结构中的应用，为模块化设计、研发与生产改造提供管理机制层面的铺垫与支撑，并降低纵向一体化机制所产生的决策延误、内部损耗、多层级臃肿所造成的管理成本。但这并不意味着日本企业试图推翻整个垂直统合传统结构，而是在横向结构改革与纵向结构深化之间寻求平衡。在无须纵向管理体制束缚的管理部门以及受模块化战略冲击较大的业务领域，日本企业集中采取模块化改革，如夏普对物流部的拆分，松下、日立与索尼等企业对负责消费类家电、电子设备等业务的全球性与区域性管理经营组织进行水平化改革等。在能够保持较高差异化优势的材料、半导体、电子零部件、光影成像等传统支柱业务领域上，日本电子企业仍然保持纵向一体化的管理流程，以防止过度的水平改革破坏以上领域的差异化竞争优势。而且，日本企业意识到通过合理的制度改良，仍然能进一步激发纵向体制潜在的生命力。在这方面，加强企业内决策制定和下达的效率是日本企业推动纵向体制改良的重点之一。例如，夏普公司成立了直属于董事会的内部管理委员会，对企业发展状况和决策实施状况进行直接监控，并为董事会提供企业发展的下一步规划和意见。该机构的设置拉近了领导层与下属部门的层级距离，加强了

---

① 崔健、陈庭翰：《日本主要电子企业生产经营战略性转变分析》，《现代日本经济》2016 年第 5 期。

企业领导层对企业全局的掌控。这种纵向体制的深化改革与实施中水平分业结构改革形成了纵横两向的战略模式，可被视作日本电子企业模块化战略实施中的一大特征。

二　价值链体系的由垂直一体化向垂直分离体系改革

企业组织结构水平化改革推进了日本企业管理组织由纵向科层制向横向分业制组织构架的形成，基于这种组织构架的变化，日本电子企业能够进一步布局模块化价值链体系以实现模块化战略的完整实施。由于传统的垂直一体化价值链体系将最终产品相关的设计、研发、生产与销售等环节集中于企业组织内部，① 因此日本电子企业需要实现产品设计由磨合型产品构架向模块型产品构架转变，以为企业价值链的分化提供引导与分化的具体方式。在推动产品设计结构模块化的同时，日本企业推动符合产品设计理念具体变化途径的垂直一体化向垂直分离体系的价值链解构改革。

首先是产品设计结构由磨合型向模块型转变，这种转变由以下几方面组成。第一，产品整体构架开放化，借鉴欧美主要消费类电子领域的最终产品构架，将整合型的产品构架转化为由不同独立模块按照可视化接合规则所组成的模块型产品。其中最典型的是手机、电脑、电视等电子产品。第二，开放构架确立后，按照企业知识与能力，将零部件分为核心零部件与非核心零部件。由于日本企业急迫实现利润率的恢复，因而对核心的划分方式还强调兼顾利润率的分法。第三，严格区分基础模块与本地化模块，保证模块化产品在世界各地相关市场具有功能、外形的差异化。由于一直以来依赖于硬件设计与功能超过一般标准来提供差异化，因而日本电子企业希望在产品设计模块化改革后也尽量保持这一差异化传统。由于模块化通用设计使大多数硬件与功能设计趋于一致，但本地化设计与改良能够成为一种差异化传统的保持途径，因而成为日本电子企业所重视的环节。日立于 2013 年引入模块化生产方式及设计理念，其产品设计方式将从一体化设计理念转变为模块基础设计与海外本

---

① 徐宏玲、李双海：《价值链形态演变与模块化组织协调》，《中国工业经济》2005 年第 11 期。

地化差异设计相结合。日立国内研发中心负责模块的基础设计，海外研发设计部门负责本地化的细节设计。如今，日立已经完成了八种模块化产品，并将其应用于14种产品的生产之中。第四，软件设计的重点引入。这包括两层含义，一是提升软件设计的重要性，二是增加软件对产品功能的接口。模块化产品设计结构的扩展简化了电子产品结构的复杂性，从而增加了产品功能对顾客形成的模糊性与信息不对称性，一般消费者并不会对电子功能实现最优的利用。因此，具有调配与激发电子产品整体功能的作用的软件对提升顾客体验具有举足轻重的地位。而且随着信息互联技术与通用软件编程技术的发展，软件本身成为一种负责通用功能的模块，或为使用同一种软件的顾客提供一种虚拟的交易场所，形成平台效应。只有通过强化软件设计，日本电子企业才能做到将差异化优势由原先的硬件功能表达转化为模块功能表达，提升电子产品的竞争力。

　　其次是企业价值链中的分工价值段由垂直一体化向垂直分离体系转变（见图5-6）。21世纪初，日本电子企业进一步细化雁行模式的生产战略，在全球范围构建碎片化生产体系，以期实现全球化分工专业化趋势与传统垂直一体化企业构架相结合，降低欧美模块化战略的冲击。这种碎片化生产体系表现为在世界各地建立多个垂直生产单元，并根据地区区域优势布置零部件的生产链与零整产品供应链，实现专业化生产与风险对冲。[1] 然而，全球性的内部化结构无法比拟模块化体系的生产成本转移效率，而由美国次贷危机所引起的全球性经济危机最终迫使与日本电子企业采取垂直分离体系。日本电子企业构建垂直分离体系的第一步是对一体化工厂实施解构处理，具体方式主要有内部放弃、外资引入与对外转让。内部放弃是指日本企业直接关闭一体化生产工厂，最典型的是2010年以来半导体业的大规模生产体系削减与退出。[2] 东芝将国内六大生产基地重组为三家，瑞萨电子关闭国内十二家工厂，以及九家"后

----

　　① 张岩、郭祥利：《日元升值与日本家电厂商的碎片化生产》，《经济问题探索》2014年第8期。

　　② 张玉来：《模式困境与日本半导体产业的战略转型》，《日本研究》2012年第3期。

工程"半导体组装生产基地中的八家，并放弃手机半导体生产业务。2013 年，松下将旗下三家芯片工厂直接移交给以色列 Tower Jazz Semiconductor 公司的合资企业管理。外资引入是指吸引外部组织向工厂所属子公司进行直接投资，以股权交易等手段实现工厂经营的多元化。2012 年，夏普与鸿海精密达成对堺工厂的股权交易，后者投资持股 46.5%，使堺工厂成为两家企业同时经营的子单元。[①] 对外转让则是直接将工厂对外出售，将一体化生产业务直接与企业相剥离。2014 年，索尼与日本产业伙伴公司（Japan Industrial Partners Inc.，下称 JIP）确立了索尼旗下 VAIO 笔记本业务部门向后者整体转移，笔记本电脑领域的策划、设计、研发与生产等部门全部并入 JIP 旗下新公司，索尼只提供对产品的售后服务。

日本电子企业构建垂直分离体系的第二步是模块化外包体系的构建。根据产品设计模块化中对核心模块与非核心模块的确定，日本企业布局核心与非核心模块的分工生产机制，将核心模块保留在企业的垂直生产体系内，而将非核心模块布置于全球其他国家或地区的企业，这从日本电子企业自 21 世纪以来在华投资模式的转变可以看出。2001 年以前，日本电子企业对华投资主要以建立垂直一体化分公司为业务扩展模式。2001 年后，日本企业开始寻求垂直一体化的研发投资与逆垂直一体化的外包生产投资有机结合模式，实质上是模块化战略下设计研发与生产的分离策略。2002 年，日立在北京设立本企业直接控制的电冰箱、洗衣机等家电研发中心，理光、富士、佳能分别将产品研发业务置于在华企业垂直一体化体系内。同时，2002 年，松下与 TCL 达成外包协议，将电视、空调等消费类家电的生产任务委托给后者完成。2003 年，日立先建立专利转让契约关系，将大画面投影电视技术转让给中国企业，通过零部件与技术人员支持使中国企业具备投产能力，然后建立外包关系。[②] 不过，为了消化垂直分离后本企业边界内剩余生产力以及实现本地化的差

[①]　［日］杉本柳子、长谷川高宏、前野裕香：《夏普：失去日本电视最后的堡垒》，《中国经济周刊》2012 年第 34 期。

[②]　朱向阳、张林林、李曙东：《日本对华直接投资战略转变的深层原因分析》，《国际贸易问题》2004 年第 2 期。

异化设计与调整，日本企业一般只布置非核心模块的外包体系，而保持对模块整合环节的直接控制。除了硬件模块以外，软件模块化外包也成为日本企业的垂直分离体系的一部分。日本电气、索尼、富士通等主要日本企业建立了更为庞大的软件外包体系，将中国、印度等发展中国家纳入其中，并实行高端软件的独自设计、中低端软件的外包策略。许多专业化的日本软件企业也形成了成规模的软件承包业务，为电子企业提供模块化外包服务。[①]

在日本电子企业还在策划并讨论如何顺利实施模块化战略时，新成立的日本电子企业由于不存在历史包袱，直接采取了模块化战略。1990年与1991年，MegaChips公司与哉英电子公司（Thine Electronics）先后成立，并直接采取了彻底剥离设计与生产体系的Fabless模式。[②] 新企业虽然不具备很强的企业竞争力，却快于当时战略态度踌躇的大型企业，成为日本电子企业于21世纪初模块化战略的先行者。

三 日本式的"开放与封闭"战略特征的形成

正如前文所述的欧美企业模块化战略中的"开放与封闭"战略，日本的产品模块化设计与价值链的垂直分离改革也形成了"开放与封闭"战略，并在日本企业模块化战略实施的风格、传统竞争优势认同的延续性等影响下形成了以下几点特征。

第一，日本企业的"开放与封闭"战略的重点首先放在"封闭"部分，这是由日本垂直一体化价值链传统决定的。为保证在全球化垂直生产中核心技术降低内部知识传输的对外转移，日本企业一直注重在直属生产单位实行阶梯式封闭管理以强化对高精尖技术领域的知识产权保护，因而在实施"开放与封闭"战略时更偏重于"封闭"一面。

第二，由于日本企业的高价值模块主要是中高档电子元件及零

---

① 唐文静：《对日软件外包产业的竞争格局与策略研究》，博士学位论文，陕西师范大学，2010年，第14—29页。

② ［日］西村吉雄：《日本电子产业兴衰录》，人民邮电出版社2016年版，第118页。

企业A	策划 设 计 开发		零部件 制造	核心零部 件制造	最终产品 组装制造	最终产品 制造
企业B	策划 设 计 开发	制造委托		核心零部 件制造	最终产品 组装制造	最终产品 制造
企业C	设计 开发		零部件制造			
企业D	设计 开发			核心零部 件制造		
企业E		购买契约	制造委托		最终产品 组装制造	
企业F	策划 设 计 开发		组装委托			最终产品 制造

图5-6　日本企业垂直一体化体系向垂直分离的转变

注：企业 A 实行传统的垂直一体化体系，企业 B 将部分零部件生产外包，企业 C、
D 为零部件和核心零部件的生产商，企业 E 将组装工序外包，企业 F 自己进行策划设计
与开发，将制造工序全部委托外包企业。

资料来源：明石芳彦：《日本電子工業における国際競争力の低下と——水平分業
の役割》，《季刊経済研究》2013 年第 36 卷第 1—2 期，第 1—43 页。

部件的精密生产能力，其价值体现为生产流程、生产管理与生产设
备的统一，因此该价值模块的系统性更强，单元性更弱，可供价值
分散的价值域也更短，因而外包体系的针对性更低，成本削减的优
势也更小。

　　第三，日本电子企业更强调模块化产品的硬件品质要求，因此
对外包转移的零部件生产仍然有较高的质量、技术要求，因此对生
产承包商的生产工艺与制造技术要求较高。索尼的外包合作对象基
本集中在富士康、仁宝通讯等已经具备一定设计能力与中高端装备
制造能力的世界五百强企业，松下的外包对象则主要为已经成为全
球最大芯片制造业企业之一的台积电。而且，日本电子企业的外包
合作伙伴不仅偏向中国台湾地区企业，生产具体区域也偏向在中国
台湾、东部沿海等制造业集群发展水平较高的地区，从而形成日本

电子企业外包体系的地域性特征。不过 2015 年底，索尼宣布寻求与富士康在印度建立生产能力，表现出日本电子企业依据全球新兴需求格局而开始策划地区转移。

第四，日本电子企业的开放生产战略与制造业回归国内战略同步进行也成为一大特征。[①] 日本电子企业无法完全放弃对磨合型产品的经营，一系列开放构架改革后仍保留许多通过反复调试与整体制造工艺才能实现核心功能的产品，因而日本电子企业为保持这一部分精密制造的竞争优势而推动中高端生产线向国内的回归，并扩大海外采购来实现成本控制。这一类产品中的一部分脱离了模块化战略，是日本电子产业核心竞争力的主要组成部分，因而成为日本电子企业寻求差异化战略的核心业务，在下一章中将详细阐述。

小　结

第四章探讨了独立通用竞争战略的局限性，成本优势的减弱挑战着日本企业的总成本领先战略模式，产业周期发展下追求差异化的共性与个性问题又威胁着日本企业的差异化战略模式，最后驱使日本企业决定以同时追求成本优势与差异化优势作为应对两大战略皆受威胁现状的解决途径，这即是日本企业自身的思索结论，也是在西方复合战略逼迫下所决定的适应方式。将总成本领先战略与差异化战略相结合形成新的竞争战略模式，成为日本企业在新世纪开展竞争战略调整的关键内容。

本章首先对总成本战略与差异化战略相结合的前提进行理论探讨，为分析日本企业战略结合提供理论基础。每种竞争战略都具有不同的关键要素，企业对关键要素的把握决定着竞争战略能否顺利展开。战略结合要求企业同时满足所有竞争战略的关键要素，具体到总成本领先战略与差异化战略之间的战略结合，要求企业在产品复杂度与高顾客忠诚度的基础上同样实现规模经济、范围经济与学

---

① 陈子雷、刘戎：《日本制造业产品架构的比较优势及其对东亚区域内贸易模式的影响》，《世界经济研究》2011 年第 2 期。

习效应。产品复杂度与获取顾客忠诚度与交易成本相关，规模经济、范围经济与学习效应与制造成本相关。如能实现以上条件，企业可以通过权衡控制成本与构建差异化的相互程度，以平衡差异化战略所导致的交易成本以及由大规模低成本制造所产生的制造成本之间此消彼长的关系，实现总成本的下降。然而同时实现以上关键要素却存在诸多矛盾，一是产品复杂度将提升规模经济门槛，二是交易成本将提升范围经济实现难度，三是寡头市场竞争抑制了价格竞争的实施，四是学习效应有助于规模经济与范围经济的实现，却难以满足产品复杂度的要求。要构建满足产品复杂度的学习效应，则须承担高成本风险。

模块化战略在电子信息技术发展、组织结构与产业链布局转变、消费结构转变等因素的促进下发展起来，为实现上述要求提供了全新的解决途径，从而成为战略结合的主要形式。首先，模块化战略通过专注途径与转嫁途径实现规模经济，以专注生产领域来实现所经营产品的规模经济，并以契约方式将规模经济风险转嫁出去。其次，模块化以替代经济实现范围经济，模块化网状产业链承担企业内部的结构优化成本，并以局部创新或破坏代替传统的创新机制，避免了多品种创新下的成本压力与协调难度。最后，模块化战略有利于实现学习效应，一方面，转嫁风险后能将资源集中于能力构建，推进组织内学习效应；另一方面，在模块化构建的竞争合作关系中最大化组织外学习效应向前端高价值活动的渗透。

本章继而对日本制造业企业的模块化战略转型的模式与特征进行详细的阐述，提出了汽车与电子企业模块化战略转型的不同表现，汽车企业在模块化转型上起到了行业的引领作用，而电子企业则更多处于被动性的适应。汽车企业模块化战略转型的代表是丰田公司，以"超模块化"与"新全球构架战略"为主持续深化模块化战略，并形成以下战略特征：第一，更倚重模块间结合界面规则，包括各子单位间的组织协调与全局性机构的整合性功能。第二，更重视在供应商网络上构建更高层次的利益共同体，在全产业价值链范围内实现模块间不同功能的合作。

日本电子企业受欧美电子领域模块化冲击非常明显，主要体现在中高端产品价格竞争的形成、标准化品质对高标准品质的逆向淘汰、产品价值从硬件向软件与设计的流动等方面，是日本电子企业在 21 世纪初遭受严重危机，才驱使其接受模块化理念，大举展开模块化转型。组织结构由垂直化向水平化的改革是战略在体制转型的运用，以一体化解构为主体，通过将层级设置由流程导向向项目导向转变、扩大海外子公司自治权、压缩科层级数、建立新的专业化横向部门等措施将纵向组织结构向以半自律子系统横向合作为主的模块化组织结构。组织结构的模块化为企业以模块化指导生产经营活动提供制度基础，企业进而推动产品设计结构由磨合型向模块型的转变，通过产品构架开放化、核心与非核心结构的独立化、基础模块与本地化模块的分工化建立模块化设计研发体系，并同时推行价值链分工体系由垂直一体化向垂直分离体系的转变，将新的设计研发体系与新的水平化与外包化的生产体系相对接，形成完整的模块化体系。在战略实施与传统竞争优势延续的影响下，具体来说，是为了成功将磨合型产品竞争优势、硬件品质竞争力与模块化相结合，日本电子企业的模块化战略呈现出日本式的"开放与封闭"战略特征，主要包括对知识产权在垂直生产中封闭保护的格外重视、更少泛用外包体系、外包契约更重视高标准的硬件品质实现、模块化与制造业回归战略的并行实施四大特征。

第六章

21 世纪日本制造业企业竞争
战略调整：战略分立

日本制造业企业通过实施模块化战略，融入全球制造业产业链结构与价值链分工体系的深刻转变中。依托模块化改革，日本制造业企业逐步实现企业结构的水平化、企业边界的模糊化与垂直一体化结构的分离化，将产品的设计研发、生产与服务环节按照区域禀赋、知识分布、价值流动等标准实行进一步的专业化分工与资源调配，来实现总成本领先战略与差异化的战略结合的目标。然而，模块化战略并不能涵盖所有业务领域，这对于磨合型产品具有传统竞争优势的日本制造业更为明显。日本制造业企业在实施模块化战略外，必须进一步强化作为独立竞争战略的差异化战略的策划、部署与调整，这样才能实现企业在所有业务领域获得竞争优势的增强。

第一节　差异化实现途径的变化

一　基于产品与市场的传统差异化实现途径

由于是立足于产品的独特性来实现竞争优势，差异化战略的核心是尽可能提高顾客价值来实现价值溢价。顾客价值最先被称为顾客感知价值，由 Zeithaml 提出，意为顾客对某种产品权衡感知所得与成本所付后的综合评价。① 具体来说，顾客价值是指顾客在获得

---

① Zeithaml, Valarie A., "Consumer Perception of Price, Quality and Value: A Means and Model and Synthesis of Evidence", *Journal of Marketing*, No. 3, 1988, pp. 2 – 21.

并使用某种产品的过程中所获得的价值与取得该产品所付出的成本之比。当顾客获得的价值高于获得成本时，该产品就实现了顾客价值。[①] 20 世纪下半叶，顾客价值被认为主要来自对产品的价格、性能、服务质量的主观评价，因此传统的差异化理论认为顾客的差异性需求主要来自产品本身的差异性与企业市场运营的差异性。Miller 进一步提出创新差异化战略与市场差异化战略来区分基于产品或基于市场的差异化途径。产品差异化更多通过创新差异化战略（Innovative Differentiation）来实现，依靠新技术来推动产品的更新换代或通过性能与质量的升级来实现差异化。市场差异化则依靠市场差异化战略（Market Differentiation）实现，依靠适合的产品组合（package）、服务、区位、产品可靠性等基于产品的市场与形象来实现差异化。由于两种途径不同，两种差异化战略所倚重的变量也有所不同。（见表 6 - 1）[②] 创新差异化企业强调利用先进设备与科技研发来追求产品的复杂性与可变性，使其在环境动态变化与难以预测的市场竞争中展现良好的表现。[③] 为保证技术的持续进步足以支撑产品系列的持续性更新，创新差异化企业会对技术研发投入大量资源，研发经费投入强度更高，并积极采取引进与合作开发等外部研发合作机制来保证企业的创新能力与知识资源。[④] 21 世纪以前，日本汽车与电子企业积极采取了创新差异化战略，通过高额的研发投入与高自由性的研发战略推动领先创新战略的形成。市场差异化企业则通过对顾客的利基（niche）需求进行更为细致的分类与界定，通过市场营销环节的多样广告、销售、促销与灵活的分销、售后服

---

① ［美］菲利普·科特勒、加里·阿姆斯特朗：《营销学导论》，华夏出版社 1988 年版，第 10 页，转引自董大海《基于顾客价值构建竞争优势的理论与方法研究》，博士学位论文，大连理工大学，2003 年。

② Danny Miller, "Configurations of Strategy and Structure: Towards a Synthesis", Strategic Management Journal, No. 7, 1986, pp. 233 - 249.

③ Danny Mille, "Relating Porter's Business Strategies to Environment and Structure: Analysis and Performance Implications", Academy of Management Journal, Vol. 31, No. 2, 1988, pp. 280 - 308.

④ Elena Revilla, Beatriz Rodriguez-Prado, Zhijian Cui, "A knowledge-Based Framework of Innovation Strategy: The Differential Effect of Knowledge Sources", IEEE Transactions on Engineering Management, Vol. 63, No. 4, 2016, pp. 362 - 376.

务等手段来吸引顾客。20世纪80年代以前，日本汽车企业的小型车集中战略表现出市场差异化战略模式，根据欧美市场对低能耗小型车的利基需求来实现在小型车领域的垄断性优势。

表6-1　　　　创新差异化与市场差异化战略的关键变量

创新差异化战略	市场差异化战略
短期内（2—3年）所引入的新产品在总销售额中的比重	产品质量
	产品形象
研发费用占总销售额的比重	市场营销费用
产品平均寿命	广告与促销费用
主营业务产品更新换代频率	销售团队（Sales force）
	服务质量

资料来源：Danny Miller，"Configurations of Strategy and Structure：Towards a Synthesis"，*Strategic Management Journal*，No. 7，1986，pp. 233 – 249.

二　基于价值创造的差异化实现新途径

21世纪以来，对于日本这类发达国家来说，制造业的成熟发展使企业依据传统的产品与市场运营差异化来维持价值获取的难度在日益增大，基于价值创造的差异化竞争战略成为企业实现差异化的新途径。顾客价值作为价值创造的核心与源泉，正是为企业在产业长期成熟期、转移与扩散所导致的价值枯竭现状下提供的全新价值实现路径。首先，顾客对产品发展路径的需求与评价能为企业提供全新的产品发展方向，从而指引企业在产业成熟期末端寻求一条继续延长成熟期或进入产业蜕变期的道路。其次，对顾客潜在需求的挖掘能使企业发现产品本身属性之外的差异化优势的实现方式，通过基于顾客需求而提供的对产品价值的新扩展使竞争对手与低成本禀赋的发展中国家企业的过往模仿依赖资源与能力失去时效性，且因新扩展并非局限于产品自身而难以追踪模仿，从而巩固并增强了企业的差异化优势。

实现基于顾客价值的价值创造的主要途径：一是通过扩展现有

的顾客价值，二是通过创造全新的顾客价值。① 延展现有顾客价值，通过对产品与服务的差异化内容进行扩展来实现，创造全新的顾客价值是通过采取新的技术路线、产品类别、产业领域来满足顾客新的需求或者新类型的顾客来实现。要想实现以上途径，企业必须转变对顾客角色的认识，使顾客成为企业价值创造过程中的重要参与者，顾客必须由被动的产品消费者或既定消费角色转变为主动表达需求的主体角色，顾客价值评价体系也由以前的对既定产品与服务的质量、性能提出评价转变为对非既定产品与服务的发展路线提出评价。换句话说，顾客价值对于企业而言不再是市场反馈或产品感受反馈，而转变为对产品发展路线、风格的建议。只有给予顾客上述评价地位才能使企业真正能够剖析出顾客对企业是否还具备差异化优势的权衡指标，并根据这种指标规划出真正符合顾客表层与隐层偏好与需求的差异化竞争战略来增加顾客价值，从而实现价值创造。

三　日本制造业企业转变差异化实现路径的选择

顾客价值对企业获取差异化优势的重要性与日俱增的同时，日本制造业企业开始转变价值获取方式，转变以往的政策导向与组织导向的价值实现机制（Marcus Noland，2007）②，以满足顾客为价值实现核心（Anh Chi Phan，et al.，2011）③。可以说，采取基于顾客价值的价值创造作为差异化的实现路径，是日本企业改变 20 世纪末期轻视外部信息的内部发展模式，将顾客作为指导内部资源与能力运用的关键外部信息，以解决经济效应下降与产业模式僵化等问题。对于日本制造业企业来说，为提高顾客的评价，实现基于顾客价值的价值创造，首要转变的是企业的竞争思维。企业竞争思维大体分为企业中心型、竞争型与顾客服务型。企业中心型是企业坚持

---

① 汪秀婷、胡树华：《基于价值创造的企业竞争战略研究》，《科学学与科学技术管理》2004 年第 6 期。

② Marcus Noland, "From Industrial Policy to Innovation Policy: Japan's Prusuit of Competitive Advantage", *Asian Economic Policy Review*, No. 2, 2007, pp. 251 – 268.

③ Anh Chi Phan, Ayman Bahjat Abdallah, Yoshiki Matsui, "Quality Management Practices and Competitive Performance: Empirical Evidence from Janpanesee Manufacturing Companies", *Int. J. Production Economic*, No. 133, 2011, pp. 518 – 529.

依据自身异质性资源与能力，根据既定企业规划来实现创新能力的提升以获取竞争优势，这正是新世纪以前日本制造业企业的主要竞争思维。竞争型企业是最主要的一种竞争思维，企业作为价值争夺者，强调对竞争对手展开零和博弈来获得竞争优势。顾客服务型是以顾客价值为中心，强调为顾客创造优越的价值。这种企业更多在一个动态产业内根据顾客需求变化实行动态性的战略调整。企业中心型容易陷入对既定创新路线的执着，当产业发展至成熟并使延续性创新路线难以再提供新差异化优势时，企业将难以实现转型。竞争型则容易碍于市场竞争局势而丧失在大局观上对市场发展趋势的判断力，也难以在顾客价值改造需求结构后做中长期的转型规划。顾客服务型虽然强调对顾客需求的挖掘，但可能忽视业务布局的经济前提，致使企业陷入财务困境。

日本企业采取了竞争型与顾客服务型相互结合的市场型竞争思维来展开价值创造，将市场竞争与为顾客服务同时作为获取竞争优势的界定领域，高度关注顾客需求并采用市场竞争视角对新需求结构进行价值创造可能性梳理，从而真正实现顾客需求对企业价值创造贡献的最大化。这一竞争思维也可被称为价值创造集聚思维，成为指导企业推动差异化战略转型规划的核心理念。围绕这一思维，日本汽车与电子企业主要采取了生产业务战略与服务增强战略来实现对价值创造领域的集聚。

（一）生产业务转变战略

针对产业成熟期下的产品结构成熟、交易体系完善与创新空间萎缩所导致的主流产品功能性差异化随着购买者驱动市场的建立而逐渐遭到腐蚀，以及产业转移与扩散所导致的具有低成本禀赋的发展中国家企业对产业的进入与竞争对手对企业自身异质性产品研发与设计能力的模仿破坏，日本企业采取了以产品结构破坏为主的生产业务转变战略，以破坏现有生产业务结构，将业务重点向以实现顾客价值为主的价值创造领域集聚。

这种价值创造领域集聚分为两个层面，第一个层面是转变主营产品技术发展路线来创造新的顾客价值。由于主流产品路线已经逐渐丧失竞争优势，因而日本企业围绕顾客对产品评价体系的转变来另辟蹊径，通过破坏性技术创新创造出符合顾客主观评价的产品体系来引导自身主营产品的生命周期由成熟期向蜕变期的转化，从而实现对企业差异化竞争优势的再定义。主营产品技术路线破坏性创新的典型案例是日本主要汽车企业以社会产生的低碳、环保、智能化新需求为转型动力，以自身新能源技术研发资源沉淀与国内电子产业基础研发能力为基点来推动由传统能源向新能源的大规模转移，成功领衔全球新能源汽车产业，并以此为基础进一步扩展新能源相关配套体系的发展。

第二个层面是转变主营生产业务结构，集聚于顾客需求更高的领域以延展顾客价值。随着全球工厂体系构建、制造业分工专业化趋势与垂直分离产业价值链体系的成型，以及模块化战略下产业准入门槛的下降从而使发达国家、新兴工业国、发展中国家企业等诸多参与方在高、中、低端最终消费类产品与过渡性产品领域广泛参与全球化合作，由此产生了规模庞大的以生产性服务需求为主的 B2B 类型顾客，对工序、流程、技术支持、零部件供应等中间环节产生了大量需求，是 21 世纪以来制造业顾客价值的新集聚地之一。日本制造业企业，主要以电子企业为主，根据顾客价值集聚新特点而实施主营生产业务结构由传统的最终消费类电子产品向 B2B 生产业务转移的措施。

（二）服务增强战略

服务增强战略来自"服务增强制造业"概念，由 Berger 与 Lester[1] 提出，认为新世纪的制造业企业之间的竞争将是通过放大产品无形属性竞争力的延展服务间的竞争。日本企业推动服务增强战略是应对产品同一性下差异化优势丧失的基于顾客价值延展的战略部署，旨在以服务扩展实现顾客价值由价值附加值日益降低的产品向服务领域转移，以服务为实现差异化的主要载体。

服务增强概念来自制造业服务化理论，也是日本企业实施服务增强战略的理论解释。Drucker[2] 提出制造业实质由机械化向概念化

---

① Berger S. , Lester R. , *Made by Hong Kong*, Oxford University Press, 1997.

② Drucker P. F. , "The Emerging Theory of Manufacturing", *Harvard Business Review*, Vol. 68, No. 3, 1990, pp. 94 – 102.

转变，认为制造业的起点已经由生产产品转变为生产服务。制造业企业应以顾客体验为出发点，以产品作为基础，以服务作为核心。[①]这一观点表明制造业企业并非为了生产物品，而是为了服务顾客，产品只是服务的工具与手段，因而制造业服务化本身即是以顾客价值为核心的产业形态转变，强调产品（手段）与服务（目标）的融合。这其中，以产品核心业务（Product-centric Business）为主的制造业企业成为制造业服务化的先驱。最初，制造业企业在垂直一体化的发展过程中同时进行零部件供应与产品制造，也推动了企业间与企业消费者间的联系互动密度的增强。此时企业之间的服务内容主要表现为产品附着服务如售后服务以及解决方案业务。解决方案指一种为客户量身定做的产品与服务的组合，为客户提供一种或几种业务领域的解决途径，但主要局限于基于己方产品的延展性服务。随着顾客的需求结构的复杂化，产品的制造与供应已经无法满足顾客需求，因而开拓深层次的服务类型成为必需，进而出现了制造业服务化趋势。[②] 制造业服务化下，制造业企业产品增加值的产生开始由制造活动逐步转向知识密集型的服务活动，表现为服务化进程与知识经济发展的同源性，即知识之所以能提升全要素生产率，很大程度上来自其对服务这一经济活动形式的推动与变革，使服务提供了市场差异化优势并创造出竞争者难以逾越的进入壁垒。[③]制造业服务化推动了服务型制造业（Service-Oriented Manufacturing，SOM）的出现，实施服务型制造战略的企业为客户提供服务与产品的全新层次与方式的组合来满足其差异性需求。[④]

从理论归纳，服务增强战略符合基于价值创造的差异化竞争战略主要体现在以下三点：一是服务更难被竞争对手模仿且具有更强

---

① 蔺雷、吴贵生：《制造业的服务增强研究：起源、现状与发展》，《科研管理》2006 年第 1 期。

② Sandra Vandemerwe, Juan Rada, "Servitization of Business: Adding Value by adding Services", *European Management Jurnal*, Vol. 6, No. 4, 1988, pp. 314 – 324.

③ Quinn J. B. ed., *Intelligent Enterprise: A Knowledge and Service Based Paradigm for Industry*, New York: The Free Press, 1992. 转引自隆惠君《装备制造业竞争力提升的产品服务增强策略研究》，《科技管理研究》2012 年第 18 期。

④ Lu Zhen, "An Analytical Study on Service-oriented Manufacturing Strategies", *International. Journal of Production Economics*, No. 139, 2012, pp. 220 – 228.

的不可知性（Intangibility），[1] 这是服务差异化能够替代产品差异化的基础。二是服务能够为企业提供绩效增长的新的可持续性资源并重建企业的盈利能力与模式，在一定程度上能实现对产品营销周期的反转（counter-cyclical），从而获得更广阔的市场。这说明了服务差异化对转变产品乃至整个产业生命发展周期的能力。三是从顾客角度看，分工经济的深化使制造业企业出现归核化倾向，将主要能力与资源投入核心业务并将非核心业务外包，从而为制造业企业提供了深入参与服务的空间。[2] 这是服务增强战略能够广泛实施的经济前提。

　　至于服务增强战略的具体类型，Auguste 等（2006）[3] 指出制造业企业实现服务化的基本逻辑有二：支撑自身产品的销售或开发全新的市场，前者着重于产品业务价值强化，后者强调构建全新服务性平台以获得全新的发展领域。基于以上基本逻辑，服务战略实际围绕服务范围的两个维度展开：是基于产品还是基于顾客，从而形成四种主要服务战略类型（见图 6 - 1）。

　　服务实践战略是服务作为产品的附属品提供，如产品的安装、调试、技术支持等服务内容，作为主要的产品差异化的补全方式并已被大多数制造业企业所采用。企业服务范围从己方产品向第三方产品的延展形成了服务扩展战略。服务渗透战略是指企业提供产品相关服务形式由附属服务扩大至运营服务，包括管理服务与资本利用。服务转型战略是指将供应商无关服务（Vendor-agnostic Service）以解决方案（Solution）的形式提供给客户的战略，即企业从提供单一的基于己方产品的延展性解决方案向提供由多方供应产品（Multi-vendor）所组成的复杂的集成解决方案产品转变。

　　21 世纪以来的日本制造业企业在 B2B 与 B2C 领域采取这种不

---

　　[1]　Heiko Gebauer, Thomas Friedi, Elagr Fleisch, "Success Factors for Achieving High Service Revenues in Manufacturing Companies", *Benchmarking*, Vol. 13, No. 3, 2006, pp. 374 - 386.

　　[2]　Chris Raddats, Chris Easingwood, "Services Growth Options for B2B Product-centric Business", *Industrial Marketing Management*, No. 39, 2010, pp. 1334 - 1345.

　　[3]　Auguste B. G., Harmon E. P., Pandit Vivek, "The Right Service Strategies for Product Companies", *Mckinsey Quarterly*, No. 1, 2006, pp. 40 - 51.

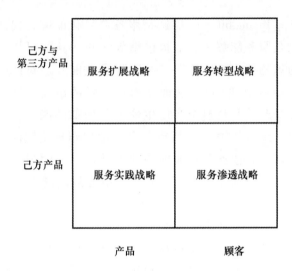

图 6 - 1　制造业服务战略类型

资料来源：Chris Raddats, Chris Easingwood, "Services Growth Options for B2B Product-centric Business", *Industrial Marketing Management*, No. 39, 2010, pp. 1334 – 1345.

同的服务战略转型，意图采用不同的服务方式来实现竞争战略的获取。日本企业在 B2B 领域的服务战略转变是开拓全新的顾客价值空间，主要为服务渗透战略向服务转型战略的转型，具体为解决方案业务类型的转变。日本企业在 B2C 领域的服务战略转变是实现基于产品的顾客价值空间的进一步延展，具体为由服务实践战略向服务渗透战略转变。

第二节　日本制造业企业生产业务转变战略具体措施

一　汽车企业的生产业务转变战略具体措施

日本汽车企业生产业务转变主要表现为由传统能源产品结构向新能源转变与由机械产品结构向智能信息化结构转变，前者是围绕低碳、环保等新型需求构建顾客价值，后者是围绕智能化这一新型顾客构建寻求顾客价值。

（一）由传统能源产品结构向新能源转变

新能源汽车包括纯电动汽车、混合动力汽车、燃料电池汽车三种，区别于压缩天然气、液化石油气、甲醇、乙醇、氢气等燃料的内燃传统能源汽车，是对汽车产品能源结构的破坏性创新。IEA 预测，2030 年以后全球汽车销量主体将转向新能源汽车，至 2035 年全球新能源汽车保有量占比将增加至 15.6%。以美国、德国、法国为主的全球汽车巨头都在推动向新能源汽车产品结构转型，然而都表现为产品结构的多元化，而日本汽车的转型则力推对传统能源汽车整体替代，推动汽车能源向新能源的整体转变。日本汽车企业对新能源的强势布局为日本政府确立的 2030 年实现新能源汽车结构主体化宏观产业战略目标提供了乐观愿景（见表 6-2）。

表 6-2　　　　　　2020—2030 年日本乘用车类型普及目标

	2020 年	2030 年
传统能源汽车	50%—80%	30%—50%
次时代汽车	20%—50%	50%—70%
混合动力汽车	20%—30%	30%—40%
纯电动汽车·插电式混合动力汽车	15%—20%	20%—30%
燃料电池汽车	1%	3%
柴油汽车	5%	5%—10%

资料来源：経済産業省製造産業局：《自動車産業戦略 2014》，2014 年 11 月，http://www. meti. go. jp／press／2014／11／20141117003／20141117003. html，2021 年 5 月 1 日。

1. 日本汽车企业向新能源汽车转型的环境与资源基础

日本汽车企业的新能源替代性转型同样来自产业环境与企业内部资源与能力的积累。产业环境主要来自政府产业政策导向。1965年，日本通产省启动电动车研制计划，推动日本电动汽车协会成立，并制订《电动汽车开发计划》，确立了积极推动电动车产业发展的政策风格。[1] 2001 年，日本环境省、经济产业省与国土交通省

①　洪凯、朱珺：《日本电动汽车产业的发展与启示》，《现代日本经济》2011 年第 3 期。

联合推出低公害汽车计划，为企业的新能源转型深化提供了政策支撑。[①] 企业内部资源与能力的积累来自历史竞争战略实施所积累的战略策划与实施能力以及相应的技术与创新能力。日本汽车企业于战后所长期采取的小型—低能耗产品战略路线奠定了日系车的轻型、低能耗、高效率的产品形象与技术风格，而新能源技术的本质也是追求更低能耗与更高效率的技术发展方向。因此，新能源转型战略实质上是日本战后小型—低能耗产品战略的延续，能够充分享受低能耗研发技术的积累与延续性的研发路线的高资源共享效率，也能充分利用市场需求中对低能耗日本汽车的顾客忠诚度。20 世纪末，日本汽车企业凭借低能耗领域的核心能力与资源，在新能源汽车发展早期就实现世界范围的领先。1994—1998 年，全球推出的10 款纯电动汽车中近一半都出自日本汽车企业，[②] 其中 1997 年丰田推出的全球首款混合动力汽车"普锐斯"更是成为汽车发展的里程碑式产品（见表 6 - 3）。这些都成为日本汽车企业 21 世纪以来转型战略实施的资源与能力基础。

表 6 - 3   21 世纪以前全球十种纯电动车的基本情况

年份	生产企业	车型
1994	日本大发	电动微型面包车 Hi-Jet EV
1995	法国标致雪铁龙	电动 4 座小型轿车 P106 SAXO 及客货车
1996	美国通用	EV - 1
1996	日本丰田	电动 5 座小型轿车 RAV4EV
1996	日本丰田	电动 4 座小型轿车 Plus
1996	法国雷诺	电动 4 座小型轿车 Clio
1997	美国福特	电动 2 座轻型皮卡 Ranger
1997	美国克莱斯勒	电动 4 座小型轿车 Epic

① 关洪涛：《21 世纪日本汽车产业政策新变化及其影响》，《现代日本经济》2008 年第 3 期。

② 李佩珩、易翔翔、侯福深：《国外电动汽车发展现状及对我国电动汽车发展的启示》，《北京工业大学学报》2004 年第 1 期。

年份	生产企业	车型
1997	美国通用	电动 2 座轻型皮卡 S－10
1998	日本日产公司	电动 4 座轻型轿车 Aitra

资料来源：李佩珩、易翔翔、侯福深：《国外电动汽车发展现状及对我国电动汽车发展的启示》，《北京工业大学学报》2004 年第 1 期。

2. 日本企业新能源汽车领域选择策略

日本汽车企业在新能源汽车领域选择策略上采用了优势领域集聚策略，在部分关键领域寻求寡头垄断格局，而非全领域发展策略。在对混合动力、纯电动与燃料电池汽车选择上，大多数日本主要企业采取了混合动力汽车的集聚策略。丰田将混合动力汽车作为替换石油与柴油等传统能源汽车的主要新能源产品，2001 年以来在混合动力汽车专利申请占新能源专利比重高达七成。丰田的偏倚性部署使混合动力汽车年销量由 2006 年的 30 万辆上升到了 2013 年的 120 万辆，销售数量占比超过 10%。2016 年年中，丰田混合动力汽车销量累计破 900 万辆，混合动力汽车成为主要产品类型之一。本田开始以推动燃料电池汽车为主，并积极发展电动摩托车来指引规模庞大的摩托产业的新能源化。不过经济危机以来，本田逐渐由燃料电池转向混合动力汽车，与丰田保持了战略高度相似性。在丰田、本田的集聚策略下，日本汽车企业在混合动力汽车集中。2014 年，丰田、本田、日产三家日本企业占据了全球近 90% 的非插电式混合动力汽车的市场份额。在插电式混合动力汽车（PHEV）上，日本企业丰田、三菱占据了全球市场 37% 的市场份额，稍逊美国企业通用与福特的 40% 市场份额。① 由于非插电式混合动力汽车产业成熟度与市场规模远高于插电式混合动力汽车，因此，日本企业在混合动力汽车领域、在全球范围实现了垄断。

与丰田、本田、三菱的混合动力汽车聚焦策略不同，日产的新

---

① 朱一方：《国际电动汽车市场与政策分析》，载《中国新能源汽车产业发展报告（2015）》，社会科学文献出版社 2015 年版，第 292—296 页。

能源领域策略由混合动力车向纯电动汽车领域转移。2014 年，日产占据了全球纯电动汽车 38% 的市场份额，远高于排位第二的美国企业特斯拉，在该领域获得了全球范围的寡头垄断地位。在日产的带动下，大部分日本中小汽车企业也选择将战略重点向纯电动汽车领域转移，从而推动日本新能源汽车产业在纯电动领域竞争力的逐步提升。①

3. 日本汽车企业的新能源基础设施建设策略

日本汽车企业推动新能源基础设施建设的国内与国外策略各有不同，在国内主要推行领域统领策略。首先，日本主要企业建立联合性基础设施建设组织。2014 年，丰田、本田、日产、三菱四家企业出资设立"日本充电投资公司"，专门负责日本国内的新能源基础设施建设。建立跨企业边界的联合性组织旨在减少主要汽车企业在推动基础设施建设上出现重复建设、恶性竞争与责任推诿现象，其产业内联合形式也得益于日本企业联合传统，实现资源的最优配置与建设策略的集体决策。其次借助政府政策导向吸引国内政策性金融资金，最终获得国内产业的统领地位。日本充电投资公司成立后，与国内政策性银行性质的日本发展银行共同设立"日本工业竞争基金"。四家企业各出资 21.35%，日本发展银行出资 14.6%，注册资金为 1 亿日元。② 由于依靠政策性金融资本扶持，日本工业竞争基金也具有政府统一性管辖象征，因而基金设立后，日本的酒店、便利店、地铁站、高速公路服务站、停车场等关键性公共商业设施都受基金资金支持而被纳入日本充电公司的建设与服务网络中，最终使主要汽车企业获得了对国内新能源基础设施建设的统领地位。领域统领地位使日本新能源基础设施建设与日本主要汽车企业紧密结合起来，形成利益共同体，为新能源汽车的国内市场提供了产品差异化表达空间。

在国际层面上，日本企业则从标准化战略切入，以标准统领策

---

① 庞德良、刘兆国：《基于专利分析的日本新能源汽车技术发展趋势研究》，《情报杂志》2014 年第 5 期。

② 武守喜：《日本、美国和欧洲电动汽车充电设施发展现状及启示》，载《中国新能源汽车产业发展报告（2015）》，社会科学文献出版社 2015 年版，第 335—350 页。

略来寻求产品差异化表达平台。2010 年，丰田、三菱、日产、富士重工汽车公司与日本东京电力共同组建了国际快速充电联盟（CHAdeMO），专门负责电动车快速充电的技术标准设置与推广。国际快速充电联盟推出标准化的快速充电协议，为所有类型新能源汽车提供制式充电方式。[①] 之后，国际快速充电联盟以协议加盟方式构建来自全球的 49 家制造商来全力推动快速充电协议的国际化，并以"汽车移动发电站"等进一步贴合新社会形态下对节能环保概念性需求的商业模式为突破口在全球部署符合该协议的充电装置。截至 2017 年 3 月，快速充电协议充电站累计建设 13882 座，在欧洲 4052 座、美国 2110 座，成为欧洲与美国普及性最高、规模最大的充电标准。[②] 国际快速充电联盟在全球范围推动标准统领策略使日本主要电子企业成功获得了全球性的新能源充电标准的话语权，从而具备了在全球市场大规模投放新能源汽车并实现差异化优势的平台。

（二）由机械化结构向智能化转变

日本电子企业推动机械化结构向智能化的转变是对以下顾客需求展开价值创造。第一，由于全球城市化进程加快、都市交通网密度增加以及人口老龄化所塑造的都市汽车通行的新局面，塑造了对汽车驾驶安全性与便利性寻求进一步保证的新顾客需求，成为日本汽车企业推行智能化的价值创造依据。第二，信息通信技术的迅速发展推动着全球性智能化理念的深化，从智能家电、智能住宅、智能社区到智能社会这四个层级的智能化需求必然外溢至关系到国民经济支柱的重要制造业部门，因而汽车作为交通体系的主要载体，从而成为追求智能化生活的顾客需求的集聚领域。第三，日本的多地质灾难对交通体系的即时信息交互要求更高，同时福岛核事故中汽车企业所发挥的道路信息集散作用进一步凸显了交通信息智能化处理的重要性，从而使日本国内消费者对汽车的信息处理与交互功能上升到了协调社会突发事件的层面，产生了要求履行重要社会责

[①] 孙浩然：《日本新能源汽车产业发展分析》，博士学位论文，吉林大学，2011 年，第 40 页。

[②] 数据来自国际快速充电联盟官方网站：htpp：//chademo.com。

任的顾客需求。日本汽车企业产品的智能化转型正是围绕以上三种主要顾客需求模式，以三种主要智能化方式来实现产品智能化对顾客智能化需求的差异化传递。

第一，基于实现汽车安全驾驶与便利驾驶需求的汽车与环境逻辑反馈智能系统。汽车环境逻辑反馈智能系统将安全驾驶与便利驾驶结合为无人驾驶系统，主要通过定制控制、减速控制、追随控制与加速控制组成的自适应巡航控制系统，针对道路网延伸自动识别的车道保持辅助系统，交通事故发生前的预碰撞安全系统等三重智能系统实现安全与便捷的智能驾驶体验，为不适应都市驾驶体验与无法保障驾驶安全的消费者与老年消费者满足驾驶安全与便利需求。

第二，基于实现智能化系统需求的外部智能化系统对接互动系统。实现与外部智能化设备的交互包括与外部智能设备交互，如手机、电脑、家用电器等，与智能住宅的交互，包括对住宅内智能家居的远程控制与信息检索以及住宅自身的系统控制，包括防盗系统、电源控制等，如丰田与松下合作的基于松下云服务数据的车载远程控制系统。此外，日本企业还在推动特色的 V2G、V2H 双向输电系统，使家庭新能源汽车能源管理成为智能能源产业即时买卖的一部分，满足顾客对智能社会的深度融合。总之，日本汽车企业通过为汽车装载智能交互系统来实现汽车与智能设备与住宅的物联网平台，推动汽车成为未来智能生活的重要组成部分，从而满足顾客对汽车的智能化需求。

第三，基于实现社会交通体系信息协调的顾客需求的交通信息终端。日本企业以 VICS（Vehichle Information and Communication System）为典型交通信息终端产品，可将汽车转化为信息发送平台，从而为日本都道府县各级警察部门提供每辆汽车的交通信息，之后公共部门再对信息进行处理整合以实现整体交通信息的协调，① 从而能在突发事故发生时提供完备的交通实时信息以协助灾后疏散与救援工作。

---

① 陆化普、李瑞敏：《城市智能交通系统的发展现状与趋势》，《工程研究》2014年第 1 期。

二　电子企业的生产业务转变战略具体措施

日本电子企业的生产业务转变战略也被称为基于价值创造的"选择与集中"战略。[①]"选择与集中"战略是指企业按照一定标准对业务结构进行取舍权衡，对一部分业务进行收缩或舍弃，对另一部分业务进行集中强化与升级。基于价值创造的"选择与集中"战略是指企业以顾客价值创造空间为标准来指导对业务结构的取舍。日本企业权衡的结果是：一是收缩最终消费类产品领域，向中间产品领域集中；二是舍弃全产品策略，向中高端产品集中。在这一取舍逻辑下，日本企业将顾客价值的主要来源定义为企业、政府、社会组织等 B2B 型顾客，以及在新兴经济体发展下日益庞大的中高中产阶层。

（一）总体生产业务结构由 B2C 向 B2B 转变

1. 具体措施与特征

B2B 生产业务顾客需求的迅速膨胀是 21 世纪以来由全球电子产业链分工专业化与广泛联系化的产业合作框架决定的。在这一框架下，由于产业链分解化和整合化的速度显著加快与成本的显著降低，以及依托于此的学习效应的加强，为来自工业各层次发展水平国家的企业提供了可以深度参与全球产业竞争的平台。具体来说，日本企业 B2B 业务的顾客主要来自以下类型：（1）拥有高价值品牌、负责标准制定、产品研发与系统集成的欧美模块集成商，需求低价值模块供应商与集成商无法提供代工生产的高价值模块；（2）具有中高价值品牌，中高价值模块自我研发与供应能力的韩国及中国台湾地区模块集成商，需求无法自我供应的高价值模块；（3）具有中低价值品牌，具有中低价值模块自我研发与供应能力的中国大陆地区、东南亚地区等新型经济体的模块集成商，对中、高价值模块都具有巨大需求；（4）以电子功能为产品差异化优势扩展方向的非电子领域制造业企业，需要大量的定制化设计与生产的电子类中间产品；（5）对电子信息社会化产品具有采购需求的非企业

[①] 豊田正和：《アジアにおける日系電気メーカーの現状と今後の展望》，《神戸学院大学東アジア産業経済研究センター News Letter》2005 年第 1 卷第 3 号。

单位，包括政府、公共机构、社会组织等。

可以说，第五章详细阐述的被动性的模块化战略是日本电子企业聚焦 B2B 生产业务的主要因素之一。全球模块集成商对中高价值模块需求膨胀的模块供应商的角色定位，实际上可以视作对模块化战略部署的战略避险与战略补充。需要注意的是，不能说日本企业扮演模块供应商角色而应说其在该领域采取了模块化战略，是因为日本电子企业所提供的高价值模块本身是磨合型产品而非标准化产品，其生产体制与流程也都遵循传统的垂直一体化而非水平分业结构，其竞争优势也是依靠垂直一体化下严谨性、协调性与延续性改进的研发生产风格所形成的差异化优势而非嵌入标准化的低成本优势。

B2B 生产业务的转移包括产业用电子机器与电子零部件与设备两大领域，日本电子企业就以上两大领域采取模块供应集中的方式，转型过程中体现出了以下特点。

第一，以资源共享原则推动企业 B2B 业务的快速转型，具体包括围绕 B2C 业务部门展开 B2B 业务结构改革与推进 B2C 领域技术资源向 B2B 领域的转化，包括零部件 B2B 领域专用化与 B2B 设备的研发。松下将 B2B 产品业务定为数码 AV[①]、电气化住宅设备等传统 B2C 业务子公司的新业务重点，裁剪等离子彩电、薄型电视机和智能手机等最终消费类产品，将重心放在数码影像与信息通信技术向 B2B 领域的应用转型上。现在，数码 AV 子公司在 B2B 技术转型上日益成熟，构建了包括销售点监控系统、支付监控系统、安全系统摄像头、数码识别系统、手控终端等基于数码技术的社会化产品业务，以及组合式大型液晶显示系统、影视投射设备、广播播放设备、数位看板产品等基于光学成像技术的社会产品业务，实现了民用产品向社会用产品的整体转型。

第二，内部化的中间产品推向外部化，将传统垂直一体化产品生产链下各中间产品纳入外部贸易中。索尼近年来对智能手机与笔记本电脑业务进行收缩与分离，将高像素摄像头、各类传感器等中

---

① "AV" 是 "Audio Video" 的英文缩写，泛指带有音频、视频接口的电子设备。

间产品作为 B2B 主营业务为全球相关产品生产商提供中间产品供应。夏普削减液晶电视、移动电话、平板电脑等最终产品的同时增强液晶面板、光学产品、摄像头零部件、图像传感器等生产业务的开放程度，为顾客需求旺盛的电子信息产品制造领域提供充分供应。其他各主要电子企业大多采取了上述此消彼长的生产业务调整，作为全球电子信息产业价值链中高价值模块专职供应商的角色愈加明显。

第三，基于制造业跨领域与智能化发展等转型趋势构建服务于新兴业态的 B2B 业务。日本电子企业主要向医疗、能源、生物、材料、航空、运输开展跨产业生产业务，为各产业提供自动化、数据化、信息化、智能化、互联化的改造。松下围绕汽车智能化与电子化发展趋势专门组建汽车电子及机电系统公司，以自身在图像处理、光学技术、热能辐射、感应技术等技术研发能力为汽车企业开发智能化 B2B 产品，具体产品包括汽车智能化驾驶舱系统、车载摄像头、汽车接近警报设备、智能进入系统、纳米水离子发生器、多功能汽车音响、移动导航设备、后座娱乐系统等，[①] 并与丰田展开长期的新能源电池供应合作，全面布局汽车电子 B2B 业务。松下董事长大泽英俊在 2015 年明确表示，松下的近期规划是成为全球十大汽车零件供应商之一。索尼凭借图像解析、自动化技术、数据存储与读取技术开拓智能化医疗产业，[②] 推出集成高清晰影像采集功能的手术执行与监控设备、自动化处理的医疗程序处理设备和高速读取功能的医疗教学设备等，建立起能支撑整个新型医院运作的系列化设备生产业务，并已经成为图像产品与解决方案部门的核心业务之一。

2. 数据测算

为避免使用进出口外贸数据可能因贸易劣势影响对日本企业生产业务转变的判断，本书采取日本电子情报技术产业协会发布的每月产业生产报告数据，将整个民生用电子机器设备大类（包含电视、摄像机、数码相机、可替换镜头、便携式音箱与导航设备）定

---

① 王玎、陈言：《松下：探索互联网＋下汽车电子化》，《经济》2015 年第 6 期。
② 刘旭颖：《日本家电企业应如何转型》，《国际商报》2006 年 12 月 29 日。

义为其中一项 B2C 业务，将产业用电子机器设备大类下的有线通信机器设备（主要包括有线电话、交换机等、路由器等）、无线通信机器设备中的移动电话与电子计算机设备与周边产品大类下的个人电子计算机（包括个人计算机、笔记本计算机）、输入输出设备（打印机、复印机、传真机、个人计算机用显示器等）定义为其中第二项 B2C 生产业务，并统称为"B2C 情报通信机器设备"。将电子零部件与设备大类作为主要 B2B 生产业务与上述定义的两项 B2C 业务做数据对比，见表 6-4，数据由 2002 年至 2020 年。图 6-2 显示了 2002 年至 2020 年日本电子产业以民生用电子机器设备、B2C 情报通信机器设备等典型 B2C 生产业务与电子零部件与设备生产的比例推移，可以发现以下现象：（1）2008 年以来日本电子企业从事 B2C 生产业务的规模呈现快速下降趋势，尤其是 2008 年至 2017 年，验证了本书关于生产业务转型的论断；（2）日本企业开展电子零部件与设备生产业务的规模大体稳定，并在 2012—2015 年迅速上升，展现了日本电子企业推动零部件产业链外部化的特征。2020 年，日本企业占全球电子产业生产额的比例下滑至 12%，但电子零部件领域生产额占全球的 37%，[1] 表明 B2B 业务已经成为日本电子企业在全球获取差异化竞争优势的主要生产业务类型。

表 6-4　　　　日本电子产业生产额推移（2002—2020 年）　　　单位：亿日元

年份	民生电子机器设备	B2C 情报通信机器设备	电子零部件与设备
2002	19737	6292178	8749737
2003	23131	65550	91823
2004	25238	65858	97792
2005	25623	63668	92565
2006	27813	65470	101691
2007	29619	65609	104423
2008	27608	79609	97057

---

[1]　日本電子情報技術産業協会：《JEITA 調査統計ガイドブック 2020 - 2021 ~ Executive Summary ~》，2021 年，https://www.jeita.or.jp/japanese/stat/pdf/executive_summary_2020_2021.pdf，2021 年 5 月 2 日。

续表

年份	民生电子机器设备	B2C 情报通信机器设备	电子零部件与设备
2009	22316	44179	69622
2010	23944	45302	82656
2011	15732	32964	73420
2012	11247	28985	66241
2013	8232	23302	67796
2014	6931	19995	75107
2015	6682	17878	81348
2016	6529	16172	72663
2017	6312	15736	78950
2018	6077	16012	76490
2019	5092	16124	66192
2020	4060	13761	63508

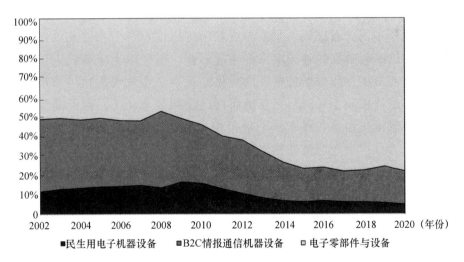

图 6 - 2 日本电子产业生产结构推移（2002—2020 年）

资料来源：日本电子情报技术产业协会：《日本の電子工業の生産・輸出・輸入》，https：//www. jeita. or. jp/japanese/stat/electronic/2021/index. htm。

（二）B2C 生产结构由全产品向中高端电子产品结构转变

第三章所述，自战后以来，日本电子企业就采取通过扩大企业规模和扩展产品经营类别的方式来提高产品市场占有率的全产品策略，一方面投资部署大规模部门齐全的制造基地，另一方面扩大对电子产品种类的覆盖面，争取产品种类面面俱到。这种全产品的差异化战略是以各档次产品的差异化功能与质量来获取低、中、高端的竞争优势，并利用 20 世纪 80 年代以来新技术商业化所引领的各类新功能产品差异化资源进一步巩固了全产品领域的差异化优势。这种技术商业化并非基于对顾客需求的考察，而是基于企业本身对产品差异化价值的认定，成功抓住了当时全球消费类电子产品自身功能与产品类型匮乏的时代特征而获得了长期的竞争优势。现在，在生产结构由 B2C 向 B2B 转移后，日本电子企业对剩余的 B2C 生产业务采取了中高端集聚策略，该策略的价值创造基础是对主体市场的再界定以及对高技术差异化路线的再确立。

对于市场的再界定是由普遍性消费者向新型经济体新中产阶级与高收入阶层集聚。日本经济产业省 2013 年的报告显示（见图 6 - 3），2010 年至 2020 年全球中高收入阶层总规模预期将扩展 14 亿人，其中中国、西南亚、东盟的贡献率将超过 60%。与之相反，欧美发达国家与独联体等国增长将非常迟缓。基于以上中高收入阶层的分布倾斜度变化与增长地理性变化，日本企业发现发达国家市场的需求条件相较于亚洲新兴市场而言已经明显恶化了，而产品差异化的需求量与消费者收入水平呈正相关性，因此，对主体市场重新定义成为日本企业调整差异化竞争战略的重要部署。

对产品高技术差异化路线的再确立是对发展成熟的主要最终消费类电子产品展开突破性创新作为实现差异化优势的主要手段，这既包括实现既定技术路线重大进展的延续性创新的推进，也包括转变现有技术路线的破坏性创新推进。在新兴经济体企业依靠全球产业价值链分工合作所形成的低成本竞争优势冲击下，日本电子企业跳出低成本的直接竞争方式，以企业内部异质性的资源与能力，包括精益制造、磨合型生产能力、高水平零部件供应商网络、中高技术产品设计与研发能力等核心能力为基础，专注于对日本式技术中高端风格的 B2C 产品具有满足感的顾客价值实现来建立差异化竞争优势。因此，日本电子企业的中高端集聚消费类电子产品结构战略采取了"远离"与"集聚"两步，"远离"是指离开由新兴经济体企业所把持的低价格竞争领域，"集聚"是指将战略重心集聚在以中国、西南亚、东南亚为主的新兴中产阶层与富裕阶层的顾客价值上，以提供更为优质的技术中高端消费类产品来实现价值创造。

　　因此可以说，中高端集聚策略进一步加强产品垂直差异化，水平差异化也必须是建立在垂直差异化并实现垂直优势的基础上。①

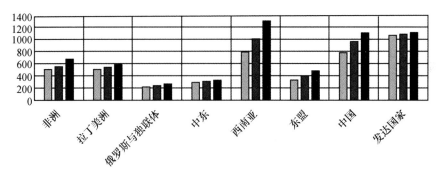

■2010　■2015　■2020

图 6 – 3　全球不同地区中高收入阶层规模增长（2010—2020 年）

资料来源：日本经济产业省："White Paper on International Economy and Trade 2013"，2014 年，http：//www. meti. go. jp/english/report/downloadfiles/2013WhitePaper/outline. pdf。

　　基于以上策略的确定，日本电子企业消费类电子业务将沿着以下路线推进：一是业务规模的收缩，由普遍性市场向阶层导向的细分市场集聚必然需要削减业务规模。二是产品海外偏好的重振，由于全球新中高收入阶层主要产生于中国、西南亚、东南亚等海外地区，日本企业的消费类电子业务将进一步倚重于海外市场的扩张。具体到如何实现中高端集聚，日本企业主要采取以下产品策略。

---

　　①　产品垂直差异化与水平差异化是 1966 年美国经济学家 Lancaster 提出的，他认为产品差异化主要有垂直差异化与水平差异化两类，其中垂直差异化是指同类产品由于生产技术、加工工艺以及原材料的不同而表现出来的产品质量级别上的差异，如产品的结构、功能、标准、质量以及性能等方面的差异。水平差异化是指同一等级的产品由于外观设计、产品包装、营销策略以及客户服务的不同而表现出来的产品特征上的差异，如市场形象等方面的差异。

第一，以产品延续性技术创新与高质量标准的维持来创造技术高端顾客价值。这一策略主要运用于日本电子企业的传统优势技术领域中，数码 AV 类技术是典型案例。以索尼为代表的日本电子企业敏锐定位基于 4K 分辨率的相关摄影、录像、电视节目放送等系统性 B2C 领域的大量顾客潜在需求，并快速响应以展开延续性创新。2013 年索尼实施 4K 产品系统策略，构建从 4K 摄录一体机、4K 液晶电视、4K 投影设备到 4K 电视信号接收设备的产品线，[①] 成为全球第一家建立系统性超高分辨率 AV 产品结构网络的电子企业。日本企业在该领域的需求挖掘获得了成功，全球对 4K 分辨率高清液晶电视的出口总额占比由 2014 年的 18.9% 迅速上升至 2015 年的 35.9%，为日本企业提供了全新的差异化优势。松下也将稳定主营领域定义为高价值低规模的数码、摄像、摄影产品，提供价格昂贵但性能佳的中高端 AV 产品。

第二，以日式传统的"轻、薄、短、小"设计理念为切入点，为注重便捷实用、简约美观的消费者提供需求满足。第三章述及，日本电子企业自战后就逐渐形成了"轻、薄、短、小"的研发风格，学者们指出这应与日本的机械制造与美术风格有关联性。[②] 现在，日本电子企业有意识将这一日本特色产品研发设计风格作为 B2C 产品全球化推广的表现手段，通过设计风格来降低市场的替代性。比如，松下积极拓展中高端中小型嵌入式家电产品系列化，为符合现代简约家居风格提供具备优良性能与质量，符合精巧、便捷整体美感的家电产品。

第三，以低碳与健康等新需求为价值创造空间，提供相应的中高技术新产品。在新兴经济体工业化而产生的碳排放增大和相应的空气污染、水污染等负外部性显著扩大的背景下，传播沟通教育、社会参照规范等现代化社会价值构建敦促了新兴国家中高阶层消费

---

① ［日］桐山宏志：《蓄势待发——索尼 4K 超高清电视直播系统》，《现代电视技术》2013 年第 6 期。

② ［美］鲍勃·约翰斯通：《我们在燃烧：日本电子企业研发史》，华夏出版社 2004 年版，第 66 页。

者个人低碳消费与健康消费意识的出现，① 从而成为日本电子企业扎根于环保与健康保障等新技术的价值创造的顾客价值基础。比如，松下、日立等企业在中国大陆、东南亚、印度等新兴市场重点布局以低碳环保技术为主的节能系列家电，主要在电冰箱、洗衣机、空调等大功率家用电器领域提供低能耗产品。松下、夏普等企业还推动以污染物过滤与净化技术为主的空气净化设备等健康概念产品发展，以契合中高收入阶层消费者的新型消费理念与消费行为。对于低碳与健康保障技术这类前沿性产品，高品牌价值的顾客忠诚度能够发挥更重要的作用，帮助日本电子企业抢占价值较高的新型产品市场。

第三节　日本制造业企业服务增强战略具体措施

一　B2B 领域：由服务渗透向服务转型战略转变

（一）解决方案业务：由"系统贩卖"向"方案贩卖"

如前文所述，解决方案业务来源于服务本位与客户本位理念的兴起，随着制造业服务化的出现而发展，而服务转型战略的根本内容就是解决方案业务类型的转变。服务转型战略前，解决方案主要表现为由定制化的产品与服务组合为形式的高价值集成模式，依托于大型商业活动规模与政府客户数量的增加而发展起来，也被称为"系统贩卖"（System Selling）式的解决方案，指企业将产品与服务整合为一体性的系统以满足客户的运营需要。后来，随着 B2B 制造业企业向服务转型战略的转变，推动了名为"方案贩卖"（Solution Selling）的新型解决方案业务类型，这一类型对客户运营难题的解决由问题型向基于市场营销的战略形式进化，为客户提供战略性与咨询性建议，指导后者推动核心业务运营环节转变来实现战略目标。这种由系统贩卖向方案贩卖的理念进化主要表现为以下

---

① 王建明、贺爱忠：《消费者低碳消费行为的心理归因和政策干预路径：一个基于扎根理论的探索性研究》，《南开管理评论》2011 年第 4 期。

四条：

a. 为客户提供深度的经营模式分析；

b. 侦测并诊断出客户的组织性问题，尤其是在客户自身未意识到的情况下；

c. 提供基于过往类似客户处理经验的解决方案；

d. 将各元素、组件协调整合入一套解决方案内。

针对提供方案贩卖式解决方案，企业主要采取以"系统整合商"（System Integrator）的服务提供结构。系统整合商类似于模块化战略思想，企业不再根据产品的生产、服务等层次进行系统的整合工作，而是基于各业务部门独立提供各服务模块的权利，然后在服务过程中依照解决方案的战略逻辑来形成水平化服务模块的供应方式。这种系统整合商的服务提供结构能够将单元模块按照战略逻辑进行自由式的组合，因而受到方案贩卖企业的运用。欧美企业的系统整合商倾向于引入制造部门的分工专业化处理，对该领域也实现服务外包，以图实现新的结合战略模式。

日本制造业企业中，尤其电子企业，是解决方案业务发展较为成熟的制造部门。松下一直为商务部门提供电子商务处理的解决方案，日立为社会基础设施提供解决方案，索尼为影视领域提供娱乐与摄影解决方案，等等。不过，21 世纪以来，日本企业发现方案贩卖解决方式业务成为顾客价值的新集聚点，而该业务对多业务整合能力与跨产业运作能力的竞争优势更为倚重，而这恰是一直以来发展规模庞大的跨领域垂直一体化的日本企业所擅长的。因此，日本大型制造业企业纷纷涉足并扩大这一领域以实现价值创造。

日本企业聚焦该业务具有以下转型特征。第一，基于物联网、大数据等新型信息数据搜集与处理技术平台，以数据为主要信息形式，为战略性分析决策提供信息支撑。第二，基于制造业、社会、各区域经济发展趋势性问题与传统业务与技术强项的交叉判断来确立解决方案业务的主要细分市场。第三，充分发挥垂直一体化在磨合复杂综合性业务上的构架优势，构建相关市场辐射范围内的跨领域业务圈，为系统协调整合提供完整的元素与组件。第四，采取系统整合商这一业务构架，但更倾向于在企业内部制造部门搭建内部化交易，而非欧美企业的服务外包策略，因而更系统地体现了组织自身的差异化能力。日立是推动方案贩卖解决方案业务的最主要的企业之一，其服务方式具体转变、企业服务构架转变都充分展现了上述的特征，因此下文将对日立展开案例分析，以从更微观的视角评述日本企业的服务转型战略转变。

（二）案例分析：日立社会创新业务

日立近年推出了新的"社会创新业务"（Social Innovation Business）概念来实现方案贩卖解决方案业务。[1] 日立在全球提供社会性的解决方案业务上具有深厚积淀，如在中国设立环保节能项目组，为云南省耗能企业提供环保工作的解决方案，为宁波汽车企业提供如何实现节能减排的解决方案，并在中国各地提供电机系统节能与水处理等解决方案。[2] 正是基于社会基础设施与 IT 基础设施双领域的雄厚技术与运营实力，日立敏锐地捕捉住全球城市化进程中可能存在的能源、安全、空间问题，将目标市场从传统的微观领域问题解决上升到了全球性的城市发展宏观战略解决，[3] 提出了基于能源、工业、城市与服务业（金融公共服务与健康保险）四大领域的社会创新业务，集中提供社会基础设施建设层面的解决方案。社会创新业务不再是以往的硬件设计、制造、服务等整合的系统贩卖性质的解决方案，而是为地方政府、能源部门、企业集群等宏观性组织提供如何参与或实现城市、社区、交通的现代化、智能化、环保化、低碳化的战略性建议、咨询与设计，并负责将战略付诸实施。

最初，日立并不存在成系统的解决方案业务，后来才构建了以系统整合（Service Integrator，SI）与大型工程项目（Engineering Procurement Construction，EPC）业务为核心框架的解决业务方案，产品业务为以上两个业务提供物质支持。在业务提供流程中，日立

---

[1]　Toshiaki Higashihara, "2018 Mid-term Management Plan", Hitachi, http：//www.hitachi.com/New/cnews/month/2016/05/f_160518pre.pdf, May 2016.

[2]　舒朝普：《日立转向：社会创新事业》，《中国外资》2009 年第 10 期。

[3]　Rennert Dieter, Raspin John, "Social Innovation and Mega Cities：What are the Opportunities for Business", *Civil Engineering*, 2015, Vol. 1, No. 23, pp. 46 – 47.

各业务部门为 SI 或 EPC 业务提供各流程或各环节，如产品或零部件生产等硬件产品以及咨询、财务服务、维修保养、运用服务等服务产品，然后 SI 或 EPC 业务部门进行硬件与软件服务的整合，形成系统性的解决方案提供给客户方，从而形成工厂、业务部门、SI/EPC部门、销售部门四级垂直结构，为客户提供系统性解决方案，是典型的系统贩卖模式。

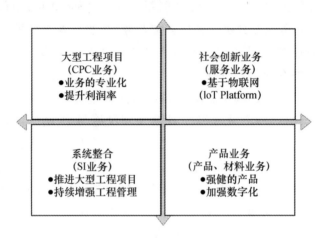

图 6 - 4　日立社会创新业务的中心地位

资料来源：Toshiaki Higashihara，"2018 Mid-term Management Plan"，Hitachi，http：//www. hitachi. com/New/cnews/month/2016/05/f_160518pre. pdf，May 2016。

　　日立提出社会创新业务的顾客需求基础来自全球性的宏观性顾客理念，主要体现为主要经济体对自身社会价值形态的全面转型计划。近年来，日本提出"社会 5.0"，德国提出"工业 4.0"，中国提出"中国制造 2025"，囊括各行业各领域的社会层次全面升级，形成了巨大的顾客需求，从而成为日立以创造新顾客价值来实现价值创造的需求基础。日本的"社会 5.0"也被称为超智能社会，被日本政府定义为继信息社会后新的社会形态，强调虚拟空间与现实空间的高度融合，依托物联网、机器人、人工智能、生物医学、脑科学等技术进步构建物质与信息高度一体化社会，实现能源、交

通、制造、服务等系统的智能组合。① 德国"工业 4.0"提出的是
继机械化生产、电气化与自动化生产、电子信息化生产后基于信息
物理融合系统的新工业形态，强调物联网、人工智能、云计算在交
通、医疗、能源、环保等行业的产业形态转变。② "中国制造 2025"
是中国政府在行业准入、监管、金融、财税、服务等体系进行重大
调整和突破，以推进信息技术与高端装备制造业、新兴制造业形态
的融合来实现中国制造业竞争力的本质提升。③ 各国社会发展新理
论都处于战略布局阶段，需要在战略决策上完成顶层设计，从而为
日立的方案贩卖业务提供服务空间。

　　基于以上顾客价值的潜在空间，日立在 2010 年后提出社会创新
业务并逐年深化，将产品业务、各部门业务、系统整合业务与大型
工厂项目业务重组为产品、平台、前端（Front）三个层次。产品负
责工业产品、自动化零部件、材料等硬件领域的生产。平台是社会
创新业务的核心，成立"跨领域业务生态系统"，作为提供多种解
决方案的单平台，即将系统整合任务置于平台内解决。前端包括企
业地区基地与业务部门，直接对接政府、工厂、医院、交通企业等
B2B 客户。通过这种业务结构改革，日立的社会创新业务完全符合
了 Andrew 等（2007）关于方案贩卖解决方案的系统整合商模式与
四条特征理念。首先，由于不再存在整合环节的阻碍，业务部门能
根据客户的具体需要提供柔性的模块式单元服务，从而形成系统整
合商的结构。不仅如此，在与客户进行直接互动过程中，业务部门
将对顾客经营模式深度分析，并提供给平台以信息反馈。其次，跨
领域的单平台整合原 EPC、SI 等系统整合工作，形成统一的解决方
案设计场所，不再根据客户具体需求类型采取制式的解决方案，而
是先对前端信息反馈进行统一分析，并倚仗单平台的以往解决方案
业务经验形成对顾客自身缺陷的分析。在分析过程中，物联网成为

---

　　① 崔成、蒋钦云：《日本超智能社会 5.0——大变革时代的科技创新战略》，《中国
经贸导刊》2016 年第 36 期。

　　② ［德］乌尔里希·森德勒：《工业 4.0：即将来袭的第四次工业革命》，机械工业
出版社 2014 年版，第 8—13 页。

　　③ 黄群慧、贺俊：《中国制造业的核心能力、功能定位与发展战略——兼评〈中国
制造 2025〉》，《中国工业经济》2015 年第 6 期。

技术基础，并将消费电子产品、商用电子产品都纳入信息传导的范围，极大延展了信息的收集与处理。再次，根据产品部门所提供的技术与硬件支撑状况，为顾客提供立足于战略层次考虑的整体解决方案。最后，平台与业务部门一起形成整体解决方案，为顾客提供全方位的服务。（见图 6 - 5）

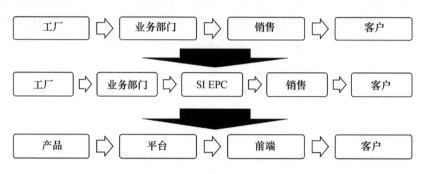

图 6 - 5   日立解决方案业务结构的变化

日立在投资结构与创新结构上确立了社会创新业务的核心业务地位。在投资结构上，2010—2012 年，日立向社会创新业务投资 100 亿美元，占企业三年资本支出的 70%，确立了社会创新业务的资金支持地位。[①] 在创新结构上，日立在企业的 R&D 体制改革中新设社会创新全球中心，与负责其他主营业务研发的全球科技创新中心并立为新研发体系中的两大创新中心，在研发领域赋予了社会创新业务与信息通信、机械设计、能源等其他主营业务同等的战略高度。与其他主营业务并立的研发等级使社会创新业务成为日立企业研发的新一极，不再局限于各业务部门的协调配合、资源共享与技术支持，而是深入为新型方案贩卖业务模式提供最优质的创新资源来实现社会创新业务所需的产品、软件与服务、OT 与 IT 平台、业务流程等各层次整合、商业模式创新等各领域的创新突破来实现业务的前端能力（front-line capabilities）与平台运行。社会创新业务领域不再是企业资源的受益部门，而是企业资源的再生部门。

---

①   邱询旻：《日本企业竞争力个案研究》，中国经济出版社 2015 年版，第 222 页。

依托社会创新业务，日立在消费类电子、工业交通、信息通信与能源供给等传统核心领域都获得了全新的发展空间。铁路、太阳能发电、大型运输工具等重型工业领域，传感器、变频器、发动机、金属材料、电池、医疗器械等 B2B 产品领域，甚至电脑、家电、商务电子设备等 B2C 产品领域都成为支撑系统维护、工业软件、数据服务、医疗服务、管理服务等社会创新业务核心服务模块的物质基础，成为整个方案贩卖解决方案的系列性产品。而在日立乃至其他日本制造业企业推动方案贩卖战略的过程中，这种涵盖电子、交通、能源、医疗等跨区域的服务业务推动了日本制造业跨领域融合发展的进程，加快了企业边界与产业边界的模糊，而这也成了次时代制造业发展的根基，为日本制造业企业未来获得全新竞争优势奠定了基础。

二　B2C 领域：由服务实践向服务渗透战略的转变

日本制造业研究学界近年来认为由于产业成熟度和产业扩展与转移两大现实问题对日本经济业务冲击很大，因为汽车、电子等主要 B2C 领域一直代表着日本制造业的主体竞争力。因而，日本学者呼吁制造业企业加速服务化，推动创新资源向服务层面转移以实现服务创新（Service Innovation）[1]。如三菱总研提出制造业企业应为消费者提供更高层次的价值，从产品提供向信息、服务提供转变。日本经济产业研究所副所长森川正之认为服务的生产率和技术水平对于制造业企业来说已经更为关键，野口悠纪雄则指出美国消费高峰结束必将导致日本 B2C 领域产品销售范围的缩窄，加剧了制造领域服务业的缺失作为结构性问题的尖锐性。[2]

B2C 领域制造业服务化与 B2B 的不同之处在于服务维度的差别。由于企业、政府等 B2B 顾客需求的复杂性，B2B 供求双方交易是面对面的，供方企业愿意采取服务扩展或服务转型战略，将服务增强的领域向第三方产品扩展以提供系统化的综合服务。但 B2C 市

---

① 蔺雷、吴贵生：《服务延伸产品差异化：服务增强机制探讨——基于 Hotelling 地点模型框架内的理论分析》，《数量经济技术经济研究》2005 年第 8 期。

② 李毅：《制造业在日本经济复苏中的角色探讨》，《日本学刊》2015 年第 3 期。

场中供求双方之间的交易是面对点的，消费者对产品的需求表现为碎片性与分散性，因而企业提供服务增强需要以己方产品为基础，服务扩展的具体途径也围绕着产品本身的属性与功能展开。因此，B2C 领域的服务维度较少涉及第三方产品的服务维度，服务战略的延展主要表现为服务实践到服务渗透战略的转变。

对于 B2C 领域来说，顾客等同于最终产品的消费者，因此服务渗透战略实际上将消费者需求作为价值增值的能量，企业不再依赖于销售产品来获得价值，而是先通过挖掘消费者现实需求与潜在需求来寻找未捕捉的需求空间并基于此实现价值增值。在传统的产品供应 B2C 领域的价值传递机制中，消费者是价值的最终提供者。在服务实践战略下的 B2C 业务价值传递机制中，服务作为附着产品一定程度上增加了企业对消费者需求价值的重视程度，但本质并没有改变消费者被动提供价值的传递关系。而在服务渗透战略下，消费者成为价值的创造者，在业务内价值传递过程中处于核心价值地位，因此 B2C 领域的服务渗透战略也可被称为消费者本位战略。因此，能否实现或提升消费者价值是日本制造业企业是否有效实施服务渗透战略的关键。

许正良等将消费者价值具体细分为功能价值感知、体验价值感知、象征价值感知与成本价值感知。功能价值感知是消费者对产品实体的功能性的效用感知，体验价值感知是消费者对产品的知觉、情感和关系等效用感知，象征价值感知是消费者在产品消费商获得了附加的诸如个人意义与社会意义等心理意义，成本感知是消费者对商品交易过程中可货币化与不可货币化的成本感知。[①] 在推动服务渗透战略上，日本汽车与电阻器企业以服务形式增加消费者各类感知来提升消费者价值所采取的举措可以大致归纳为以下几点。

（一）售后服务体系的向上扩展

产品从生产到销售再到售后服务的过程是实现消费者价值最终提供的发生环节，通常来说属于两个服务环节，销售团队负责产品

---

① 许正良、古安伟、马欣欣：《基于消费者价值的品牌关系形成机理》，《吉林大学社会科学学报》2012 年第 2 期。

的价值传递，售后负责产品的价值实现。日本企业近年来以售后服务为核心向销售领域扩展，使产品价值传递进行向上整合，使产品更早进入消费者价值实现领域。这样消费者在进入产品价值传递时就能直观感受到产品价值实现能力，且能在购买与售后环节中享受顺畅的一体化消费感知体验，从而缩短了由产品价值传递到价值实现的决策时间。

以丰田为例。丰田公司对销售与售后的扩展与整合首先基于销售网络基础设施的完善，先扩大经销体系以满足售后服务的承接任务，然后将两者进行绑定。丰田提出"日本市场重生计划"（J-Re-BORN Plan）以指导经销体系的扩大，将经销商改良作为计划核心，将汽车贩卖中心转变为顾客中心作为计划理念，针对日本市场进行新一代的经销体系构建。截至 2016 年，丰田经销体系扩展为 5000家经销点与 46000 名服务员工，提供密集网络的经销服务。在东京新宿，平均每 3.6 平方公里就有一家经销点，使经销商具有了提供密集售后的现实基础。之后，丰田为经销商绑定售后服务，直接整合维修点功能，提供定期检测维修、上漆喷涂、回收旧车、维修保养与车检等全产品售后服务内容，使经销点成为售后服务的提供中心。最后，丰田将产品长周期追踪服务体系引入各经销商的服务日程中，完成经销与售后的整合工作。这种服务体系为消费者提供5—20 年的长期主动性服务，首先在消费者购买产品时提供可视化的服务内容选择，其次在接下来的服务周期内为客户提供产品运行状况咨询、日常故障解惑、保险续期提醒、产品周期状况告知等主动性服务。① 如此一来，丰田以经销服务整合在企业与消费者之间建立了一种超越产品供应与消费者关系的契约式与伙伴式的长期关系与依附情感，成功提高了消费者的体验价值感知。这种体验价值感知的长期存在促成消费者对"丰田客户"这一身份的认可，进而产生象征性价值感知，从而综合性提升了消费者价值。

（二）交易便利化的服务体系建立

售后服务向上扩展通过增强产品价值实现来提高消费者的各类

---

① 叶刚：《日本汽车售后服务利润可观》，《中国汽车界》2011 年第 15 期。

感知,而基于交易便利化的服务体系则是通过减少消费者交易成本或降低难度来降低消费者接受企业产品的门槛,是以提升消费者成本感知为核心。日本企业构建交易便利化服务体系的技术核心是信息技术,是由传统的物理信息交换为基础的分销、物流与零售点网链向以虚拟信息交换为基础的电子商务与金融融资服务网链转变,重新塑造消费者的成本感知。

电子商务是通过网络化与数据化工具为消费者提供简捷、快速的交易方式,通过数据需求预测分析、产品推介、购买流程提示、网上快速支付、订单进度追踪等大幅度降低产品的信息模糊性与不对称性,并使消费者能更快速、准确地寻找合适产品。丰田自1998年就推出 Gazoo. com 网站,提供汽车保养及维修,以及汽车评估及保险信息,建立了包括 20 余家零售商的电子服务网络。之后Gazoo. com 网站逐渐升级为丰田汽车文化的宣传工具,由汽车服务信息的集聚点发展为囊括汽车个性化与赛车咨询等各种层次、类型的汽车网络交易与信息交换平台。后来,各日本汽车企业也积极构建汽车 ICT 信息服务网,提供与汽车相关的产品、技术、市场形势、政策法规等一系列信息,并为客户提供线上车辆检修、线上租车、线上购车方案等服务内容。[①] 索尼也于 21 世纪初率先布局电子营销体系,建立旗下影视音乐产业的线上网络使消费者享受虚拟产品的交易便利,并围绕新推出的 Play Station 电子游戏机构建线上游戏信息,下载、支付的 PSN 线上平台,成功使当时以实体消费为主的影音娱乐产品快速虚拟化,大幅度降低了消费者的交易成本。

金融服务的布局晚于电子商务,但近年来成为日本制造业企业构建交易便利化服务体系的核心内容之一,将其作为服务渗透战略下的新型服务的发展方向。制造业企业金融服务主要以融资、租赁为服务形式,在产品销售阶段中为消费者提供的分期付款、赊销等金融服务以降低一次性支付可能导致的高交易成本问题。[②] 日本汽

---

① 苏悦娟、王荣生、孔璎红:《产业价值链视角下的汽车 ICT 信息服务平台的构建》,《改革与战略》2008 年第 9 期。

② 隆惠君:《装备制造业竞争力提升的产品服务增强策略研究》,《科技管理研究》2012 年第 18 期。

车企业建立金融服务公司，主要提供汽车租赁与汽车购买贷款服务，并成为经济危机以来提升消费者成本感知以刺激消费行为的主要销售策略之一。2008年，丰田在美国建立零贷款利率的汽车房贷体系，为美国消费者提供先期零交易成本的销售服务。[1] 2016年，丰田已经将以上金融网络延展至全球30多个国家与地区，金融服务营业额近20000亿日元，同比增长14.2%，达到汽车营业额的7.3%，金融服务对汽车销售的作用，对丰田销售业绩的提高至关重要。索尼金融业务虽然开展很早，但在经济危机以来才真正成为企业的支柱业务之一。索尼一方面整合金融业务成立整合性的索尼金融公司，集中提供寿险、非寿险与银行服务，直接为消费者提供独立性的金融产品；另一方面为旗下产品与相关电子设备提供B2C领域的短期租赁，为消费者提供成本门槛低的交易方式。2010年以来，索尼的金融业务已经成为企业最主要的利润增长与提供部门，并是这一阶段企业亏损期中主要的财务支撑领域。

电子商务与金融服务体系构建起来后，日本企业传统的分销、物流、零售点体系成为新体系的支撑性服务，分销与物流体系为电子商务的网上订单与金融服务的租赁订单与融资订单提供快速响应与快速送货服务，零售点由产品的主要交易场所转变为电子与金融服务实体产品输送场所，是线上与线下的结合点。在新交易体系运作过程中，日本企业将销售与售后整合的长期契约式与伙伴式服务内容融入其中，实现交易服务体系与销售服务体系的对接，如以零售点作为交易便利化体系与售后服务扩展这两个新服务体系的联系点，从而实现消费者形成的高成本感知由体验感知与象征感知无缝衔接，形成更高的综合性消费者价值。

（三）虚拟化服务体系的搭建

虚拟化服务体系的搭建与延展主要通过虚拟服务来创造消费者全新的体验感知。这种虚拟服务直接为客户提供体验感受，主要以情境价值来衡量。情境价值强调在服务交易过程中消费者从辅助功能和交易特性中获得额外收益，这种收益的额外特征正是企业实现

---

[1]　张婧：《金融危机下丰田公司的应对策略》，《中外企业家》2009年第11期。

新顾客价值创造的动机。

　　由于长期依赖于制造工艺产生竞争优势的企业竞争战略布局对制造业企业的保护，使日本的软件等虚拟产品一直作为产品的捆绑附属品提供，① 在虚拟化服务蓬勃发展的 21 世纪中凸显出了日本企业的这一软肋的负面影响。因此，日本企业在推行服务增强战略时将资源进一步向虚拟化服务集中，以寻求该领域消费者价值的实现，主要手段是网络平台服务与软件服务。日本企业的虚拟化服务体系主要遵循服务清晰化、增值化与前沿化来实现顾客价值创造。

　　服务清晰化主要是基于网络技术的服务范式创新。范式创新也称为形式化创新，它不发生定量或定性的变化，而是将从服务要素的可视化与标准化入手来达成有序性，减少服务要素的模糊性。② 日本汽车与电子企业通过构建网络服务平台，包括服务内容的网上预约、服务形式的网上选择，以及服务流程推进的可视化管理与查询，使消费者能够因服务运用的便捷性与信息模糊性的下降而显著提升服务体验感受。

　　服务增值化主要基于虚拟网络增值服务体系。增值服务是直接通过提供与众不同的或者对产品的差异化实现本质提升的特殊性质的服务内容，来实现服务的价值溢价。这类服务通常独立定价，为具有特殊服务需求或对服务要求较高的消费者提供定制化服务。将增值服务与虚拟网络进行重新组合，能赋予前者更广泛的服务区域、更具柔性的服务内容、响应更快的服务速度等优势。尤其是功能上对网络依赖性更强的电子智能化产品，虚拟网络增值服务能进一步实现对产品差异化的升华。索尼近年来在 Playstation 游戏机设备与电子游戏开发领域上将在线会员增值服务为主的虚拟网络增值服务构建作为服务扩展的主要策略，为在线会员提供游戏免费赠予、游戏在线内容、游戏专属周边等付费服务扩展。现在，在线会员增值服务已经成为索尼游戏业务最主要的利润来源。

　　服务前沿化主要是基于 ICT 物联网虚拟服务体系。服务前沿化

---

　　① 赵晓庆：《日本软件产业发展的战略与制度研究》，《科学学研究》2006 年第 2 期。

　　② 原小能：《服务创新理论研究综述》，《经济问题探索》2009 年第 11 期。

是围绕新兴业务形态布局新兴的服务形态，以新的技术手段、服务流程、服务理念为消费者提供传统服务手段难以实现或不可能实现的这部分潜在需求的解决途径，既能增强新兴业务形态的市场化可行性，也能创造全新的服务模式。日本汽车企业以生产业务新能源与智能化的转型为契机，将汽车作为智能化功能载体，扩展嵌入式网络服务，积极构建搭建汽车间物联的网络化平台来推动互联网对顾客价值的创造要素在汽车上的融合与实现。在汽车物联服务平台搭建上，日本汽车与电子企业展开广泛的战略合作，电子企业负责为汽车电子设备提供影视、游戏、新闻、咨询等互联网服务内容，并通过云计算、大数据来增进服务投放精度。

小　结

除了通过战略结合实现成本优势与差异化优势的双攫取外，日本企业进一步深化对差异化战略的独立构建能力，既有利于保持与继承磨合型产品竞争优势这一战略传统，也是追求在广泛领域实现竞争优势提升的必然要求。日本制造业企业如何加强差异化战略构建能力，是本章的研究重点。

重新审视差异化实现途径是日本企业强化差异化战略这一独立竞争战略的基础。差异化战略局限性表明了传统的基于产品与市场的差异化实现途径必然面对由于产业发展程度与规模的演变所导致的差异化优势枯竭的问题，从而使日本企业转换战略思维，将基于顾客价值的价值创造作为差异化的新的实现途径。顾客不再是信息反馈者，而是为企业提供价值创造所需信息的发布者。企业赋予顾客主动性的、对企业总体方向具有评判性的评价地位，为实现这一价值创造提供保障。转变竞争思维，建立将市场竞争与顾客服务同时作为获取竞争优势的价值创造集聚思维，是日本企业构建新差异化战略的核心，后者基于这一思维构建了生产业务转变战略与服务增强战略这两大战略调整模式。

生产业务转变战略由两个层面组成，第一个层面是转变主营产品技术发展路线来创造新的顾客价值，集中表现在日本汽车企业的新能源化、智能化的战略转型趋势上，满足在日本国家的自然灾难多发性、资源的贫瘠性、重视环保的教育传统、信息化国家战略要求等多方面综合影响下所形成的非常倚重环保、节能、循环利用、智能、安全等日本消费者的独特消费理念。第二个层面是集聚于顾客需求更高的领域以延展顾客价值，集中表现在日本电子企业的基于价值创造的"选择与集中"战略，在由于产业价值链合作框架变化所导致顾客价值萎缩的最终消费类产品领域，以及由于消费结构变化所导致顾客价值萎缩的 B2C 中低端产品领域进行舍弃，在顾客价值迅速集聚的 B2B 中间产品领域与 B2C 中高端产品领域进行集中，这也意味着日本制造业企业的产品结构与主体市场定位产生了巨大的转变。

服务增强战略将服务树立为业务核心，是企业实现差异化的主要形式。日本制造业企业的服务增强战略将服务维度由产品向顾客过渡，并根据业务领域特征界定服务范畴，主要在 B2B 与 B2C 领域分别展开由服务渗透战略向服务转型战略，以及由服务实践战略向服务渗透战略的转变。解决方案业务由"系统贩卖"向"方案贩卖"的转变是服务转型战略的主要内容，建立了平台式的战略层面的解决方案业务模式，运用物联网、大数据等新型信息技术能力与传统制造能力为新型社会发展与经济形态变化所形成的新顾客需求提供跨领域、跨平台、跨产业的战略层面处理，赋予了企业异质性资源满足新型动态需求的能力，并抢占新制造业转型的先机。日本企业服务渗透战略构建则通过售后服务领域、交易便利化体系、虚拟服务系统三个方面提高消费者感知，缩短产品价值传递过程，提高消费者的体验感知、象征感知和成本感知。

第七章

21 世纪日本制造业企业竞争
战略调整的效果与问题

第一节　从产业贸易层面看竞争战略
调整的效果与问题

竞争力可以分为企业竞争力、产业竞争力与国家竞争力，企业
竞争战略调整的战略效果直接反馈在企业竞争力上，之后产业国际
竞争格局的变化，必然导致国际产业贸易层面的深刻变化，因而产
业竞争力是考察一国产业的企业竞争战略调整的重要衡量工具。尤
其是日本汽车与电子产业表现为高产业集中度的寡头竞争格局，更
加深了从产业贸易层面衡量企业竞争战略调整效果的意义。

一　从产业贸易层面看竞争战略调整的效果
（一）分析方法
本书选用显示性竞争优势指数为主要量化工具来衡量日本汽车
与电子产业的竞争力的变化，显示性竞争优势指数由显示性比较优
势指数与显示性进口指数相减获得，因此公式是分两个步骤进行
的。不过，显示性比较优势指数、显示性进口指数都可作为侧面性
的量化依据，用于实际分析中。由于联合国数据库改版封闭了对部
分数据的获取，因此本部分分析时间选定在 2001—2015 年。这段
时间是日本企业展开密集转型的时期，适用于分析日本企业战略调
整的效果。

1. 显示性比较优势指数（Reveal Comparative Advantage，RCA）

显示性比较优势指数是衡量一国某商品国际竞争力的一种量化指标，最初由美国学者 Balassa[1] 提出。

$$RCA_{c,i} = \frac{\dfrac{e(c,i)}{\displaystyle\sum_{p} e(c,p)}}{\dfrac{\displaystyle\sum_{w} e(w,i)}{\displaystyle\sum_{w,p} e(w,p)}}$$

公式中 $e(c,i)$ 表示 c 国对 i 产品的出口额，分子表示 c 国 i 产品出口额占国家所有产品 p 出口总额的比重，分母表示世界所有国家 w 的 i 产品出口额占世界所有产品 p 出口总额的比重。日本贸易振兴会设定的判断产品显示性比较优势强弱的分界标准分别为：RCA 值大于 0.8 可视为中等比较优势，大于 1.25 可视为强比较优势，2.5 可视为极强比较优势。[2]

2. 显示性竞争优势指数（Competitive Advantage，CA）

$$CA_{c,i} = \frac{\dfrac{e(c,i)}{\displaystyle\sum_{p} e(c,p)}}{\dfrac{\displaystyle\sum_{w} e(w,i)}{\displaystyle\sum_{w,p} e(w,p)}} - \frac{\dfrac{i(c,i)}{\displaystyle\sum_{p} i(c,p)}}{\dfrac{\displaystyle\sum_{w} i(w,i)}{\displaystyle\sum_{w,p} i(w,p)}}$$

显示性竞争优势指数是将显示性比较优势指数减去显示性进口指数所得，其中显示性进口指数是 c 国 i 产品进口额占国家进口总额比重与世界 i 产品进口额占世界进口总额比重之间的比例。这一指数最先由 Vollrath 与 Vo[3] 提出，将一种产品的进口也纳入对竞争力的影响因素，能够更清晰看出某国在某产业的总体竞争力状况。[4]

① Balassa B., "Trade Liberalisation and 'Revealed' Comparative Advantage", *The Manchester School*, Vol. 33, No. 2, 1965, pp. 99 – 123.

② 刘东旭：《亚太自由贸易区实现路径选择——基于亚太地区各经济体的贸易互补性和竞争性分析》，《世界经济研究》2016 年第 5 期，第 122—136 页。

③ Vollrath T. L., Vo D. H., "Investigating the nature of world agricultural competitiveness", *Technical Bulletin*, 1988.

④ 陈立敏、谭力文：《评价中国制造业国际竞争力的实证方法研究——兼与波特指标及产业分类法比较》，《中国工业经济》2004 年第 5 期。

可见这一指数较 RCA 也更为苛刻，对一国产品在国际的出口竞争力
进行了更突出的量化呈现。公式中减号后为显示性进口指数，其中
$i(c, i)$ 表示 c 国对 i 产品的进口额，分子表示 c 国对 i 产品进口额
占国家所有产品 p 的出口总值份额，分母表示世界所有国家 w 的 i
产品进口额占世界所有产品 p 的出口总值份额。显示性进口指数越
高，说明一国在该产品领域对进口的依赖性也越大，反之则越小。
当显示性竞争优势指数大于 0 时，该产业具有竞争优势，该指数小
于 0 时，该产业具有竞争劣势。由于日本贸易振兴会对 0.8 以上的
RCA 值都视为中等比较优势，因此，本书认为显示性竞争优势指数
的区间在 -0.2 至 0 内也可能具有一定竞争优势。

显示性比较优势指数与显示性竞争优势指数是基于对一国产品
进出口价值总值来量化竞争优势，因此对无法控制产品数量与价格
在合理区间内波动的国家来说，这一量化方式的客观性有所降低。
比如政策壁垒导致贸易成本提高、低廉劳动力等绝对成本优势的存
在、通货膨胀等不合理价格变动、一国内劳动生产率水平相差较大
等现象会降低一国的显示性指数对其产业竞争力的说服力。[①] 然而，
日本作为经济状况稳定的发达国家，近 30 年来处于长期的价格稳定
期，且本身具有高贸易自由度、低地区差异、无绝对成本优势等特
征。另外，汽车与电子产业也非易受外部因素干扰的国家支柱性产
业。因此，本书使用这一指数体系，能够更客观地说明日本在汽车
与电子产业竞争优势的客观变化情况。

（二）数据来源与计算结果

以下所有数据源自联合国商品贸易数据库（UN Comtrade Data-
base），所有国家及日本总进出口值选取自总货物贸易数据，汽车与
电子产业按照联合国采取的国际贸易标准分类（SITC）。因 SITC 第
三修正版之后数据缺失严重，为完整表现 2001 年以来日本两个产
业竞争优势变化，采用第二修正版（Rev. 2）数据。为能体现出汽
车与电子企业的竞争战略对产业结构的细化影响，取 SITC 三位数细
分产业标准，剔除个别贸易额很低并处于迅速萎缩状态的夕阳产

---

① 蒋德恩：《显示性比较优势指数的适用条件分析》，《国际商务》2006 年第 5 期。

业。汽车产业对应的主要细分产业为：个人运输用自动车、专用货物运输车、道路机动车、自动车零部件、摩托车与非机动车。电子产业对应的主要细分产业为：商用电子产品、自动处理设备及设备组、商用及自动处理设备机器零部件与附件、电视接收设备、录播设备、电信通信设备及配件、电力发电及设备组、电路控制和电气设备、家电与家用设备、电子、电路、晶体管、阀门、二极管等、测量、检查、分析和控制设备、摄影与电影器材、光学产品。（详见表 7 - 1）

表 7 - 1   汽车与电子产业在国际贸易标准分类下各细分产业

汽车产业下的细分产业		电子产业下的细分产业	
781	个人运输用自动车	751	商用电子产品
782	专用货物运输车	752	自动处理设备及设备组
783	道路机动车	759	商用、自动处理设备机器零部件与附件
784	自动车零部件	761	电视接收设备
785	摩托车与非机动车	763	录播设备
		764	电信通信设备及配件
		771	电力发电及设备组
		772	电路控制和电气设备
		775	家电与家用设备
		776	电子、电路、晶体管、阀门、二极管等
		874	测量、检查、分析和控制设备
		882	摄影与电影设备
		884	光学产品

根据以上数据来源与细分产业分类，先后计算汽车与电子产业的显示性比较优势指数与显示性进口指数，进而将两者相减，得出以下显示性竞争优势指数结果。[①]（见表 7 - 2、表 7 - 3）

---

① 详细的 RCA 值与进口指数值参见附录。

表7-2　　　　汽车产业各细分产业显示性竞争优势指数

	781	782	783	784	785
2001	2.246	1.420	0.931	1.447	3.735
2002	2.452	1.602	1.000	1.402	3.331
2003	2.159	1.646	0.904	1.444	2.900
2004	2.27	1.701	0.852	1.479	2.933
2005	2.504	1.494	1.011	1.586	3.228
2006	2.955	1.509	1.147	1.518	3.196
2007	3.069	1.595	1.250	1.484	2.840
2008	3.480	1.947	1.528	1.546	2.476
2009	2.792	1.846	1.765	1.967	1.715
2010	2.913	2.001	1.703	1.935	1.331
2011	2.844	2.233	1.532	2.142	1.585
2012	3.037	2.134	1.761	2.211	1.337
2013	3.132	1.981	1.784	2.097	1.221
2014	3.032	2.093	1.676	1.591	1.308
2015	2.967	2.037	1.616	1.596	1.028

表7-3　　　　电子产业各细分产业显示性竞争优势指数

	751	752	759	761	763	764	771
2001	2.378	-0.306	0.331	0.442	3.395	0.160	-0.2
2002	0.255	-0.428	0.416	0.818	3.366	0.055	-0.27
2003	0.209	-0.774	0.488	1.076	3.053	0.267	-0.836
2004	0.319	-0.816	0.449	0.907	2.341	0.283	-0.187
2005	0.054	-0.871	0.561	0.623	2.158	0.18	-0.127
2006	0.088	-0.798	0.629	0.465	2.286	0.202	-0.104
2007	0.125	-0.732	0.735	0.186	2.573	0.023	-0.115
2008	0.114	-0.744	0.971	0.092	2.93	0.048	0.018
2009	-0.332	-0.798	0.921	-0.424	2.111	-0.175	0.128
2010	-0.442	-0.835	0.76	-1.09	1.564	-0.347	0.114
2011	-0.369	-0.836	1.098	-1.177	1.932	-0.442	0.288
2012	-0.686	-0.782	1.053	-0.369	2.525	-0.661	0.239

续表

	751	752	759	761	763	764	771
2013	−0.645	−0.854	1.15	−0.397	1.617	−0.689	0.288
2014	−0.656	−0.913	1.093	−0.404	1.400	−0.688	0.365
2015	−0.771	−0.872	0.931	−0.425	0.901	−0.683	0.181
	772	775	776	874	882	884	
2001	1.168	−0.657	0.828	0.528	2.888	2.606	
2002	1.114	−0.793	0.815	0.465	3.022	1.986	
2003	1.066	−0.813	0.839	0.676	3.026	2.041	
2004	1.145	−0.794	0.795	0.858	3.406	2.223	
2005	1.174	−0.819	0.883	0.906	3.918	2.325	
2006	1.168	−0.832	0.761	0.788	4.194	2.217	
2007	1.094	−0.888	0.843	0.788	4.389	2.155	
2008	1.192	−0.849	1.07	1.009	4.743	2.55	
2009	1.263	−1.132	1.034	0.982	4.704	2.421	
2010	1.301	−1.045	0.895	1.185	4.906	1.928	
2011	1.547	−1.106	1.155	1.597	5.827	2.523	
2012	2.278	−1.152	1.02	1.554	5.682	2.36	
2013	1.300	−1.13	0.764	1.463	6.411	2.421	
2014	1.223	−1.125	0.67	1.421	6.844	2.236	
2015	0.969	−1.174	0.507	1.120	6.548	1.725	

（三）数据分析

从以上公式与数据得出结果可以发现日本汽车与电子产业无论是从各自产业自身还是两个产业间对比，都在近 15 年出现了诸多变化。下面将分别对日本汽车产业与电子产业做详细的数据分析。

1. 日本汽车产业竞争力的变化

图 7-1 展现了日本汽车产业内五个细分产业 2001 年至 2015 年的 CA 值变化。从 CA 值的变化可以看出，日本汽车产业 2001 年至 2015 年的国际竞争力呈现出以下特点。第一，除摩托车与非机动车领域外，日本汽车产业内的其他四大领域的国际竞争力总体保持提升趋势。所有领域在 2009—2011 年出现不同程度的下滑，然后除

摩托车与非机动车外皆迅速恢复,可以说明全球性经济危机与2011年的核泄漏事件等宏观经济现象与突发灾难是产业竞争力出现波动的主要原因,并不能说明实质性的产业竞争力出现下滑。第二,日本汽车产业各领域受经济危机的影响程度并不高。近15年内,个人运输用自动车的竞争优势指数最高点为2008年(3.48),然而2009年之后总体表现仍然平稳。专用货物运输车、道路机动车、自动车零部件的指数最高点分别出现于2011年(2.233)、2013年(1.784)、2012年(2.211),皆在经济危机之后,即以上三个领域日本的国际竞争力仍然在进一步增强。只有摩托车与非机动车的竞争力处于持续下滑状态。

为对产业整体竞争优势状况做具体量化评价,本书将采取加权平均法对产业整体显示性竞争指数进行计算,主要方式是根据全球进出口总规模对五个领域就汽车产业整体重要性赋予加权函数。表7-4为2001年与2015年各细分产业占产业总贸易值的比重,以此比例为权重(见表7-4),对2001年与2015年各细分产业的显示性竞争优势指数进行加权计算,结果可以得出2001年加权后的日本汽车产业总CA指数为1.848,到2015年显著增长到了2.322(见表7-5),表现出日本汽车企业在汽车产业主要的两个支柱领域:个人运输用自动车与自动车零部件所实现的竞争优势的提升显著带动了整个汽车产业在国际上的竞争力。摩托车与机动车对市场影响力太小,日本企业在此领域竞争优势的严重滑坡并不阻碍整个产业竞争力的增强。

表7-4　　五个细分产业在全球汽车产业总贸易值中的比例　　单位:%

	个人运输用	专用货物运输用	道路机动车	自动车零部件	摩托车与非机动车
2001	57.5	10.5	2.6	25.6	3.7
2015	53.8	10.2	3.6	28.6	3.8

注:汽车产业总贸易值与各细分产业贸易值详见附表2。

表 7 – 5　　2001 年与 2015 年日本汽车各细分产业加权 CA 指数对比

	2001		2015	
	CA 指数	加权后的CA 指数	CA 指数	加权后的CA 指数
个人运输用自动车	2.246	1.291	2.967	1.596
专用货物运输车	1.420	0.149	2.037	0.208
道路机动车	0.931	0.024	1.616	0.058
自动车零部件	1.447	0.370	1.596	0.456
摩托车与非机动车	3.735	0.014	1.028	0.004
产业 CA 总值		1.848		2.322

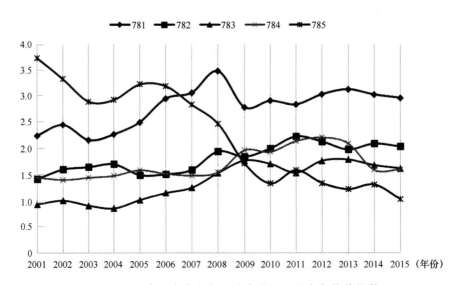

图 7 – 1　日本汽车产业各细分产业显示性竞争优势指数

2. 日本电子产业竞争力的变化

第一，2001 年处于竞争优势的 10 个领域中，有 3 个领域在 2001 年至 2015 年由优势转为劣势，分别为商用电子产品、电视接收设备、电信通信设备及配件。2001 年处于竞争劣势的 3 个领域中，电子发电及设备组在近 15 年内由劣势转为优势，自动处理设备及设备组、家电与家用设备进一步滑落，其中家电与家用设备已经滑落至 - 1 以下，处于竞争严重劣势状态。第二，除 3 个由竞争优势转为竞争劣势外的尚保持优势地位的 7 个领域中，录播设备与光学产品的竞争优势程度严重下滑，分别从 3.395 与 2.606 下滑至 0.901 与 1.725。与之相反的是，商用、自动处理设备机器零部件与附件，测量、检查、分析与控制设备和摄影与电影设备 3 个领域的竞争优势出现了显著的上升，分别由 0.331、0.528 和 2.888 上升到 0.931、1.12 和 6.548，其中摄影与电影设备在日本电子产业所有细分产业中获得了最高的竞争优势。

我们同样用各细分产业市场规模设置权重（见表 7 - 6），对 2001 年与 2015 年两年的电子产业整体竞争优势进行计算。计算发现，日本电子产业整体的竞争优势出现了明显的下滑，由 0.526 下滑至 0.094，虽然仍然保持整体性的竞争优势，但优势空间已经很不明显。自动处理设备及设备组、电信通信设备及配件这两个领域的加权后，CA 值分别下滑了 0.102 与 0.197，这是导致日本电子产业整体竞争优势下滑的主要原因。

表 7 - 6　　十三个细分产业在全球电子产业总贸易值中的比例　　单位：%

年份	商用电子产品	自动处理设备及设备组	商用、自动处理设备机器零部件与附件	电视接收设备	录播设备	电信通信设备及配件	电力发电机设备组	电路控制和电子设备	家电与家用设备	电子电路晶体管阀门二极管	测量检查分析与控制设备	摄影与电影设备	光学产品
2001	1.2	17.0	12.8	2.5	2.5	18.6	3.1	7.7	1.8	22.1	6.5	1.5	1.7
2015	1.7	12.3	6.2	2.9	1.7	24.4	3.4	9.0	3.7	25.1	6.8	0.5	2.0

注：电子产业总贸易值与各细分产业贸易值详见附表 3、4。

表 7 - 7   2001 年与 2015 年日本电子产业各细分产业加权
CA 指数对比

	2001		2015	
	CA 指数	加权后的 CA 指数	CA 指数	加权后的 CA 指数
商用电子产品	2.378	0.029	-0.771	-0.013
自动处理设备及设备组	-0.306	-0.005	-0.872	-0.107
商用、自动处理设备机器零部件与附件	0.003	0.000	0.931	0.058
电视接收设备	0.442	0.011	-0.425	-0.012
录播设备	3.395	0.085	0.901	0.015
电信通信设备及配件	0.16	0.030	-0.683	-0.167
电力发电机设备组	-0.2	-0.006	0.181	0.006
电路控制和电气设备	1.168	0.090	0.969	0.087
家电与家用设备	-0.657	-0.012	-1.174	-0.043
电子电路晶体管阀门二极管	0.828	0.183	0.507	0.127
测量检查分析与控制设备	0.528	0.034	1.12	0.076
摄影与电影设备	2.888	0.043	6.548	0.033
光学产品	2.606	0.044	1.725	0.035
产业 CA 总值		0.526		0.094

（四）结论

从汽车产业竞争状况总体变化可以看出，日本汽车企业无论是在模块化战略、产品结构转移上，还是在服务增强战略上，都成功实现了产品差异化优势的增强，使日本汽车能够在全球范围进一步表现差异化，其竞争力在 20 世纪 90 年代以来仍然保持稳定的提升。从 21 世纪初的主要细分产业竞争优势指数平稳提高可以看出，日本用汽车企业的主动性模块化战略来避免战略被动局面这一策略获得了成功，在全球汽车模块化体系构建过程中率先行进，通过尽早构建自身的外部化平台来占据全球模块化产业链的主导权。专用货物运输车、道路机动车、自动车零部件等领域的竞争优势指数在经济危机深化、全球汽车产业模块化深化的 2010 年之后出现顶峰，说

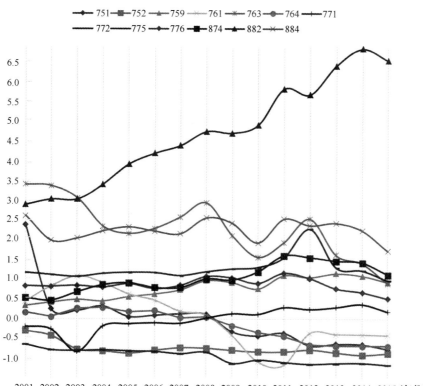

图 7 – 2　日本电子产业各细分产业显示性竞争优势指数

明日本汽车企业对模块化产业链的布局已臻至成熟，并成功将模块
化作为企业获取竞争优势的重要战略手段。同时，日本汽车企业出
口竞争力的提升也是企业回归国内战略的直接结果。

　　日本电子产业竞争状况则揭示了产业竞争力的下滑中所暗含的
日本产业内结构的改变，其所彰显的日本电子企业对竞争优势的重
新界定与其竞争力隐蔽性的增强是竞争战略调整所带来的最为核心
的战略效果。产业内结构的变化主要体现在 B2B 与 B2C 上。在竞争
劣势领域，2001 年至 2015 年，仅有 B2B 领域的电力发电及设备组
实现了从竞争劣势向竞争优势的转化，而自动处理设备及设备组、
家电与家用设备等以 B2C 为主的领域的竞争劣势仍然在进一步扩
大。在竞争优势领域，商用电子产品、商用与自动处理设备机器零

部件与附件、测量、检查、分析与控制设备、摄影与电影设备等
B2B领域都实现了竞争优势的显著上升，与之相对的是商用电子产
品、电视接收设备、录播设备等B2C领域的竞争优势在持续下降。
可见，日本电子企业在B2C领域竞争优势出现下滑后所采取的利润
率强化为基础的产业结构转变战略，实现了B2B领域竞争优势的恢
复与增强，其对企业竞争优势的界定由表层竞争力向隐层竞争力转
变，即在中高端装备制造业、新兴制造业等中上游产业链的驱动性
产品与服务中实现竞争优势，或针对社会发展所衍生的新基础设施
建设以及社会团体、产业群体对环保化、智能化制造业形态的适应
性需求提供战略性的解决方案，在推动新型社会建设方面实现竞争
优势，而不再集中于应对直接联系消费者的最终消费品市场。因
此，从这一角度看，产业整体竞争力的下降是日本电子企业追求在
中高价值链域、中高技术领域、新兴产业领域竞争力逐步强化所承
担的战略成本，以上领域竞争力的强化才是日本电子企业通过竞争
战略调整所追求的战略效果。

二　从产业贸易层面看竞争战略调整存在的问题

总体而言，从产业贸易层面来看，日本汽车企业竞争战略调整
所存在的问题主要集中体现在新战略的实施对自动车零部件、摩托
车与非机动车两个领域形成了负面影响。自动车零部件领域的竞争
指数虽然整体上处于优势，但在2013—2015年出现了较为明显的
波动，其原因主要源于模块化战略的进一步深化（以丰田为代表的
新一轮模块化战略）。一方面，在模块化"足够好的品质"理念的
影响下，日本汽车企业对零部件供应网络的质量控制也逐渐采用更
低的品质阈值，不再强调零部件生产的优越品质。另一方面，全产
业范围模块化平台的成型，推动着开放式供应网络的发展，供应商
开始为更多的厂商供货，碎片式供货方式也随之被广泛采纳，使更
多的中小供应商能更便捷地进入供应网络，无须面对苛刻的研发能
力的竞争。这种系列化风格的弱化，一定程度上影响了日本自动车
零部件领域的竞争优势。差异化战略的进一步深化则是摩托车与非
机动车领域竞争指数下降的主要原因，除了本田尚能保持在摩托车

市场的寡头地位，大多日本企业在该领域都受到了中国、印度等国企业低成本战略的挤压，竞争力显著下降。

日本电子企业在产业贸易层面所体现的问题更为突出，主要表现在两个方面。第一，竞争战略并未根本扭转电子产业竞争力整体下滑的趋势。从电子产业各细分产业对产业显示性竞争优势指数贡献值的变化则可以看出，产业整体竞争力下滑的原因表现为两方面。一方面，B2B 领域竞争优势指数的上升无法填补 B2C 领域竞争优势指数的下降。日本电子企业在商用电子产品、自动处理设备及设备组、电视接收设备、录播设备、电信通信设备及配件、家电与家用设备六大以 B2C 为主的细分产业对整体产业竞争优势指数的加权贡献值总共下滑了 0.406，远远高于商用与自动处理设备机器零部件与附件、电力发电及设备组、测量检查分析与控制设备三大以 B2B 为主的细分产业对整体产业竞争优势指数加权贡献值所增加的 0.113。另一方面，一些细分产业竞争优势的上升并不能提升对产业整体竞争优势指数的贡献值。摄影与电影设备的显示性比较优势指数是日本汽车与电子产业 2001 年至 2015 年该指标提升最为明显的细分产业（由 2.888 到 6.548）。然而通过加权后，该细分产业为产业整体竞争优势指数的贡献值反而出现了下降（由 0.043 下降到了 0.033）。其原因是，日本电子企业在 B2C 领域竞争优势的过度丧失，同时经过优势强化的细分领域受市场规模所限，又难以支撑整个产业的健康发展。自动处理设备及设备组、家电与家用设备、电信通信设备及配件等主要 B2C 领域占据了整个电子产业近一半的市场份额，同时身为最大 B2B 领域的电子、电路、晶体管、阀门、二极管产业又由于技术门槛相对较低而深受中国大陆、韩国、中国台湾等新兴工业经济体的成本领先战略的冲击，从而使日本电子企业竞争优势强化领域的市场规模过于狭窄，难以实现整个产业的振兴。

第二，竞争战略的调整进一步加强日本电子企业对海外产品的依赖性，弱化国内封闭的产业发展模式的同时却带来了新的困境。随着模块化战略深化所带来的零部件外包生产、海外采购扩大等日本特色开放与封闭战略的实施，使日本电子产业在一些 B2B 领域近五年来的竞争优势指数已经同时出现略微下滑趋势，表现出产业垂直分离体系的构建进一步强化日本企业对进口的依赖，包括在电路控制与电气设备、商用与自动处理设备机器零部件与附件、电子电路晶体管阀门二极管、测量检查分析与控制设备等领域对新兴经济体模块供应商的依赖等。这种依赖主要体现为在以成本控制为主的中低端零部件领域，依赖地区主要集中于中国大陆、中国台湾与新兴的东盟地区。从联合国产业数据库来看，这些国家与地区在以上几大 B2B 领域的贸易总量逐年攀升，并成为日本进口贸易的主要增长点，塑造了日本 B2B 进出口贸易产品档次相似性下降的"各司其职"格局。然而，几大 B2C 领域竞争优势指数的持续下滑说明日本电子企业被动型的模块化战略并未显著提升 B2C 最终产品领域的竞争力，这种此消彼长的现状使日本电子产业的发展陷入企业竞争优势界定重构与产业竞争力提升之间的悖论，很可能成为日本企业日后需要面对的关键性难题。

第二节　从企业经营层面看竞争战略调整效果与问题

分析企业竞争力变化的方法有很多，但大多数过于微观，更强调微观因素对企业竞争力的影响，或难以量化，无法说明一些由战略调整所导致的隐含因素的变化。本书从企业经营状况角度出发，采取因素分析法来评价日本汽车与电子企业竞争力的变化，来考察竞争战略调整所带来的战略效果与存在的问题。因素分析法是从表面的、易感知的属性入手，逐步深入分析内在属性与因素。[①] 本书采取利润率、企业营业额与市场占有率三个反映企业经营的表现指标。通过对三个指标进行详细分析，可以探知竞争战略对企业竞争力表现的具体影响方式。

---

① 金碚：《论企业竞争力的性质》，《中国工业经济》2011 年第 1 期。

一 从企业经营层面看竞争战略调整的效果

（一）企业营业额与营业利润率的表现

日本财务省的法人企业统计系统与日本标准产业分类稍有不同，法人统计的情报通信机械制造业包括标准产业分类下的情报通信机械制造业与电子零部件、装置、电子回路制造业两个中分类，因此以下全产业的企业相关数据以电气机械制造与情报通信机械制造代表日本电子产业。日本财务省虽然分别统计了输送用机械制造与自动车及其附属品制造业，但后者占据了绝大多数比例，且汽车企业自身也随着差异化战略模式的变化向综合运输领域扩展，因此下文用输送用机械制造代表汽车产业。另外，数据截取时间由 2004 年起始，因为电气机械制造与情报通信机械制造自 2004 年才正式成为日本产业标准分类下的中分类，2004 年以前并无数据可考。

1. 企业总营业额与利润率

从表 7 - 8 可见，日本各汽车企业的总营业额的中长期为上升趋势，自 2008—2009 年度由于全球性经济危机的爆发导致企业营业规模下滑后，汽车企业实现了企业主营业务规模的振兴，在这接下来的 10 个年度里仅出现一个年度的轻微负增长，并在 2015—2017 年实现了连续快速增长，一举超越经济危机前的水平。电气机械制造业企业总营业额先遭受 2008—2009 年经济危机打击，后受 2011 年福岛核事故的创伤，随后也未恢复，2018 年营业额仅达到 2007 年的 64%。情报通信机械制造业企业近 10 年来的总营业额存在波动，增长乏力。从 2019 年的数据可以发现，日本汽车与电子行业在中美贸易摩擦时期都遭受了较大影响，尤其是电子行业影响剧烈。

表 7 - 8 **企业总营业额变化（2004—2019 年）** 单位：亿日元、%

年度	输送用机械制造		电气机械制造		情报通信机械制造	
	营业额	增长率	营业额	增长率	营业额	增长率
2004	585497	- 1.0	468263	—	347226	—
2005	614559	5.0	447773	- 4.4	333279	- 4.0

续表

年度	输送用机械制造		电气机械制造		情报通信机械制造	
	营业额	增长率	营业额	增长率	营业额	增长率
2006	697662	13.5	477758	6.7	357949	7.4
2007	741550	6.3	493709	3.3	357685	-0.1
2008	637743	-14.0	408002	-17.4	343995	-3.8
2009	576543	-9.6	334925	-17.9	318941	-7.3
2010	629095	9.1	347767	3.8	345942	8.5
2011	621158	-1.3	296645	-14.7	330082	-4.6
2012	666004	7.2	280772	-5.4	310309	-6.0
2013	687022	3.2	268166	-4.5	326479	5.2
2014	688736	0.2	292340	9.0	334537	2.5
2015	709125	3.0	286078	-2.1	344874	3.1
2016	750267	5.8	312803	9.3	341658	-0.9
2017	781453	4.2	315398	0.8	323339	-5.4
2018	795140	1.8	317953	0.8	332733	3.9
2019	792106	0.4	303516	-4.5	283277	-14.9

资料来源：整合自日本财务総合政策研究所各年度《年次别法人企业统计调查》。

从利润率看，汽车与电子企业的总体利润率状况都实现了根本好转。汽车企业恢复最快，自 2013 年就超过了经济危机前的利润率水平。电气机械制造业企业于 2012 年出现波动，但之后逐步恢复到经济危机前水平。情报通信机械制造业企业恢复最慢，但在 2014 年实现根本性的恢复，也大体稳定在经济危机前水平。到 2017 年汽车和电子企业双双实现了 2004 年以来的历史新高，汽车达到 4.9%，电子机械达到 5.8%，情报通信机械达到 5.0%。这充分说明日本汽车企业科学的战略部署，以及日本电子行业在实行盈利能力建构的战略转型实现了可观的战略成果。同样，2019 年企业总利润率的下滑是中美贸易摩擦的结果。

表 7－9　　　　　　　　　企业总利润率变化（2004—2019 年）　　　　　单位：%

年度	输送用机械制造	电气机械制造	情报通信机械制造
2004	4.2	2.8	3.7
2005	4.8	3.0	2.8
2006	4.5	3.9	3.2
2007	4.5	3.4	3.0
2008	－1.2	－0.5	－2.1
2009	－0.1	0.4	－0.5
2010	1.6	3.0	2.0
2011	1.1	2.5	0.4
2012	3.4	1.8	0.2
2013	5.8	3.4	2.3
2014	5.5	4.6	4.0
2015	5.0	3.7	2.7
2016	4.0	3.8	3.4
2017	4.9	5.8	5.0
2018	3.9	4.9	4.5
2019	2.0	4.3	1.8

资料来源：整合自日本财务总合政策研究所各年度《年次别法人企业统计调查》。

2. 主要企业的营业额与营业利润率

日本汽车与电子产业都体现为多寡头竞争市场，主要企业占据主体市场势力，也是实施竞争战略调整的主体，因而主要企业财务状况的变化同样能反映竞争战略调整所实施的战略效果。因此，对主要企业进行针对性数据分析能进一步量化战略效果。在对主要企业的选取上，本书按照市场势力，选择了索尼、日立、松下、夏普四家电子企业与丰田、本田、日产、马自达四家汽车企业。

从表 7－10 可以看出，日本几家电子企业的营业状况已经出现明显的多向走势，自 2009—2011 年经济危机爆发与福岛核事故导致的普遍性财务危机后，不同的大型企业的财务状况既有普遍性也有差异性。普遍性表现为几大主要企业的营业额除日立外都未恢复至经济危机前的水平，日立也是到 2015 年才与 2008 年营业额水平持平。差异性则表现为营业利润率差异的增大，是多向走势的主要表现。经济危机前，主要企业基本能保持 2%—5% 的营业利润率，与日本整体制造业盈利水平大抵相似。然而经济危机后，索尼、日立和松下的盈利能力持续提升。索尼在 2011—2014 年遭遇较大困难之时正是其布局业务转移重心的几年。2015 年之后，索尼营业能力逐年增加，利润率在 2019 年创下 11.44% 的新高。日立营业能力比索尼恢复得还要顺利，利润率在 2018 年创下 7.95% 的新高。相较之下，对产业链采取整块拆解的夏普的表现则不及业务结构调整的其他三家日企，不过也走出了 2009—2015 年的困难。

表 7-10　　　　　主要电子企业总营业额与营业利润率变化

（2004—2019 年）

年度	索尼			日立		
	营业额（十亿日元）	营业利润额（十亿日元）	营业利润率（%）	营业额（十亿日元）	营业利润额（十亿日元）	营业利润率（%）
2004	7496	11	0.15	9027	279	3.09
2005	7159	23	0.32	9464	256	2.70
2006	8295	15	0.18	10247	182	1.78
2007	8871	47	0.53	11226	345	3.07
2008	7729	-22	-0.28	10000	127	1.27
2009	7213	3	0.04	8968	202	2.25
2010	7181	19	0.26	9315	444	4.77
2011	6493	-65	-1.00	9665	412	4.26
2012	6795	26	0.38	9041	422	4.67
2013	7767	26	0.33	9563	538	5.63
2014	8215	68	0.83	9761	600	6.15
2015	8105	294	3.63	10034	634	6.32
2016	7603	288	3.79	9162	587	6.41
2017	8543	734	8.59	9368	714	7.62
2018	8665	894	10.32	9480	754	7.95
2019	8259	945	11.44	8767	661	7.54

续表

年度	松下			夏普		
	营业额 （十亿日元）	营业利润额 （十亿日元）	营业利润率 （%）	营业额 （十亿日元）	营业利润额 （十亿日元）	营业利润率 （%）
2004	—	—	—	2257	121	5.3
2005	8894	414	4.6	2539	151	5.9
2006	9108	459	4.6	2797	163	5.9
2007	9068	519	5.0	3127	186	6.0
2008	7765	72	5.7	3417	183	5.4
2009	7417	190	0.9	2847	−55	−1.9
2010	8692	305	2.6	2755	51	1.8
2011	7846	43	3.5	3021	78	2.6
2012	7303	160	0.6	2455	−37	1.5
2013	7736	305	2.2	2478	−146	−5.9
2014	7715	381	3.9	2927	108	3.7
2015	7626	415	5.0	2786	−48	−1.7
2016	7343	343	4.67	2050	62	3.02
2017	7982	401	5.02	2427	90	3.71
2018	8002	327	4.09	2400	84	3.50
2019	7940	286	3.60	2262	51	2.25

注：日本企业通常将该年3月到下一年3月作为该年度会计年，数据来自索尼、日立、松下、夏普各年度财报。

从表7-11可以看出与日本主要电子企业不同，日本主要汽车企业在营业规模上都恢复到了经济危机前的水平，盈利能力除日产外也都恢复到经济危机前水平，日产的盈利率也显著超过产业平均水平与日本制造业平均水平。主要汽车企业的营业规模与盈利率的提升呈高度正相关性并实现整体持续性好转，这与主要电子企业的多向走势与营业额与盈利率之间非正相关性形成了鲜明对比。

表 7 – 11　　　主要汽车企业营业额与营业利润率变化
（2004—2019 年）

年度	丰田			本田		
	营业额 （十亿日元）	营业利润额 （十亿日元）	营业利润率 （%）	营业额 （十亿日元）	营业利润额 （十亿日元）	营业利润率 （%）
2004	17294	1666	9.6	8162	464	5.6
2005	18551	1672	9.0	8650	486	5.6
2006	21036	1878	8.9	9907	597	6.0
2007	23948	2238	9.3	11087	592	5.3
2008	26289	2270	8.6	12002	600	5.0
2009	20529	– 461	– 2.2	10011	189	1.9
2010	18950	147	0.8	8579	363	4.2
2011	18993	468	2.5	8939	569	6.4
2012	18583	355	1.9	7948	231	2.9
2013	22064	1320	6.0	9877	544	5.5
2014	25691	2292	8.9	11842	750	6.3
2015	27234	2750	10.1	13328	670	5.0
2016	28401	2853	10.05	14601	503	3.44
2017	27597	1994	7.23	13999	840	6.00
2018	29379	2399	8.17	15361	833	5.42
2019	30225	2467	8.16	15888	726	4.57
年度	日产			马自达		
	营业额 （十亿日元）	营业利润额 （十亿日元）	营业利润率 （%）	营业额 （十亿日元）	营业利润额 （十亿日元）	营业利润率 （%）
2004	8576	861	10	2916	70	2.4
2005	9428	871	9.2	2695	82	3.1
2006	10468	776	7.4	2919	12	0.4
2007	10824	790	7.3	3247	158	4.9
2008	8436	– 137	– 1.6	3475	162	4.6
2009	7517	311	4.1	2535	– 28	– 1.1
2010	8773	537	6.1	2163	9	0.4
2011	9409	545	5.8	2325	23	1.0

续表

年度	日产			马自达		
	营业额 （十亿日元）	营业利润额 （十亿日元）	营业利润率 （％）	营业额 （十亿日元）	营业利润额 （十亿日元）	营业利润率 （％）
2012	9629	523	5.4	2033	-38	-1.0
2013	10482	498	4.8	2205	53	2.4
2014	11375	589	5.2	2692	182	6.8
2015	12189	793	6.5	3033	202	6.7
2016	11720	742	6.33	3406	226	6.64
2017	11951	574	4.80	3214	125	3.89
2018	11574	318	2.75	3474	83	2.39
2019	9878	-40	-0.40	3564	146	4.10

资料来源：丰田、本田、日产、马自达各年度财报。

（二）市场占有率的表现

市场占有率一般是指企业销售规模或生产规模占市场销售总规模或生产总规模的比例，能直观衡量企业产品生产与销售状况。[①]这里对规模的界定包含量与额两种，前者以商品数量为计算单位，后者以商品金额为计算单位。对于不同行业，选择市场占有率界定方式的倾向性主要由商品数量统计复杂性与商品价格重要性这两个因素决定。产品种类数量与商品数量统计复杂性成正比，种类越繁杂，以数量来统计产品市场占有率就越困难。产品间价格差与商品价格重要性成正比，各商品间价格差异越低，以金额作为计算单位的必要性也越低。汽车种类虽然较多，但其定价水平一般以低、中、高等档次为准，同档次不同种类的汽车定价相差较小。同时，汽车是典型的耐用消费品，绝大部分顾客同期只会拥有一辆汽车，因而汽车销售数量能够反映出汽车企业对市场的占据情况，因此学术界一般以数量作为对汽车企业市场占有率的计算单位。电子企业则相反，由于电子产品对应通信、健康、代劳、咨询等多种需求，

---

① 武义青、顾培亮：《市场占有率分析的一种新方法》，《价值工程》2000年第3期。

因而各产品间不仅有档次差异，还有较汽车更为明显的功能性差异，不同产品还会形成组合产品。因此，电子产业具有很高的数量统计复杂性与很高的价格重要性，企业必须以金额为单位才能更直观确定自身的市场占有率。综上所述，本书将以数量为计算单位统计日本汽车企业的市场占有率，以金额为计算单位统计日本电子企业的市场占有率。其中，电子企业的细分产业划分以日本电子情报技术产业协会统计口径为准。在销售规模与生产规模的选择上，鉴于两个行业皆为高固定资产行业，企业非常强调生产值与销售预期的统一，而销售规模相关数据难以获取，因此本书选取生产规模。

首先是日本汽车企业的市场占有率变化。日本汽车企业市场占有率除在 2003—2011 年出现较大波动外，一直保持着稳健增长的态势（见表 7-12）。虽然在过去十几年内，日本汽车企业的国内生产规模随国内汽车市场的萎缩而缓慢收紧，但海外生产体系的持续扩大确保了日本企业在发展中国家需求刺激全球汽车市场规模扩大的背景下，能够长期巩固其近三分之一市场份额的竞争地位。

表 7-12   日本汽车企业市场占有率（2001—2019 年）   单位：辆

历年	国内产量	海外产量	产量合计	全球汽车产量	市场占有率
2001	9777191	6327405	16104596	56304925	28.602%
2002	10257315	7652466	17909781	58994318	30.358%
2003	10286218	8607563	18893781	60663225	31.145%
2004	10511518	9797551	20309069	64496220	31.489%
2005	10799659	10605587	21405246	66719519	32.082%
2006	11596327	10972243	22568570	69222975	32.603%
2007	11484233	11856942	23341175	73266061	31.858%
2008	11575644	11651428	23227072	70729696	32.839%
2009	7934057	10117552	18051609	61762324	29.228%
2010	9628920	13181462	22810382	77583519	29.401%
2011	8398630	13382490	21781120	79880920	27.267%
2012	9943077	15825398	25768475	84236171	30.591%
2013	9630181	16756179	26386360	87595998	30.123%

续表

历年	国内产量	海外产量	产量合计	全球汽车产量	市场占有率
2014	9774665	17476219	27250884	89776465	30.354%
2015	9278238	18094848	27373086	90780583	30.153%
2016	9204590	19356737	28561327	93856388	30.431%
2017	9690674	19741742	29432416	97302534	30.248%
2018	9728528	19965959	29694487	95634593	31.050%
2019	9684298	18852784	28537082	91786861	31.091%

资料来源：由 International Organization of Motor Vehicle Manufacturers（OICA）、日本自動車工業会相关数据整理计算所得。

其次是日本电子企业市场占有率变化。相对来说，日本电子企业对市场份额的把控力明显不足。从电子行业总体来看，日本企业生产额由 2006 年的 4200 亿美元下降至 2020 年的 3500 亿美元，与此同时，全球生产额由 2006 年的 1.85 万亿美元提升至 2016 年的 3.08 万亿美元，因而日本企业的市场占有率由 22.7% 下降至 11.4%（见图 7－3）。

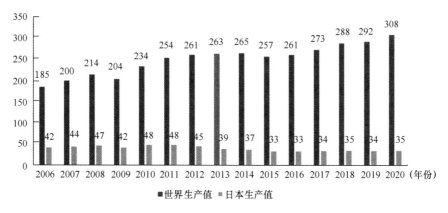

图 7－3 世界生产值与日本企业生产值金额变化
（2006—2020 年）（百万美元）

资料来源：日本電子情報技術産業協会："2017—2018/2020—2021 調査統計ガイドブック"，http://www.jeita.or.jp/。

其中,电子各细分行业的日本企业市场占有率都在持续降低(见表 7 – 13),在过去的十年内,AV 设备市场份额由 48% 下降至 29%,通信设备由 16% 下降至 5%,计算机与信息终端由 19% 下降至 13%,其他电子设备由 29% 下降至 17%,电子零部件由近 50% 下降至 38%,显示器件由 32% 下降至 15%,半导体由 21% 下降至 12%,IT 解决方案与服务由 13% 下降至 7%。

表 7 –13   日本电子企业市场占有率(2005—2015 年）   单位:%

年份	AV 设备	通信设备	计算机与信息终端	其他电子设备	电子零部件	显示器件	半导体	IT 解决方案与服务
2005	48.397	16.322	19.235	29.365	49.558	31.878	20.715	13.081
2006	46.794	15.081	19.077	27.657	49.263	33.908	28.082	12.371
2007	40.078	15.611	19.574	20.410	43.129	23.768	21.219	10.281
2008	40.091	13.775	19.599	18.129	41.663	24.349	21.161	10.019
2009	45.150	14.141	21.025	22.096	40.194	21.294	22.022	9.336
2010	46.057	12.281	20.978	24.745	39.730	19.932	21.870	9.133
2011	43.987	10.291	20.475	23.823	39.149	18.851	19.467	9.028
2012	38.385	10.134	15.885	20.435	39.257	13.734	17.382	9.076
2013	32.393	7.951	14.967	18.039	38.136	13.107	15.111	8.011
2014	31.752	6.714	15.213	18.079	38.095	13.297	13.421	7.511
2015	29.058	5.096	13.435	17.015	37.974	15.309	11.860	7.157

资料来源:由日本電子情報技術産業協会:《電子情報産業の世界生産動向調査(第 1 回)》、《電子情報産業の世界生産見通し》(2008 年、2010—2016 历年)中相关数据计算所得。

(三)结论

从企业层面的营业额、盈利率、市场占有率三个数据进行分析发现,日本汽车企业经营状况除 2008—2011 年外都处于良好表现,并在 2011 年之后逐渐摆脱经济危机的负面冲击,总盈利率于 2015 年与 2016 年达到 15 年以来最高点,丰田、马自达的盈利率创造了 21 世纪以来的最高纪录,总盈利率也实现了对日本制造业平均水平的再次超越。稳定的市场占有率也表现出了日本汽车企业良好的经营状况，在 21 世纪以来基本占据着三分之一的全球市场份额，即使在经济危机爆发期间，也未出现明显下滑。可以说，对于日本汽车企业来说，企业层面经营状况与产业贸易竞争力表现基本一致。

日本电子企业经营状况揭示了竞争战略调整的根本效果在于实现了企业战略姿态的转变，这种转变在盈利能力与产业贸易竞争力之间的悖论关系中体现出来。日本电子产业贸易竞争力是持续下滑的，而日本电子企业经营状况却在持续好转：一是无论总营业额还是主要企业营业额，都呈现出倒 "U" 形增长曲线，以 2006—2007 年为曲线顶点，随后持续萎缩；二是总盈利率在 2001—2011 年也呈倒 "U" 形曲线，不过在 2011 年之后逐渐有所恢复。一般而言，产业贸易竞争力的强化必然要求企业提高货物出口量并压缩原材料、中间产品与竞争对手的进口规模，从而必然降低企业的单位产出成本水平。只有两种情况会使两者呈负相关的悖论，一种是当企业计划快速占据市场时，会以牺牲盈利来谋求竞争力的飞跃，通常发生于产业的成长期，企业承受低回报率来进行高额的生产投资、销售资源投资、人力资源投资等；另一种是企业将改善盈利作为根本战略目标，贸易竞争力具有了可舍弃性，通常发生于盈利状况严重堪忧的情况下。企业会选择压缩进出口贸易规模，以牺牲营业规模来换取成本水平的降低与单位商品利润率的提升，降低管理成本也成为企业战略改革的关键。因而，竞争战略的几项举措反映了日本电子企业处于第二种情况，在盈利压力下不再一味追求对市场的控制能力，而是选择更注重产业经济效益的保守型发展理念，标志着企业姿态由扩张转向保守。其主要企业近年来心照不宣地将强化利润率作为中长期规划的主要战略目标能够印证这一点。最终，新战略姿态决定了日本电子企业的贸易竞争力与营业规模下滑而盈利能力迅速回升的现象。这种保守姿态与其强化中高价值链域、中高技术领域与新兴产业领域的战略目的互融互通，通过维持组织健康运营以支持深层竞争力的构筑，又通过深层竞争力的提升来确保核心业务在市场竞争中的地位，维护保守姿态的可行性。

二　从企业经营层面看竞争战略调整存在的问题

（一）日本汽车企业

第一，新兴市场开拓难度影响企业规模扩张。日本汽车企业经营状况的根本好转，主要归功于对欧美市场的重点培育。2010—2013 年，日本汽车企业对欧美的对外直接投资规模均提升一半以上，并利用欧美及本土的智能化、新能源化研发资源与市场需求推动其竞争战略的转型。然而，欧美地区市场的稳定性与饱和性也决定了日本汽车企业在经历短期的快速恢复之后再次进入经营平稳期，进而凸显了日本车企在开发以中国为代表的新兴市场时所遇障碍的破坏性。由于日本政府在钓鱼岛领土争端、二战遗留问题上的不理智做法，2010 年至 2014 年间，日系汽车在华销量持续降低，市场占有率由 30.89% 下降至 2014 年第一季度的 22.71%，[①]虽然局势自 2014 年下半年起有明显好转，但中日两国关系的脆弱性对于日本汽车企业来说是难以解决的埋伏性风险。同时在印度，日本企业面临印度在基础设施、人力资源培养与当地民俗的困扰，难以在当地实现生产业务的转型。[②]如何针对新兴市场的独特环境采取相应的竞争战略调整，是日本汽车企业战略管理需要面对的问题。

第二，海外市场的主体地位威胁本土产业集群发展。新世纪以来，日本汽车企业虽然一直保持着较高的市场占有率，但都是建立在海外产量提升的基础上。相较 2001 年，2015 年日本汽车企业的海外产量提升了 206%，而国内产量下跌了 5.8%，国内与海外产量之间的比值由 1.5 变为 0.5，说明海外已经成为日本汽车企业的主体市场。这既是模块化战略对抢占全球资源禀赋的客观要求，也是为实现新能源化、智能化等新差异化方式对全球智力资源与各国扶持政策进行主动收集与利用的必然结果。汽车企业本身对产业集

---

① 刘瑞：《日本汽车产业对华投资战略研究——基于对外投资理论视角》，《日本学刊》2014 年第 5 期。

② Anil Kumar Kanungo, Kreeti Mahajan, "Japanese Foreign Direct Investment in Indian Automobile Sector Evolution and Practices", *The Journal of World Investment & Trade*, Vol. 14, No. 4, 2013, pp. 797 – 726.

群环境要求甚高，日本汽车企业对零部件供应与配套产品系统性构建也更为重视，因而海外产量的提升意味着本土产业集群的进一步分化与转移，寡头企业或是转移成熟的本土集群，或是投入大量资源在海外投建新的产业集群，而大量中小型企业为避免连锁反应风险而随集群转移。[1] 虽然寡头企业的产业转移有利于巩固日本与汽车消费主要国家的贸易关系，[2] 然而转移会分离本土产业集群资源，海外投资则会影响新资源向本土产业集群的流入，必然会对本土汽车产业集群发展形成损伤。这样，日本汽车企业虽然维持住了市场控制力，却也成为日本制造业空心化的重要推动方。要阻断空心化进程也并不现实，国内寡头竞争的过于激烈、劳动力的萎缩与国内需求市场的停滞、日元升值、多灾自然环境是日本汽车企业不得不进行海外转移的不可抗拒因素，[3] 使得本土产业集群发展问题难以解决。

（二）日本电子企业

第一，保守姿态难挽市场势力的下滑，影响日本电子企业盈利路线的长远性。市场势力随产品的独特能力获得对价格、产量的自由决策权或扩张市场份额的能力，以此摆脱来自市场的约束条件，拥有优越的议价能力。[4] 随着电子产业全球寡头竞争格局的建立，市场势力所提供的优越议价能力是谋求寡头地位并抵御海外寡头势力的关键要素。然而，日本电子企业的保守姿态将退出部分产品领域，无论是从单一产品还是从产品间关联角度看，都是对部分产品独特能力的舍弃，从而必然失去一定程度的市场势力。最典型的就是在消费类电子领域，日本企业采取保守姿态后，其市场势力加速下滑。于是，保守姿态下市场势力的下降加速海外企业生产集中下

① 胡立君、薛福根、王宇：《后工业化阶段的产业空心化机理及治理——以日本和美国为例》，《中国工业经济》2013年第8期。

② Shuhei Nishitateno, "Global production sharing and the FDI-trade nexus: New evidence from the Japanese automobile industry", Journal of The Japanese and International Economies, No. 27, 2013, pp. 64–80.

③ 程永明：《近年来日本企业海外发展动向及新特征》，《日本学刊》2013年第3期。

④ 杨晓玲：《垄断势力、市场势力与当代产业组织关系》，《南开经济研究》2005年第4期。

垄断势力对竞争的操纵与控制，降低日方对价格、产量和市场份额的控制能力，冲击日本企业的寡头地位。这种综合议价能力的下降进而影响日方盈利部门的经济绩效，使其在追求盈利的道路上愈加艰险。

第二，保守路线将腐蚀日本电子企业的扩张能力，不利于往后的战略选择。战略效果来自战略实施的能力与进程，因而能否顺利实施"选择与集中"战略，对能否实现向保守姿态的转换起到了关键性的作用。松下、日立在围绕模块化、B2B业务及新服务类型所做的集中与收缩决策推动企业顺利向保守姿态过渡，而索尼与夏普则存在收缩困难的问题。索尼一直扎根于多元战略，企业对音乐、影视、游戏等多个行业的影响力至关重要，收缩营业规模需要更大的战略决策力与实现成本。而夏普在收缩企业组织边界过程中，面临主营业务过于依赖传统家电、显示面板领域的问题，难以在业务舍弃后构建新的盈利业务或商业模式，这就是为何夏普分隔部分高成本产业线后，虽然实现了盈利，但企业规模也难以挽回地收缩了。索尼、日立等盈利能力得到显著提高的亦是难以使企业规模回归经济危机前的水平。换句话说，追求盈利进行"选择"所附带的战略成本，是放弃一部分具有异质性资源与能力的领域，因而等同于在放弃一部分的核心能力。一些日本企业之所以尚难以转换至盈利本位的保守姿态，正是在分离核心能力时遭遇困难。随着日本企业进一步增强战略执行力实现姿态切换，更多不再被定义为核心的能力将被弱化，与之相符的人力资源、组织结构连同积累性、不可言喻性的知识也随之流失，难以再回收。这样，企业的优势领域大大削减了，如若由于全球竞争环境发生的转变使企业再次萌生向广泛业务领域、兼顾贸易竞争力与盈利能力的扩张姿态转换的想法，就会发现保守姿态所带来的"归核化"将阻碍日本电子企业在更多的领域构筑竞争优势。

小　结

本章从产业贸易与企业经营两个层面衡量新世纪以来日本制造

业企业竞争战略调整的效果与问题。通过显示性竞争优势指数对日本电子与汽车各细分产业的竞争力进行量化分析，发现模块化战略深化与差异化战略转变影响了汽车零部件、摩托车及机动车领域的竞争优势表现，但其他主要细分领域都保持显著的竞争优势，彰显了新世纪竞争战略调整的成功。企业经营层面的分析则以盈利率、营业额、市场占有率为衡量工具，发现日本汽车企业大多摆脱了经济危机的负面影响，盈利能力显著恢复并达到历史最高点，市场占有率也保持基本平稳，表现出了稳健的经营状况。然而，竞争战略对新兴市场开发特殊支持的不力，与战略安排及不可抗拒因素影响下企业的大量外移，不仅抑制了日本汽车企业后续扩张的动力，也威胁到了本土产业集群的发展。

显示性竞争优势指数反映出日本电子各细分产业整体竞争优势的下滑，不过，这并不意味着竞争战略调整是无功而返的，在调整过程中日本电子企业成功实现了深层竞争力的增强。企业经营层面则反映了日本电子企业发展姿态由扩张向保守姿态的转变，与深层竞争力增强互相结合，形成新的竞争模式。但是，深层竞争力的增强未能根本扭转日本电子产业竞争力的下滑，并随着浅层竞争力领域的收缩与外部化而不得不更依赖于海外的产业配套。保守姿态则难以维持市场势力与全产业领域的资源与能力，成为日本电子企业长期推行新竞争模式的障碍与难题。

第八章

日本制造业企业竞争战略
调整对中国的启示

日本制造业企业对我国的启示是多方面的，首先是产业方面，在发达国家去工业化道路与日本自身服务业产值占国民生产总值比例日益升高的背景下，日本仍然重视制造业经济体系的地位。另外，日本制造业企业竞争战略调整在于国际产业发展趋势与制造业形态转变高度结合，映照出我国制造业存在严重的发展阶段滞后与产业转型不足问题。其次是企业层面，日本制造业企业面临的国际环境与产业环境与我国相似，并视我国制造业最为主要的竞争对手，因而其竞争战略的调整对我国企业有深刻借鉴意义。最后是政府政策层面，日本对制造业的看法与日本制造业企业的转型方向都为我国政府调整产业政策的精神、导向与具体措施提供了借鉴。

第一节　对制造业在国民经济
体系中地位的认识

一　认识到制造业对于中国经济的驱动作用

以汽车与电子企业为代表的日本制造业企业的大范围竞争战略调整，从 RCA 值的变化可以看到，虽然并不能使日本制造业竞争力恢复到 20 世纪 90 年代的水平，但日本制造业在经常盈余与贸易盈余的稳定恢复，基本脱离了 2008 年以来竞争力迅速下滑的趋势。而稳定局面的，正是日本汽车产业竞争力的提升与日本电子产业盈利能力的恢复。2015 年度，与电子产业高度相关的日本电气机械贸易盈余增长超过 15%，与汽车产业高度相关的输送用机器增长超7%，稳定了日本制造业的贸易收支。而日本制造业竞争力的稳定，是日本经济近年来保持基本平稳的重要因素。[①]

从产业研究费用来看，2015 年，日本制造业研究经费占总数的86.7%，比去年增长了 0.9 个百分点，增速高于全国产业平均值。其中，电子产业中的电子零部件、电气机械、情报信息机器分别为4.5%、8.5% 与 11.3%，汽车产业高度相关的输送用机械、自动车及附属品制造业分别占 21.6% 与 20.7%，同时企业研发经费占比接近九成，大型资金投入单位占总额比超七成，[②] 说明汽车与电子等支柱产业中的主要制造业企业在竞争战略中通过总成本领先与差异化战略的结合以及差异化战略自身的调整深化带动着研究经费的稳定提升，有效支撑整个日本研究水平的平稳增长。

从产业劳动生产率的增长率来看，自 20 世纪 90 年代以来，制造业劳动生产率的增长率仍然明显快于建筑业、批发零售业与服务业。可以看出，制造业对于日本经济增长的重要性始终没有降低。[③]2009 年日本制造业劳动生产率指数为 69.9，明显高于非制造业劳动生产率指数的 53.9。[④] 如果日本盲目发展服务业，等同于相对低的劳动生产率替换相对高的劳动生产率，发生"逆库兹涅茨化"，从这一角度也证明继续发展制造业是振兴日本产业劳动生产率的不二选择。

从日本制造业企业竞争战略调整中可以看出制造业形态发生了变化，而这种变化已经不能简单地由三大产业在国内生产总值比重来说明产业的重要性。首先是制造业分工体系发生了变化，以模块化战略为主的新分工经济使制造业随价值流动与集聚在全球进行新

① 経済産業省・厚生労働省・文部科学省：《平成 27 年度ものづくり基盤技術の振興施策（概要）》，http：//www. meti. go. jp/report/whitepaper/mono/2016/honbun_pdf/pdf/gaiyou. pdf.

② 総務省：《平成 28 年科学技術研究調査結果の概要》，2016 年 12 月 16 日，http：//www. stat. go. jp/data/kagaku/kekka/kekkagai/pdf/28ke_gai. pdf.

③ 李毅：《制造业在日本经济复苏中的角色探讨》，《日本学刊》2015 年第 3 期。

④ Ministry of Economy，Trade and Industry，*White Paper on International Economy and Trade* 2013，http：//www. meti. go. jp/english/report/data/gIT2013maine. html，July 2013.

一轮角色分配，虽然发达国家的制造业产值明显地减少，但那是基于全球垂直分离体系分工所致，而新兴经济体的制造业产值中大量价值是随着新分工经济而流入发达国家，因而发达国家对中高端制造业的依赖程度远远高于账面上的产值分配。其次是制造业服务化，衍生出服务型制造业与生产性服务业，前者将服务作为核心业务之一，后者是纯粹的服务部门。然而，这两者都完全依赖于制造业内各活动组织的价值链、产业链条展开，如果脱离制造业则难以独立发挥经济作用。因此，服务业实际上对制造业的依赖性也加强了。最后是产业交叉融合，形成了创新"母体"，各产业领域交叉形成的新产业领域可能成为制造业发展的新趋势，这也是德国提出"工业 4.0"，日本提出次世代制造业，美国提出先进制造业的现实基础。随着各国在新制造业发展中展开角逐，制造业将迎来新的发展态势，再次深刻改变国家经济状况。

从日本政府官方态度可以看出日本对制造业的重视程度。从日本政府近年来大力推动制造业回归国内，推出机器人战略、ICT 产业战略性支持、中小制造业企业融资支持等各产业各层次的制造业产业扶持政策，到次时代制造业大战略的确定，可以看出日本政府在制造业产值占比下滑的背景下，也从未采取去工业化的产业政策导向。日本制造业企业积极的竞争战略调整以及日本官方的坚定性的制造业扶持政策，充分说明了制造业对国家经济驱动作用在金融服务业发展的今天，依然不能小觑。

中国与日本一样，一直以来依靠制造业实现国家经济的振兴，在快速发展阶段都是依靠劳动密集型产业实现经济腾飞。改革开放以来到 21 世纪初，中国国内生产总值中制造业所占比重稳定在 40% 以上，与日本非常相似。[①] 同为制造业立国，日本当下经济状况对中国未来具有很强的借鉴意义。中国在走向高度发达经济体的道路上，制造业不能出现缺位。

---

① 殷醒民：《论中国经济结构转型理论中的制造业因素》，《复旦学报》（社会科学版）1998 年第 1 期。

二　认识到中国制造业发展阶段与经济转型目标的距离

日本制造业企业竞争战略调整诚然是出于对自身竞争力减弱的应对，然而其战略模式却在侧面表现出了中国制造业发展阶段的滞后问题。

首先，日本制造业企业通过模块化战略抢占高价值模块设计商与提供商角色，映衬出中国制造业企业由于设计、研发与制造实力的落后而处于模块化体系中的末端。中国制造业的强项大多集中于模块化程度较高的电子信息技术、汽车整车制造组装等产业领域，然而大多数是作为中、低价值模块供应商的角色进入，依靠模块化下开放式生产契约参与到以价格竞争为主的外包生产领域，因而虽然制造业规模近年来不停扩大，然而国际分工产业链进入国内的价值增值却提升乏力，实际大量价值并不属于中国企业。如鸿海精密为苹果、微软等大型国外企业提供代劳动密集的低成本代工服务，价值增值空间很低，大部分利润由国外下包企业获得。中国企业也很少能成为高价值模块的设计商，小米、联想等大型模块集成商也不同于日本企业，自身缺乏对高价值模块的自主设计能力，从而需要将原本应作为核心价值集聚的核心模块的设计工业也外包给国外的高价值模块设计商或供应商，严重降低了在全球分工体系下的价值分配。从经合组织与世贸组织联合发布的世界附加值贸易统计来看，2011 年中国国内附加值占出口价值比重为52.9%，虽然较 1995 年的 47.3% 有所提升，但是明显低于经合成员国的 61.5%。分产业来看，中国电子产业的国外附加值占比高达一半以上，汽车产业高达 40%，皆表明中国制造业生产价值更多为外国企业所有。①

其次，日本制造业企业高度集中于高技术 B2B 领域的差异化战略调整衬托出中国制造业企业在一体化优势上的匮乏。日本制造业企业立足于高端零部件制造实力开展聚焦 B2B 领域的差异化战略调整以放大既有竞争优势，本身很大程度上是针对中国模块化企业对

---

① OECD-WTO, "Trade In Value Added: China", http://www.oecd.org/sti/ind/tiva/CN_2015_China.pdf.

高技术零部件的进口依赖。[①] 中国在高端精密技术研发、精细化制造、复杂性产品制造上都不具备竞争优势，且这种竞争优势上的差距近年来也并没有得到根本的减少，因为在全球分工体系中，国外企业虽然对非核心技术更多采取开放策略，但对核心技术扩散的客观性约束更加严密，[②] 国内还受基础制造业基础薄弱、人才培养不足、高端制造能力依赖于交钥匙设备引进、中小企业研发地位弱小、市场化机制改革进程束缚等因素的综合影响下，中国制造业实现向高端制造业转型的道路还相当长。[③]

最后，日本制造业企业无论是推动结合战略还是差异化战略内部调整，都是基于强化差异化优势来参与全球竞争这一战略逻辑，而中国制造业企业至今难以在全球范围实施有效的差异化战略，总成本领先战略也不同于 20 世纪战后日本的基于组织创新的总成本领先战略。且国内一些企业基于降低产品基本品质、降低顾客感知价值为手段的唯低价竞争本身并非以成本优势而是以劣质产品参与竞争，并不能算是合格的总成本领先战略。[④] 许多中国制造业企业尚未进入质量保证下的总成本领先战略阶段，更多未达到在全球范围实现差异化优势的战略阶段，说明了中国制造业整体发展阶段与经济目标尚存距离。

总之，中国制造业企业的竞争力与日本相比仍具有相当明显的差距，不少国内学者通过贸易数据对比、显示性比较优势指数、市场占有率指数以及相关对比与实证研究都验证了中国制造业企业仍然是以依靠初级产品与中低端工业品参与全球制造业竞争。虽然近年来中国企业在中高技术制造领域有了显著的提升，然而总体依靠中低端的竞争结构依然未得到根本改变，中国制造业发展水平依然

---

① ［日］崛川美行、高桥志津子、丸山尚文：《中国需求推动日本制造业回归》，《经济》2004 年第 4 期。

② 韩晶、佛力：《基于模块化的中国制造业发展战略研究——以电子信息产业为例》，《科技进步与对策》2009 年第 19 期。

③ 黄群慧、贺俊：《中国制造业的核心能力、功能定位与发展战略——兼评〈中国制造 2025〉》，《中国工业经济》2015 年第 6 期。

④ 陈圻：《一般竞争战略的逻辑基础重构》，《管理学报》2011 年第 8 期。

与转型目标相去甚远。①

第二节　对企业制定竞争战略的启示

一　结合所在产业特点、自身资源与能力优势制定竞争战略

日本制造业企业一直以自身资源与能力来框定竞争战略调整的方向，如凭借组织创新能力来推动企业垂直体制的改良，凭借优秀的供应商体系搭建模块化战略，凭借磨合型产品制造能力集中于B2B领域，凭借部分高新技术研发能力控制高端产业竞争力，凭借国内产业创新集群与高端制造体系引导高端产业回归国内等，通过对存在相对竞争优势的领域进行集中与延展来实现强化竞争战略的结果。

中国制造业企业也应立足于自身异质性资源与能力，基于核心能力构建自身竞争战略。因此首要步骤，是认清自身的核心能力。虽然不同企业具体的核心能力有所不同，但是从整体来看，中国企业在以下领域具备相对较强的核心能力。

第一，在煤炭、炼油、木材、橡胶等资源型产业以及纺织、服装、皮革鞋类等轻工业产业中，中国企业处于全球分工体系的上游位置。② 虽然以上产业属于附加值较低、资源消耗较大的部门，但从事这些领域的中国企业应该在以上游优势加强对全球化产业链的布局，进行资源消耗与高污染生产环节的转移，同时提高产品设计（如服装鞋类）领域、产品定价领域的能力与话语权，争取以上优势产业的全球市场领导权。尤其随着世界能源价格逐渐提升，煤炭、炼油等能源部门的溢价空间也将扩大，中国企业如果能实现在这些部门的上游话语权，就能实现很强的价值流入。

第二，中国企业具有低成本实现高成本产品的设计与生产能力，

---

① 尹伟华：《全球价值链视角下中日制造业国际竞争力的比较分析》，《国际经贸探索》2016 年第 6 期。

② 王岚：《融入全球价值链对中国制造业国际分工地位的影响》，《统计研究》2014 年第 4 期。

最典型的表现是对一体化产品的模块化改造能力。中国企业的模块化改造能力主要分为四步体现：第一步是仿制外国产品，第二步是将仿制的零部件改造为通用零部件，第三步是围绕通用零部件构建产业集群实现低成本规模经济，第四步是依靠这种低成本模块化参与市场竞争。① 国内的非合资汽车企业在 21 世纪初对汽车就采取了这种模仿后的结构简化与核心技术依赖性的弱化，从而快速采取了低端微型车战略，以逆向研发等低端产品设计与研发模式匹配国内市场的低端消费模式，通过更低的成本只为市场提供"足够好"的性能来争取低端市场。在电子产业，电脑与手机企业快速研发出品质一般然而功能齐全的电子产品，并依托高效率的工厂迅速将产品投入市场，因而对国外电子产品造成冲击。在产品的更新换代上，中国企业依靠专业素质较高的庞大人力资源对国外企业进行有效的知识转移，并依托全球外包体系购买国外先进高价值模块，实现产品的快速升级。中国的模块化理念实际上成为全球范围模块化理念普及的重要推动力，对发达国家的高价值模块具有"劣币驱逐良币"效应，尤其在第三世界市场上更为明显。因此，如果中国企业将模块化简单化设计能力应用于中高端产业领域，则具有了领导全球模块化产业设计理念的革新。另外，低成本模块化设计为中国企业巩固第三世界市场提供了能力基础，中国企业应提高第三世界市场在竞争战略中的地位，从第三世界市场出发，构建属于自己的跨国集团与以自己为上游所展开的区域产业价值链。

第三，中国在互联网金融服务业上具有相对优势，能为中国制造业企业提供跨产业融合。依托于中国互联网的迅速普及以及移动互联使用成本的大幅度下降，几大国有电信企业与私有电商企业开创了中国互联网商业模式创新的高峰期。2015 年，中国 B2C 电子商务市场交易规模预计突破 20 万亿元人民币，B2B 电子商务市场破 10 万亿元人民币，使电子商务已经成为中国商务活动的主要平台之一。② 阿里巴巴、腾讯、苏宁、国美等企业纷纷推动移动支付协

① ［日］藤本隆宏：《能力构筑竞争：日本的汽车产业为何强盛》，中信出版社 2007 年版，第 209 页。

② 李天昀：《2015 年中国互联网产业发展报告》，《现代传播》2016 年第 8 期。

议、移动支付平台与线上企业完成电子商务价值链的整合，建立起从线下到线上再到线下的产业网络，并积极推动电子商务与社交网络交叉的新商业模式构建。无论是从交易规模还是从商业模式来看，中国都已经成为互联网金融服务业领域发展水平最高的国家之一。而互联网金融服务业的壮大所带来的知识转移与资金流动将有可能深远改变制造业，其本身正是"工业4.0"中的智能制造、物联网等信息物理融合发展趋势的具体表现之一。比如在汽车领域，百度、华为布局自动驾驶、阿里巴巴、恒大等巨头跨界投资汽车产业，共同推动互联网产业对汽车产业价值链的改造及互联网服务理念对汽车功能定位的改造。特别是2018年以来，中国新能源智能汽车产业发展迅猛，以蔚来、小鹏为代表的汽车新势力和比亚迪、吉利等老牌汽车企业共同构成了具有国际影响力的庞大产业链。上海引入美国特斯拉并没有为国产新能源汽车产业带来过大的冲击，反而成为国内汽车企业快速崛起的催化剂，清晰反映了中国在互联网和新商业模式方面的异质性能力。因此，中国制造业企业应进一步认识到推动与互联网金融服务业融合的战略重要性，借力"中国制造2025""互联网＋"等国家战略部署跨产业战略，在改变制造业形态的过程中寻求或创造新的竞争优势。

第四，中国大型国有企业在航空航天、军工国防等军事类大型复杂装备制造业具有较强的核心能力，一直作为中国科技创新的主要力量之一。这些关系国家安全的国有企业群由于长时间坚持自主研发与政府的财政支持，具有一定的高新技术研发与制造能力。由于主要承担政府订单，这些企业较少参与市场公开竞争，因而其竞争战略的调整空间也较为狭窄。不过，在政府的允许下，这些企业可以考虑成为高新技术的知识散发点，与其他企业展开一定的合作研发战略，一方面通过为其他企业提供知识转移来探索知识产权战略，另一方面学习其他企业在充分竞争市场中所形成的成熟经营模式，并依托后者的营销资源与市场势力扩展本企业的目标市场。

二　重视对所在产业发展趋势的判断与应对

日本制造业企业转型中汽车企业与电子企业尤其在模块化战略

上转型的成功性可以看出对行业内趋势判断的准确性很大程度上将影响竞争战略制定的前瞻性。以丰田为代表的日本汽车企业在 20 世纪末至 21 世纪初就敏锐观察到全球制造业价值链构架的专业化与水平化，其推动的超模块化组织改革恰逢其时，从而使汽车产业成为日本制造业中竞争优势最为稳固的领域，其在 2009—2011 年业绩大幅度下滑更多与经济危机的爆发呈高正相关性，而非其竞争优势降低了。然而，日本电子企业在捕捉电子产业变化趋势上有明显的滞后性，这固然与电子行业发展形态比汽车更为多变有关，短时间内经历了从数据计算、信息处理到通信、娱乐、安全再到向多种业态全面渗透的跳跃性变化历程，但企业自身对世界趋势预判的不重视以及对过往路径依赖的过分自信，导致日本电子企业未针对电子产业信息化展开及时的战略调整，从而导致在最终电子产品领域、高价值设计领域等遭遇"滑铁卢"。在经济危机爆发后，日本电子企业将责任过分推脱于宏观经济不稳定与日元汇率的升值，未完全认识到传统顾客需求与行业趋势已大相径庭，因而在结合战略部署与差异化战略调整上出现了延误。

因此，中国制造业企业必须时刻跟随世界行业发展趋势，避免因近年来制造业快速发展现状而降低未来可能遭遇挑战的识别能力。电子产业是中国快速发展产业中回落趋势逐渐明显的代表，表明了中国制造业企业早晚将面对倒"V"形拐角。电子产业回落趋势主要表现为三点。首先，企业业务扩张能力出现不足。2010 年至 2015 年，我国规模以上电子信息制造业工业①主营业务收入规模同比增长率分别为 16.9%、21.1%、13%、10.4%、9.8% 和 7.6%。官方未提供 2016 年和 2017 年数据，2018 年为 9.0%，2019 年为 4.5%，总体呈下降趋势。其次，企业的盈利能力偏低。近年来，我国电子信息企业平均利润率近年来在 3.5%—4.8% 的区间上下波动，低于同期制造业企业平均水平 1.5 个到 0.5 个百分点。再次，

---

① 根据中国工信部解释，规模以上指年主营业务收入 2000 万元及以上的电子信息制造业企业；年主营业务收入 100 万元及以上的软件和信息技术服务企业。由于日本主要电子企业的主营业务主要为制造业，因此从可比性角度考虑，此处采取的是中国电子信息制造业企业的增长数据，未采取软件和信息技术服务企业。

产业进出口数据表明企业的外贸业务出现萎缩。2015 年我国电子信息产品进出口额同比均下降 1.1%。① 2019 年，我国规模以上电子企业出口增加 1.7%，主要是受中美经贸摩擦影响。

不仅如此，部分电子产品产量已经出现下滑。2014 年我国手机产量增长 6.8%，比去年降低了 16.4 个百分点；微型计算机连续两年下滑，彩电于 2013 年首先突破负增长。② 电子产业的走势说明随着产品饱和度的提高，中国制造品消费市场开始由初期的市场填补期向成熟市场过渡，必然伴随着需求层次深化、需求模式与国际接轨等特征的出现，因而追随并识别世界行业发展趋势对于中国制造业企业的重要性的提高是不可逆的。

第三节　对政府宏观政策的建议

一　促进金融服务业对制造业的正向作用

金融服务业对制造业具有正向与反向作用，在全球经济危机爆发以来，其反向作用受到了更多的关注。由于金融活动具有投机性，金融资本的积累与产业发展周期必然产生脱钩，从而导致在剩余价值再分配环节出现不稳定，进而危害制造业健康发展。虽然日本制造业企业的竞争战略转型与金融服务直接相关性不明显，然而企业有条不紊的战略调整侧面说明了日本金融服务业对制造业发展的干扰性得到了控制。在汽车、电子等支柱产业发展初期，日本政府就推动复兴金融公库融资等方式激发金融服务业对制造业的正向作用。在制造业企业发展的过程中，日本独有的财阀与系列化现象推动了制造集团与金融集团之间紧密而稳健的长期合作，从而降低了金融行为的投机性。各大银行一般都是大型制造业企业的主要股

① 中华人民共和国工业和信息化部运行监测协调局：《2015 年电子信息产业统计公报》，2016 年 2 月 29 日，http：//www. miit. gov. cn/gxsj/tjfx/dzxx/art/2020/art_275a9151 7124415cb5599b84aafb8a72. html，2021 年 5 月 3 日。

② 中华人民共和国工业和信息化部运行监测协调局：《2014 年电子信息产业统计公报》，2015 年 2 月 27 日，http：//www. miit. gov. cn/gxsj/tjfx/dzxx/art/2020/art_30a226ca 0d2e4f5ebad3df817ec4d919. html，2021 年 5 月 3 日。

东，长期持有大量股权，且不随企业的业绩波动而轻易改变股权结构，使银行成为企业的坚实资金后盾，无须为吸引更多资本采取激进式融资措施，也免受资本频繁流动而导致的企业战略紊乱。20 世纪 80 年代，由于资本大量进入股市与不动产以追求高投资回报，[①]日本遭遇了泡沫经济的冲击，是日本金融服务业脱离制造业发展最严重的时期，不过上述的产业特点降低了日本制造业受冲击的程度。当下，金融服务业成为中国发展最快的产业领域，银行贷款坏账、股市涨跌与实体发展趋势脱钩、不动产泡沫逐渐形成等问题已经逐渐出现并恶化，已经到了中国政府加强政策调整以控制虚拟经济对实体经济反向作用的时候了。

金融资本交易的目的是为实现价值增值，在制造业占据国民经济主导地位时期，金融资本需依附实体经济来实现价值的增值。然而随着全球化进程下各区域间资本流动的无成本化与快速化，使金融资本具备了实现脱离实体经济活动的资产差价利益，并依靠服务业的迅速增长所产生的观念消费对商品价值的向上推动，[②]导致金融服务业具备了远远高于各国间制造业产值与实体贸易规模的价值自我繁殖空间。因此，要引导金融资本重新发挥支撑制造业的正向作用，主要路线有三。一是通过制度构建提高资本向制造业企业流入的便利性，主要措施有：建立更完善的实体企业融资机制与渠道，如引入更多私人投资方式吸引分散金融资本流入制造业企业；加快现代企业融资制度建设，如构建企业融资权以提高融资效率；建立针对中小企业的金融协助组织，提供金融方面的信息对接与咨询服务等。二是增强跨资本交易监管以提高资本逐利流动的成本，主要措施是加强对监管部门的责权划分与监督机制以强化监管效率、搭建政府与社会信用互动机制以降低金融市场道德风险、完善金融机构治理结构以约束投资行为。[③]三是加强对服务业监管以约

---

① 郑良芳：《从日本泡沫经济破灭说起——正确处理虚拟经济和实体经济关系问题的研究》，《广西农村金融》2003 年第 4 期。

② 刘晓欣：《当代经济全球化的本质——虚拟经济全球化》，《南开经济研究》2002 年第 5 期。

③ 蒋海、刘少波：《金融监管理论及其新进展》，《经济评论》2003 年第 1 期。

束无门槛无上限的服务价值膨胀，主要控制投资性服务与概念性融资中的投机行为，其中关键一环是调控不动产市场，抑制非刚需拉动的不动产价格上升空间。虽然房地产涉及实体产品的制造（楼房建造），然而其产品价值主要体现为服务属性而非功能属性，具有比制造业更高的价值溢价能力，因而易吸引大量金融资本由制造业部门流入，如日本泡沫经济的主要推动力之一就是不动产的不合理投资。因此，政府应将不动产市场作为金融风险调控的重点领域，通过实施进一步的融资约束、税制约束、投资资格约束等措施提高金融资本投机成本，引导不合理资本重新回归制造业部门。

二　加强对制造业企业现实问题的解决

"互联网＋"等宏观产业政策的出台，标志着中国政府在推动产业结构升级与新型制造业转型上进入了国家级的战略规划层面。然而，中国制造业企业相比日本制造业企业存在许多现实问题，迫切需要政府在微观政策层面制定可操作性强的政策来缓解问题，如此才能促进企业向着宏观战略规划的道路发展。

第一，解决企业信息知识资源缺乏问题。日本电子领域的大型制造业企业多数具备较完善的信息知识库，丰田等汽车企业可以借助优秀零部件商实现汽车的电子化，同时为中小企业提供主要知识资源。中国制造业企业则不同，大部分企业的积累性知识并不多，定价竞争为主的供应链体系也使中小企业难以开展有效创新，因而大数据、云计算以及物联网等基于数据运算资源相对贫乏，将降低国内企业尤其是中小企业向信息化、智能化的转型能力。因此，政府推动具有事业性、合作性与商业性的信息数据运算与处理的资源共享体系，包括官方与非官方的相关运算服务机构、高等教育资源的合理共享体制等，为国内企业提供转型的必要物质与体制支持。

第二，解决企业基础薄弱问题。基础工业能力是新制造业转型的关键，制造业的转型本身也是产业内各企业工业能力的自然发展与创新水平的持续提高所导致的必然结果。日本各大制造业企业推行业务转型升级是其稳健的基础推动企业能力边界扩展的必然结果，如日立成熟的社会解决方案能力向社会创新业务转型等。如果无法解决中国制造业企业的弱基问题，强求企业转型无异于揠苗助长。"弱基"问题来自历史遗留与现实问题，且涉及国家教育、科研体系的运行效率，企业自身很难妥善解决，因此是政府工作的重点之一。首先，各级政府可牵头组建广泛的技术研发层面的战略联盟来推进企业与高校、研发机构之间的直接合作关系，这种战略不仅限于新技术领域，还必须包括基础技术、材料、工艺等领域。其次，政府应保证并增强基础研究在高等教育体系中的地位，加大对基础学科的持续性高强度投入，并在国家项目、教育基金等教育资源调配时把握基础研究与新领域研究的平衡，鼓励科研人员开展基础性研究。最后，政府应进一步将研发主体向企业自身转移。在日本，企业研发投资占总额近九成，具有不可动摇的主体性。政府应利用企业在资源优化配置上的优势，进一步增加对企业研发的资金支持，并对研发型企业释放政策利好，以培养企业研发能力逐渐向主体前进。

　　第三，解决企业需求空间问题。新产品、产业的诞生需要需求做奠基，政府应主导对新需求的塑造，为新型制造业企业创造市场空间。在日本，苛刻的国内需求条件对产品的品质与技术表现有着很高的要求，因而对高新技术产品的更新换代的要求具有隐含的强迫性。因此，日本企业相较担心先进产品的市场接纳度而言更担心无法及时实现产品的更新，基于此市场特点，差异化战略因而更早被实施并长期执行。在国内，市场需求的要求层次相对较低，因而政府代表的公共需求对市场形态具有至关重要的地位，政府部门采购与基础设施建设对市场需求具有指引作用。因此，政府应在公共部门的设备更新上采用新型装备器械、新型软件规则、更高标准的公共产品质量标准都能为中高端装备制造业、信息化智能企业提供大量需求，并引导其他制造业企业形成向中高端制造业转型的趋势。另外，由于公有制企业在关乎国计民生的产业方面具有很强的市场势力，政府通过敦促国有企业在外包与零部件采购环节提高技术与品质标准要求，对全国性制造业需求标准具有很强的塑造作用。

　　第四，缓解市场机制不成熟问题。继续深化市场体制改革，发挥市场对资源配置的基础性作用。制造业企业向中高端转型、向新兴产业转型都依赖于企业实现高投资回报率与创新收益率。如果通过重组、并购等投资行为与创新等技术发展都无法获得合理收益的话，企业推动竞争战略调整的战略动机就不明显了。对市场资源分配的扭曲与干扰，都将严重影响企业以市场为基础采取投资与创新行为所获得的收益，从而使企业不知应按照何种资源分配规则展开战略调整。因此，在国内制造业企业需要调整竞争战略的时期里，市场改革深化更为重要。政府应在反垄断与降低行政干涉两方面来深化市场化改革，包括降低国有企业在部分领域的制度性垄断权力，以及转变政府宏观调控的观念由塑造经济发展向引导经济发展转变。最近的简政放权的政策路线就是以上改革的典型例子。

三 推进细分产业或领域的发展战略规划

"互联网＋"等宏观大战略虽然框定了中长期国家制造业战略发展大局，然而过于宏观的发展战略如果缺少产业或领域层次的小战略推进，则会导致大战略陷入"全、大、空"的陷阱，虽然策划得面面俱到，实际等同于没有突出的重点，反而使制造业企业感到无借力之处。日本政府在制定详细战略上非常成熟，在大的"次时代制造业"下，又包括"机器人发展战略"、ICT 产业战略、新产业创造战略、技术创新 25 法等产业向、领域向的细分战略。[①] 每项战略根据微观提供详细的政策，包括政策、税制等方面的优惠，以及各委员会、基金会对企业的扶持方式等。因此，中国也应加快在大战略方向内制定细分战略，构建密集且成体系的政策网络，为企业提供可视化很强的发展导向与具体扶持方式，从而使企业实现对战略的借力以及对产业导向的更直观的理解。

小 结

日本制造业企业竞争战略调整在产业、企业、政府决策三个层

---

① 黄群慧：《中国的工业大国国情与工业强国战略》，《中国工业经济》2012 年第 3 期。

面可以为中国提供借鉴。产业层面，日本制造业企业竞争战略调整对贸易状况、产业研究支出与产业劳动生产率的促进成为日本宏观经济恢复与科研实力前进的重要动力。企业战略的变化不仅是对把握制造业形态新趋势的尝试，也是在进一步塑造趋势本身。通过主动策划或被动适应，日本企业在新的经济形态下获得更强的话语权。日本政府同样坚定不移走制造业立国道路并积极推动新制造业的发展，与企业战略调整形成相呼应的产业发展格局。这表明制造业在一国经济体系中的地位不会因"去工业化"或金融服务业的崛起而实质降低，制造业新形态的形成会进一步加深产业关联性，反而更凸显制造业作为支柱产业的重要性。日本企业具体的战略调整在产业层面也揭示了中国制造业发展阶段与经济转型目标的距离，日本的模块化战略对中高价值链领域的攫取、高技术 B2B 领域业务转移与 B2C 中高端产品集聚等以中高端差异化为战略主线的战略调整模式印证出中国制造业在全球产业链中低端的锁定状态，并不具备足够的异质性资源与能力实现制造业向中高技术产业的转型。

企业层面，由于自身核心能力的缺失，借助自然环境、国家体制等外生竞争优势，在己方更具有且更易构建异质性资源与能力的领域制定与产业环境相匹配的竞争战略，是日本企业竞争战略调整所带来的启示。自然资源与劳动力优势、善于学习的人力资源优势、完备工业基础与国家政策支持、互联网金融业的繁荣、公有制企业的国家支持等外生与内生竞争优势，都是中国企业构建特色竞争战略可以利用的资源与能力。在构建竞争战略时，必须保持战略的时效性与制造业发展趋势的适应性，吸取日本企业战略转变的经验与教训，重视对所在产业发展趋势的判断与应对。

从上述两个层面出发，可以归纳出对政府宏观决策的建议。首先是确保制造业在国民经济体系中的地位，不仅是保证对制造业本身的支持，更重要的是引导并塑造金融服务业对制造业的积极作用，主要从加强资本注入制造业的便利性、提高资本逐利流动的成本、约束无门槛无上限的服务价值膨胀三个方面入手。除了对金融服务业的引导与监管，政府必须能切实解决国内企业在进行竞争战略转型过程中所面临的种种困难，强化对企业信息知识资源匮乏问题、企业基础薄弱问题、企业需求空间问题、市场机制不成熟等问题的解决能力。除解决问题外，推进细分产业或领域的发展战略规划是政府另外一项职能，围绕新制造业发展趋势，结合中国企业转型实际，构建成体系的政策网络与发展纲要，进一步推动中国制造业的整体转型升级。

附　　录

以下各表格中数据皆为本书第七章中日本汽车与电子产业显示性竞争优势指数计算过程中所用数据与中间数据，附录于此，以供查阅。

附表1　　　　　　　　　　所有国家与日本的总进出口值　　　单位：百万美元

年份	所有国家 w 的所有产品 p 的进口值	所有国家 w 的所有产品 p 的出口值	日本所有产品 p 的进口值	日本所有产品 p 的出口值
2001	6301839	6118192	349291	403344
2002	6538839	6409408	337613	416729
2003	7617859	7459830	383465	472006
2004	9298151	9074772	455253	565761
2005	10579346	10342399	515866	594940
2006	12155137	11956689	579063	646725
2007	14039295	13796799	619662	714211
2008	16228575	16004704	762626	782049
2009	12489486	12408194	550550	580719
2010	15163289	15113529	692435	769772
2011	18091237	18947281	854098	822564
2012	18135297	18085644	885610	798621
2013	18437808	18461669	832424	714613
2014	18625151	18653609	811882	690202
2015	16364178	16272345	648315	624787

附表2　　　汽车产业各细分产业进出口值（全球与日本）单位：百万美元

全球

年份	781 个人运输用 自动车		782 专用货物 运输车		783 道路 机动车		784 自动车 零部件		785 摩托车与 非机动车	
	进口	出口	进口	出口	进口	出口	进口	出口	进口	出口
2001	318000	309000	59000	56000	14000	15000	141000	138000	20000	20000
2002	346000	344000	64000	60000	15000	17000	156000	153000	21000	21000
2003	397000	393000	72000	68000	18000	21000	183000	180000	25000	25000
2004	463000	456000	84000	80000	24000	28000	216000	214000	29000	30000
2005	484000	487000	94000	90000	26000	30000	231000	234000	32000	33000
2006	540000	537000	107000	103000	31000	34000	256000	259000	35000	36000
2007	625000	623000	133000	128000	39000	41000	295000	297000	41000	41000
2008	632000	636000	140000	134000	45000	50000	307000	310000	46000	47000
2009	445000	439000	85000	80000	25000	25000	224000	228000	35000	35000
2010	553000	559000	109000	105000	30000	33000	292000	301000	38000	40000
2011	637000	640000	131000	129000	42000	46000	347000	355000	45000	47000
2012	651000	652000	141000	139000	41000	46000	354000	361000	45000	48000
2013	678000	680000	140000	137000	43000	47000	375000	378000	45000	49000
2014	711000	710000	141000	139000	45000	51000	388000	386000	48000	53000
2015	683000	679000	130000	127000	44000	49000	361000	362000	46000	50000

日本

年份	781 个人运输用 自动车		782 专用货物 运输车		783 道路 机动车		784 自动车 零部件		785 摩托车与 非机动车	
	进口	出口	进口	出口	进口	出口	进口	出口	进口	出口
2001	6253	52989	134	5282	40	961	2121	15631	957	6062
2002	6268	62702	123	6153	25	1146	2555	17101	1021	5834
2003	6986	62392	129	7021	33	1249	3043	20204	1214	6114
2004	8195	74822	129	8402	45	1541	3502	24147	1322	7226
2005	8105	79769	145	7873	28	1800	3808	25899	1349	7770
2006	7654	94485	182	8580	33	2176	4513	26446	1435	7899

续表

年份	781 个人运输用 自动车		782 专用货物 运输车		783 道路 机动车		784 自动车 零部件		785 摩托车与 非机动车	
	进口	出口	进口	出口	进口	出口	进口	出口	进口	出口
2007	7680	107946	200	10598	16	2726	5352	29132	1625	7934
2008	6777	115233	416	12760	39	3886	6434	30169	1929	7734
2009	4576	62145	265	6936	26	2148	3961	25268	1762	4680
2010	6434	90203	330	10736	33	2974	5572	36067	1768	4788
2011	8814	87162	361	11731	41	3175	5923	38590	2152	5301
2012	10881	97275	454	13060	41	3712	6955	41654	2318	5070
2013	10597	91539	485	10534	41	3386	7150	36861	2268	4433
2014	10392	88452	543	10777	43	3328	7702	29224	2233	4658
2015	8972	85996	394	9921	48	3183	7247	29224	1977	4057

附表 3　电子产业各细分产业进出口值（全球与日本）（1）

单位：百万美元

全球

年份	751 商业用 电子产品		752 自动处理设备 及设备组		759 商用、自动 处理设备机器 零部件与附件		761 电视接收器		763 录播设备		764 电信通信 设备及配件	
	进口	出口	进口	出口	进口	出口	进口	出口	进口	出口	进口	出口
2001	13000	13600	201300	184100	142000	148700	27800	28800	30400	27100	205000	207000
2002	12300	11600	202600	182000	139900	149200	31600	32500	36600	32700	193000	207000
2003	14100	11700	225400	209400	156600	162100	36200	37600	46900	42900	219300	230200
2004	16200	12800	264600	249400	182100	182900	49000	48800	61400	56200	286800	296100
2005	17300	15100	287400	271400	199800	201600	59400	57300	67500	62100	341900	352200
2006	19600	18300	307500	298900	221200	222100	78400	77700	67900	62400	408000	425200
2007	49200	45000	293900	302900	222200	217700	92800	89700	72300	65000	432600	417600
2008	52600	49400	302500	304500	218200	212700	101600	96900	71200	67100	473000	451300
2009	41400	41400	259100	261500	179600	175000	83900	84700	57000	58500	396700	378300

全球												
年份	751 商业用 电子产品		752 自动处理设备 及设备组		759 商用、自动 处理设备机器 零部件与附件		761 电视接收器		763 录播设备		764 电信通信 设备及配件	
	进口	出口	进口	出口	进口	出口	进口	出口	进口	出口	进口	出口
2010	49700	50100	321400	319700	213000	202900	101400	100300	68000	63100	494600	446600
2011	50500	51100	358400	345200	199900	195900	93000	94700	67800	61500	562100	510700
2012	50700	52600	377700	364800	192300	187000	88300	88700	66800	60400	604000	539400
2013	50000	51000	367900	356400	188600	185800	81100	84600	61800	56300	656100	596700
2014	50900	50300	372100	366700	187100	186800	82900	89900	53300	47900	683300	630400
2015	45700	45600	342400	322500	169700	169300	76400	83200	49100	45700	688800	636000

日本												
年份	751 商业用 电子产品		752 自动处理设备 及设备组		759 商用、自动 处理设备机器 零部件与附件		761 电视接收器		763 录播设备		764 电信通信 设备及配件	
	进口	出口	进口	出口	进口	出口	进口	出口	进口	出口	进口	出口
2001	445	2686	15037	12642	7996	13202	1950	3242	1973	8157	8216	12046
2002	363	624	14322	11140	7362	13924	1549	3733	1898	9290	7437	10782
2003	448	622	15929	8344	7831	15191	1448	4452	2413	11060	8063	14520
2004	477	734	17617	8453	9008	16640	1687	4898	3656	12463	9672	17950
2005	444	504	18717	7259	8521	16653	1619	3897	3813	11845	11304	17375
2006	447	561	18073	7055	7860	16514	1229	3335	3268	11125	11926	18767
2007	2603	3083	13825	5230	7210	16562	1111	2123	3613	12467	16121	18752
2008	2867	3076	15057	4684	6546	16727	1389	1814	3547	13083	18093	18998
2009	2505	2017	12070	3170	5457	13183	2464	960	3181	9247	16346	13460
2010	3012	2258	15347	3427	6764	15040	6044	1096	4469	9651	21306	13548
2011	3091	2057	17817	3248	5860	14615	6344	1103	4280	8729	26332	12194
2012	3628	1809	17783	2930	5721	13723	2772	1072	3465	9568	33496	11320
2013	3140	1472	17311	2593	5398	12829	2478	916	3239	6053	32919	9744
2014	3026	1318	17606	2333	5032	11818	2540	993	2892	4687	32376	9299
2015	2690	1251	14105	2085	4508	10413	2230	998	2433	3776	28923	9194

附表 4　　电子产业各细分产业进出口值（全球与日本）（2）

单位：百万美元

全球

年份	771 电力发电及设备组		772 用于电路控制的电气设备		775 家电与家庭用设备		776 电子、电路、晶体管、阀门、二极管等		874 测量、检查、分析和控制设备		882 摄影与电影器材		884 光学产品	
	进口	出口	进口	出口	进口	出口	进口	出口	进口	出口	进口	出口	进口	出口
2001	35900	33900	88700	86900	38200	37400	262500	238700	75100	72100	16600	16300	18200	19500
2002	34500	31800	88800	89200	42100	41700	278500	253400	74800	72800	17200	16900	16500	17800
2003	38100	35500	103400	104300	49500	48800	321800	291200	86100	83200	18200	18800	20000	21000
2004	45000	41800	127400	128200	57700	58100	398400	347500	106200	103400	19600	19800	25000	26700
2005	49800	45700	142300	142400	64300	63700	430000	365600	112500	110800	19500	19200	28900	30700
2006	58500	55800	165100	164200	71700	71100	490500	424300	127600	125900	19400	19000	34200	35200
2007	70900	69100	189200	186000	82500	81200	526800	456700	142700	140300	19700	18700	39600	40400
2008	80500	79700	204700	200100	88600	86100	530200	449500	153600	149500	19200	18400	44400	43500
2009	69200	68200	165400	161700	76300	73900	465900	401200	125600	123800	16400	16000	40200	40000
2010	88300	85600	208500	204800	88000	84800	633900	535700	155100	153200	17100	17100	50200	50300
2011	96200	92600	237900	232000	96700	95600	655600	551500	182000	179200	18100	18200	54700	55300
2012	94100	92900	244100	238000	98700	95600	658300	552700	188600	186000	17400	17700	56400	57600
2013	98700	98200	254200	249800	102600	101500	721900	613600	191400	188500	16900	17100	57000	58600
2014	100300	97200	260200	259900	107400	106100	741800	624100	199400	195200	16400	16400	58500	59500
2015	92700	91000	245200	244800	102100	99600	740300	623500	189300	182300	14900	14700	54600	55800

日本

年份	771 电力发电及设备组		772 用于电路控制的电气设备		775 家电与家庭用设备		776 电子、电路、晶体管、阀门、二极管等		874 测量、检查、分析和控制设备		882 摄影与电影器材		884 光学产品	
	进口	出口	进口	出口	进口	出口	进口	出口	进口	出口	进口	出口	进口	出口
2001	2175	1995	2754	9901	1850	536	15725	30036	4600	7762	422	3597	1670	5478
2002	2047	1817	2814	10019	2120	494	15267	30927	4272	7436	358	3763	1668	4564
2003	3247	1925	3614	11613	2458	534	17420	35256	4859	9458	389	4105	2094	5476
2004	2410	2364	4483	14898	2729	624	21092	40652	5991	12959	310	4603	2587	7217
2005	2449	2319	4796	15277	3092	611	21268	39885	6329	13127	299	4674	2992	7855
2006	2673	2580	5412	16480	3450	684	24702	41725	7314	13559	349	4699	3088	7828
2007	2852	2846	5750	17168	3841	702	24265	44619	7238	14068	391	4684	3096	8210

续表

年份	日本													
	771 电力发电 及设备组		772 用于电路 控制的电气 设备		775 家电与家庭 用设备		776 电子、电路、 晶体管、阀门、 二极管等		874 测量、检查、 分析和控制 设备		882 摄影与 电影器材		884 光学产品	
	进口	出口	进口	出口	进口	出口	进口	出口	进口	出口	进口	出口	进口	出口
2008	3047	3204	60888	17840	4303	775	23942	44607	7025	14477	372	4635	3505	8990
2009	2337	2853	4434	14162	4405	617	18845	36655	5228	11160	355	3890	2842	7534
2010	2911	3646	5833	19963	4967	824	24397	47429	6664	16585	370	4686	3640	9008
2011	3322	4095	6158	21099	6028	887	22131	44769	7673	19371	383	4958	3991	9766
2012	3361	3977	6143	29354	6517	845	22301	41835	7925	19826	378	4789	4383	10049
2013	3420	4011	6050	17666	6226	839	25068	36403	7758	17223	301	4504	3737	8785
2014	3506	4198	6571	17330	6297	862	27142	34852	8398	17237	252	4367	3801	8206
2015	3153	3635	6420	15323	5693	891	24760	32349	8269	15560	253	3938	3321	6984

附表5　　　　　　　汽车产业各细分产业进口指数

年份	781	782	783	784	785
2001	0.355	0.041	0.052	0.271	0.863
2002	0.351	0.037	0.032	0.317	0.942
2003	0.350	0.036	0.036	0.330	0.965
2004	0.362	0.031	0.038	0.331	0.931
2005	0.343	0.032	0.022	0.338	0.865
2006	0.298	0.036	0.022	0.370	0.861
2007	0.278	0.034	0.009	0.411	0.898
2008	0.228	0.063	0.018	0.446	0.892
2009	0.233	0.071	0.024	0.401	1.142
2010	0.255	0.066	0.024	0.418	1.019
2011	0.293	0.058	0.021	0.362	1.013
2012	0.342	0.066	0.020	0.402	1.055
2013	0.346	0.077	0.021	0.422	1.116
2014	0.335	0.088	0.022	0.455	1.067
2015	0.332	0.076	0.028	0.507	1.085

附表 6　　　　　　　　　　**电子产业各细分产业进口值**

年份	751	752	759	761	763	764	771
2001	0.618	1.348	1.016	1.266	1.171	0.723	1.093
2002	0.572	1.369	1.019	0.949	1.004	0.746	1.149
2003	0.631	1.404	0.993	0.795	1.022	0.730	1.693
2004	0.601	1.360	1.010	0.703	1.216	0.689	1.094
2005	0.526	1.336	0.875	0.559	1.158	0.678	1.009
2006	0.479	1.234	0.746	0.329	1.010	0.614	0.959
2007	1.199	1.066	0.735	0.271	1.132	0.844	0.911
2008	1.160	1.059	0.638	0.291	1.060	0.814	0.805
2009	1.373	1.057	0.689	0.666	1.266	0.935	0.766
2010	1.327	1.046	0.695	1.305	1.439	0.943	0.722
2011	1.296	1.053	0.621	1.445	1.337	0.992	0.731
2012	1.465	0.964	0.609	0.643	1.062	1.136	0.731
2013	1.391	1.042	0.634	0.677	1.161	1.111	0.767
2014	1.364	1.085	0.617	0.703	1.245	1.087	0.802
2015	1.486	1.040	0.671	0.737	1.251	1.060	0.859
年份	772	775	776	874	882	884	
2001	0.560	0.874	1.081	1.105	0.459	1.655	
2002	0.614	0.975	1.062	1.106	0.403	1.958	
2003	0.694	0.986	1.075	1.121	0.425	2.080	
2004	0.719	0.966	1.081	1.152	0.323	2.113	
2005	0.691	0.986	1.014	1.154	0.314	2.123	
2006	0.688	1.010	1.057	1.203	0.378	1.895	
2007	0.689	1.055	1.044	1.149	0.450	1.771	
2008	0.633	1.033	0.961	0.973	0.412	1.680	
2009	0.608	1.310	0.918	0.944	0.491	1.604	
2010	0.613	1.236	0.843	0.941	0.474	1.588	
2011	0.548	1.320	0.715	0.893	0.448	1.545	
2012	0.515	1.352	0.694	0.860	0.445	1.591	
2013	0.527	1.344	0.769	0.898	0.394	1.452	
2014	0.579	1.345	0.839	0.966	0.353	1.491	
2015	0.661	1.407	0.844	1.103	0.429	1.535	

附表 7 汽车产业各细分产业 RCA 值

年份	781	782	783	784	785
2001	2.601	1.420	0.972	1.718	4.598
2002	2.803	1.602	1.037	1.719	4.273
2003	2.509	1.646	0.940	1.774	3.865
2004	2.632	1.701	0.883	1.810	3.864
2005	2.847	1.494	1.043	1.924	4.093
2006	3.253	1.509	1.183	1.888	4.057
2007	3.347	1.595	1.284	1.895	3.738
2008	3.708	1.947	1.591	1.992	3.368
2009	3.025	1.846	1.836	2.368	2.857
2010	3.168	2.001	1.769	2.353	2.350
2011	3.137	2.233	1.590	2.504	2.598
2012	3.379	2.134	1.827	2.613	2.392
2013	3.478	1.981	1.861	2.519	2.337
2014	3.367	2.093	1.764	2.046	2.375
2015	3.299	2.037	1.692	2.103	2.113

附表 8 电子产业各细分产业 RCA 值

年份	751	752	759	761	763	764	771
2001	2.996	1.042	1.347	1.708	4.566	0.883	0.893
2002	0.827	0.941	1.435	1.767	4.370	0.801	0.879
2003	0.840	0.630	1.481	1.871	4.075	0.997	0.857
2004	0.920	0.544	1.459	1.610	3.557	0.972	0.907
2005	0.580	0.465	1.436	1.182	3.316	0.858	0.882
2006	0.567	0.436	1.375	0.794	3.296	0.816	0.855
2007	1.324	0.334	1.470	0.457	3.705	0.867	0.796
2008	1.274	0.315	1.609	0.383	3.990	0.862	0.823
2009	1.041	0.259	1.610	0.242	3.377	0.760	0.894
2010	0.885	0.211	1.455	0.215	3.003	0.596	0.836
2011	0.927	0.217	1.719	0.268	3.269	0.550	1.019
2012	0.779	0.182	1.662	0.274	3.587	0.475	0.970

年份	751	752	759	761	763	764	771
2013	0.746	0.188	1.784	0.280	2.778	0.422	1.055
2014	0.708	0.172	1.710	0.299	2.645	0.399	1.167
2015	0.715	0.168	1.602	0.312	2.152	0.377	1.040

年份	772	775	776	874	882	884	
2001	1.728	0.217	1.909	1.633	3.347	4.261	
2002	1.728	0.182	1.877	1.571	3.425	3.944	
2003	1.760	0.173	1.914	1.797	3.451	4.121	
2004	1.864	0.172	1.876	2.010	3.729	4.336	
2005	1.865	0.167	1.897	2.060	4.232	4.448	
2006	1.856	0.178	1.818	1.991	4.572	4.112	
2007	1.783	0.167	1.887	1.937	4.839	3.926	
2008	1.825	0.184	2.031	1.982	5.155	4.230	
2009	1.871	0.178	1.952	1.926	5.195	4.025	
2010	1.914	0.191	1.738	2.126	5.380	3.516	
2011	2.095	0.214	1.870	2.490	6.275	4.068	
2012	2.793	0.200	1.714	2.414	6.127	3.951	
2013	1.827	0.214	1.533	2.361	6.805	3.873	
2014	1.802	0.220	1.509	2.387	7.197	3.727	
2015	1.630	0.233	1.351	2.223	6.977	3.260	

参考文献

中文著作

解柠羽：《美日汽车产业集群生命周期比较研究》，中国科学技术出版社 2015 年版。

李玉刚：《战略管理》（第三版），科学出版社 2013 年版。

邱询旻：《日本企业竞争力个案研究》，中国经济出版社 2015 年版。

芮明杰：《现代企业持续发展理论与策略》，清华大学出版社 2004 年版。

芮明杰、余光胜：《产业致胜——产业视角的企业战略》，浙江人民出版社 1999 年版。

唐杰、杨沿平、周文杰：《中国汽车产业自主创新战略》，科学出版社 2009 年版。

薛敬孝、白雪洁：《当代日本产业结构研究》，天津人民出版社 2002 年版。

张玉来：《丰田公司企业创新研究：兼论企业创新研究》，天津人民出版社 2007 年版。

周三多、郭统钎：《战略管理思想史》，复旦大学出版社 2003 年版。

［德］乌尔里希·森德勒：《工业 4.0：即将来袭的第四次工业革命》，机械工业出版社 2014 年版。

［韩］W. 钱·金、勒妮·莫博涅：《蓝海战略：超越产业竞争　开创全新市场》，商务印书馆 2005 年版。

［美］克莱顿·克里斯坦森：《创新者的窘境》，中信出版社 2010 年版。

［美］H. 伊戈尔·安索夫：《战略管理》，机械工业出版社 2015

年版。

［美］阿德里安·J. 斯莱沃茨基：《价值转移：竞争前的战略思考》，中国对外翻译出版社 2000 年版。

［美］艾尔弗雷德·D. 钱德勒：《战略与结构》，云南人民出版社 2002 年版。

［美］鲍勃·约翰斯通：《我们在燃烧：日本电子企业研发史》，华夏出版社 2004 年版。

［美］彼得·德鲁克：《管理的实践》，机械工业出版社 2009 年版。

［瑞典］伯特尔·俄林：《区域贸易与国际贸易》，华夏出版社 2008 年版。

［美］大卫·波维特：《价值网》，人民邮电出版社 2000 年版。

［美］戴维·贝赞可、戴维·德雷诺夫、马克·尚利：《公司战略经济学》，北京大学出版社 1999 年版。

［美］杰佛瑞·莱克：《丰田模式：精益制造的 14 项管理原则》，机械工业出版社 2016 年版。

［美］拉里·博西迪、拉姆·查兰：《转型：用策略，做对事》，中信出版社 2005 年版。

［美］罗斯托：《经济增长的阶段》，中国社会科学出版社 2001 年版。

［美］迈克尔·波特：《国家竞争优势》，中信出版社 2016 年版。

［美］迈克尔·波特：《竞争优势》，中信出版社 2016 年版。

［美］曼昆：《经济学原理：微观经济学》北京大学出版社 2014 年版。

［美］石家安：《模仿的力量》，机械工业出版社 2011 年版。

［美］伊迪丝·彭罗斯：《企业成长理论》，上海人民出版社 2007 年版。

［日］青木昌彦、安藤晴彦：《模块时代：新产业结构的本质》，上海远东出版社 2003 年版。

［日］汤之上隆：《失去的制造业：日本制造业的败北》，机械工业出版社 2015 年版。

［日］藤本隆宏：《能力构筑竞争：日本的汽车产业为何强盛》，中

信出版社 2007 年版。

［日］西村吉雄：《日本电子产业兴衰录》，人民邮电出版社 2016 年版。

［日］西口敏宏：《战略性外包的演化：日本制造业的竞争优势》，上海财经大学出版社 2007 年版。

［日］野口悠纪雄：《日本的反省：制造业毁灭日本》，东方出版社 2014 年版。

［日］正村公宏：《战后日本经济政治史》，上海人民出版社 1991 年版。

［日］植草益：《日本的产业结构》，经济管理出版社 2000 年版。

［日］中村隆英：《日本昭和经济史 1925—1989》，河北教育出版社 1992 年版。

中文期刊

陈立敏、谭力文：《评价中国制造业国际竞争力的实证方法研究——兼与波特指标及产业分类法比较》，《中国工业经济》2004 年第 5 期。

陈圻：《一般竞争战略的逻辑基础重构》，《管理学报》2011 年第 8 期。

陈圻、任娟：《创新型低成本战略的科学研究纲领方法论基础》，《科学学研究》2011 年第 29 卷第 3 期。

陈占夺、齐丽云、牟莉莉：《价值网络视角的复杂产品系统企业竞争优势研究：一个双案例的探索性研究》，《管理世界》2013 年第 10 期。

陈子雷、刘弢：《日本制造业产品架构的比较优势及其对东亚区域内贸易模式的影响》，《世界经济研究》2011 年第 2 期。

成思危：《虚拟经济的基本理论及研究方法》，《管理评论》2009 年第 1 期。

成新轩：《日本汽车工业的发展及启示》，《日本研究》1998 年第 2 期。

程永明：《近年来日本企业海外发展动向及新特征》，《日本学刊》

2013 年第 3 期。

崔成、蒋钦云：《日本超智能社会 5.0——大变革时代的科技创新战略》，《中国经贸导刊》2016 年第 36 期。

崔健、陈庭翰：《日本主要电子企业生产经营战略性转变分析》，《现代日本经济》2016 年第 5 期。

崔健、陈庭翰：《中日电子产业合作的新变化——以日本电子产业模块化转变为视角》，《东北亚论坛》2017 年第 5 期。

丁宋涛、刘厚俊：《垂直分工演变、价值链重构与"低端锁定"突破——基于全球价值链治理的视角》，《审计与经济研究》2013 年第 5 期。

董保亮、葛宝山、王侃：《资源整合过程、动态能力与竞争优势：机理与路径》，《管理世界》2010 年第 3 期。

杜龙政、汪延明、李石：《产业链治理架构及其基本模式研究》，《中国工业经济》2010 年第 3 期。

樊茂清、黄薇：《基于全球价值链分解的中国贸易产业结构演进研究》，《世界经济》2014 年第 2 期。

樊奇、徐学军：《国际代工背景下我国制造业企业生产运营战略研究》，《管理现代化》2008 年第 4 期。

傅钧文：《日本制造业国际竞争力的保持及其新的解释》，《世界经济研究》2006 年第 3 期。

关洪涛：《21 世纪日本汽车产业政策新变化及其影响》，《现代日本经济》2008 年第 3 期。

韩晶、佛力：《基于模块化的中国制造业发展战略研究》，《科技进步与对策》2009 年第 26 卷第 19 期。

韩中和：《创新型企业的活力机制——日本企业研发组织的案例分析》，《研究与发展管理》2002 年第 6 期。

郝斌：《模块化创新企业间的价值吸收——以丰田汽车公司为例的分析》，《科学学研究》2011 年第 1 期。

洪凯、朱珺：《日本电动汽车产业的发展与启示》，《现代日本经济》2011 年第 3 期。

胡大立：《基于价值网模型的企业竞争战略研究》，《中国工业经济》

2006 年第 9 期。

胡俊文：《"雁行模式"理论与日本产业结构优化升级》，《亚太经济》2003 年第 4 期。

胡立君、薛福根、王宇：《后工业化阶段的产业空心化机理及治理——以日本和美国为例》，《中国工业经济》2013 年第 8 期。

胡左浩、欧阳桃花、段志蓉：《日本家电企业营销渠道模式的动态演变及其特征分析——从控制关系到合作伙伴关系》，《中国工业经济》2004 年第 9 期。

黄群慧、贺俊：《中国制造业的核心能力、功能定位与发展战略——兼评〈中国制造 2025〉》，《中国工业经济》2015 年第 6 期。

蒋海、刘少波：《金融监管理论及其新进展》，《经济评论》2003 年第 1 期。

金碚：《企业竞争力的性质》，《中国工业经济》2001 年第 10 期。

李超、李伟、张力千：《国外新兴产业生命周期理论研究论评与展望》，《科技进步与对策》2015 年第 32 卷第 2 期。

李国祥：《日本电子工业发展模式的探讨》，《现代日本经济》1987 年第 6 期。

李佩珩、易翔翔、侯福深：《国外电动汽车发展现状及对我国电动汽车发展的启示》，《北京工业大学学报》2004 年第 1 期。

李平、狄辉：《产业价值链模块化重构的价值决定研究》，《中国工业经济》2006 年第 9 期。

李毅：《从组织结构演进的视角看日本制造业可持续发展的经验与教训》，《现代日本经济》2008 年第 6 期。

李毅：《制造业在日本经济复苏中的角色探讨》，《日本学刊》2015 年第 3 期。

林季红：《模块化生产与全球汽车业零整关系的演变》，《世界经济研究》2013 年第 7 期。

蔺雷、吴贵生：《服务延伸产品差异化：服务增强机制探讨——基于 Hotelling 地点模型框架内的理论分析》，《数量经济技术经济研究》2005 年第 8 期。

蔺雷、吴贵生：《制造业的服务增强研究：起源、现状与发展》，

《科研管理》2006 年第 1 期。

刘晨光、廉洁、李文娟、殷勇:《日本式单元化生产——生产方式在日本的最新发展形态》,《管理评论》2010 年第 5 期。

刘东旭:《亚太自由贸易区实现路径选择——基于亚太地区各经济体的贸易互补性和竞争性分析》,《世界经济研究》2016 年第 5 期。

刘景竹:《日本企业系列化的特点及其对日本经济的影响》,《世界经济》1993 年第 5 期。

刘骏民:《虚拟经济的理论框架及命题》,《南开学报》2003 年第 2 期。

刘骏民、王千:《从虚拟经济的角度重构国际经济理论:当前国际经济关系的新发展对中国的启示》,《中国工业经济》2005 年第 11 期。

刘霞、陈建军:《产业集群成长的组织间学习效应研究》,《科研管理》2012 年第 4 期。

刘霞辉:《从马尔萨斯到索洛:工业革命理论综述》,《经济研究》2006 年第 10 期。

刘晓欣:《当代经济全球化的本质——虚拟经济全球化》,《南开经济研究》2002 年第 5 期。

隆惠君:《装备制造业竞争力提升的产品服务增强策略研究》,《科技管理研究》2012 年第 18 期。

鲁桂华、蔺雷、吴贵生:《差异化竞争战略与服务增强的内在机理》,《中国工业经济》2005 年第 5 期。

马文秀、杨茜:《日本对外直接投资缓解日美贸易摩擦的效应及其启示》,《经济研究》2008 年第 1 期。

马学礼:《老龄社会对日本经济增长与刺激政策的影响分析》,《现代日本经济》2016 年第 4 期。

毛蕴诗、高瑞红、汪建成:《日本企业的生存危机与公司重构及其启示》,《管理世界》2003 年第 8 期。

庞德良、刘兆国:《基于专利分析的日本新能源汽车技术发展趋势研究》,《情报杂志》2014 年第 5 期。

芮明杰、方统法:《知识与企业持续竞争优势》,《复旦学报》(自然科学版）2003 年第 42 卷第 5 期。

伞锋：《日本"减量经营"的经验及对中国的借鉴意义》，《国际经济评论》2005 年第 5 期。

盛文军、廖晓燕：《产品差异化战略：企业获得竞争优势的新途径》，《当代经济研究》2001 年第 11 期。

苏悦娟、王荣生、孔璎红：《产业价值链视角下的汽车 ICT 信息服务平台的构建》，《改革与战略》2008 年第 9 期。

汪晓春：《企业竞争力和竞争优势：内涵、成果和趋势》，《经济管理》2004 年第 20 期。

王凤彬、李东红、张婷婷、杨阳：《产品开发组织超模块化及其对创新的影响——以丰田汽车为案例的研究》，《中国工业经济》2011 年第 2 期。

王高：《顾客价值与企业竞争优势》，《管理世界》2004 年第 10 期。

王革、吴练达、张亚辉：《企业战略管理理论演进与展望》，《科学学与科学技术管理》2004 年第 1 期。

王岚：《融入全球价值链对中国制造业国际分工地位的影响》，《统计研究》2014 年第 4 期。

王莉莉：《新时期日本人口老龄化的国际比较研究》，《日本问题研究》2011 年第 2 期。

王频：《精益生产在日本的发展状况》，《成组技术与生产现代化》2002 年第 19 期。

王茜：《中国制造业是否应向"微笑曲线"两端攀爬——基于与制造业传统强国的比较分析》，《财贸经济》2013 年第 8 期。

王雪苓、黄旭：《"经济网络"与经济转型趋势》，《财经科学》2001 年第 5 期。

王瑜、任浩：《模块化组织价值创新：路径及其演化》，《软科学》2014 年第 1 期。

旺晓媛、苗慧：《从终身雇佣到工作柔性——日本企业雇佣制度的演进》，《经济管理》2009 年第 4 期。

吴建全：《通用公司加紧与五十铃的合作》，《车用发动机》1999 年第 2 期。

吴晓波、徐松屹、苗文斌:《西方动态能力理论述评》,《国外社会科学》2006 年第 2 期。

谢迪斌:《战后日本政府对电子工业的扶持》,《日本研究》1994 年第 2 期。

徐斌:《规模经济、范围经济与企业一体化选择——基于新古典经济学的解释》,《云南财经大学学报》2010 年第 2 期。

徐宏玲、李双海:《价值链形态演变与模块化组织协调》,《中国工业经济》2005 年第 11 期。

徐宏玲、颜安、潘旭明、马胜:《模块化组织与大型企业基因重组》,《中国工业经济》2005 年第 6 期。

徐万里、吴美洁、黄俊源:《成本领先与差异化战略并行实施研究》,《软科学》2013 年第 10 期。

许正良、冯小东、陈太博:《制造柔性概念困惑辨析及关系模型构建》,《中国软科学》2014 年第 3 期。

许正良、古安伟、马欣欣:《基于消费者价值的品牌关系形成机理》,《吉林大学社会科学学报》2012 年第 2 期。

杨帅:《工业 4.0 与工业互联网:比较、启示与应对策略》,《当代财经》2015 年第 8 期。

杨晓玲:《垄断势力、市场势力与当代产业组织关系》,《南开经济研究》2005 年第 4 期。

殷醒民:《论中国经济结构转型理论中的制造业因素》,《复旦学报》(社会科学版) 1998 年第 1 期。

尹小平、孙小明:《丰田公司模块化生产网络中信息生态系统的形成条件与机制》,《现代日本经济》2017 年第 1 期。

于坤章:《论企业差异化战略》,《财经理论与实践》2001 年第 2 期。

余珮:《全球工厂理论述评及新常态下对中国制造业的启示》,《经济学家》2015 年第 7 期。

曾凡琴、霍国庆:《"夹在中间悖论"研究》,《南开管理评论》2006 年第 3 期。

张会恒:《论产业生命周期理论》,《财贸研究》2004 年第 6 期。

张岩、郭祥利:《日元升值与日本家电厂商的碎片化生产》,《经济问题探索》2014 年第 8 期。

张玉来:《模式困境与日本半导体产业的战略转型》,《日本研究》2012 年第 3 期。

张远征、骆品亮:《具有学习效应的虚拟研发组织的激励效率分析》,《复旦学报》(自然科学版) 2005 年第 2 期。

张召龙:《竞争的层次性与可竞争要素差异化战略——基于波特通用竞争战略缺陷之改进和拓展的新竞争战略》,《经济与管理研究》2007 年第 5 期。

张正堂、李爽:《企业持续竞争优势来源:人力资源还是人力资源管理》,《科学管理研究》2005 年第 23 卷第 4 期。

张治栋、韩康:《模块化:系统结构与竞争优势》,《中国工业经济》2006 年第 3 期。

赵瑾:《战后日本个人消费结构变化对产业结构的影响》,《现代日本经济》1992 年第 2 期。

赵雅婧、王有鑫:《人口老龄化对日本制造业出口比较研究》,《日本问题研究》2013 年第 3 期。

郑良芳:《从日本泡沫经济破灭说起——正确处理虚拟经济和实体经济关系问题的研究》,《广西农村金融》2003 年第 4 期。

周达林:《浅谈"黑箱"理论》,《江西财经学院学报》1987 年第 2 期。

周友梅:《"中国制造"的成本优势与国际反倾销的会计应对》,《国际贸易问题》2004 年第 10 期。

朱瑞博:《价值模块的虚拟再整合:以 IC 产业为例》,《中国工业经济》2004 年第 1 期。

朱向阳、张林林、李曙东:《日本对华直接投资战略转变的深层原因分析》,《国际贸易问题》2004 年第 2 期。

邹德强、王高、赵平、王燕:《功能性价值和象征性价值对品牌忠诚的影响:性别差异和品牌差异的调节作用》,《南开管理评论》2007 年第 3 期。

英文著作

Ansoff. H. I. , *Implanting Strategic Management*, Prentice-Hall International, 1984.

Berger S. , Lester R. , *Made by Hong Kong*, Oxford University Press, 1997.

Fine C. H. , *Clockspeed Winning Industry Control in the Age of Temporary Advantage*, Perseus Press Reading MA, 1998.

Gale, *Managing the Customer Value*, New York: Free Press, 1994.

Hofer W. and Schendel D. , *Strategy Formulation*: *Analytical Concepts*, Minnesota: West Publishing Company, 1978.

Levy A. , Merry U. , *Organizational transformation*: *Analytical concepts*, New York: Praeger, 1986.

Miles R. E. , Snow C. C. , Meyer A. D. , et al. , "Organizational Strategy, Structure, and Process", *McGraw-Hill*, 1978.

Quinn J. B. , "Strategies for Change: Logical Incrementalism", *Academy of Management Review*, Vol. 7, No. 2, 1980.

Utterback J. M. , *Mastering the Dynamics of Innovation*, Cambridge: Harvard Business School Press, 1994.

英文期刊文献

Abernathy, William J. , Utterback J. M. , "Patterns of Industrial Innovation", *Technology Review*, Vol. 80, No. 7, 1978.

Aghion P. , Bloom N. , Blundell R. , et al. , "Competition and Innovation: An Inverted-U Relationship", *Quarterly Journal of Economics*, Vol. 120, No. 2, 2005.

Akan O. , Allen R. S. , Helms M. M. , et al. , "Critical Tactics for Implementing Porter's Generic Strategies", *Journal of Business Strategy*, Vol. 27, No. 1, 2006.

Alan I. M. , "A Contingency View of Porter's 'Generic Strategies'", *Academy of Management Review*, Vol. 13, No. 3, 1988.

Allen Richard S. , Helms M. M. , Takeda M. B. , et al. , "A Comparison of Competitive Strategies in Japan and the United States", *Sam advanced Management Journal*, Vol. 71, No. 2, 2006.

Amit R. , Schoemaker P. J. , "Strategic Assets and Organizational Rents", *Strategic Management Journal*, Vol. 14, 1993.

Anh Chi Phan, Ayman Bahjat Abdallah, Yoshiki Matsui, "Quality Management Practices and Competitive Performance: Empirical Evidence from Janpanesee Manufacturing Companies", *Int. J. Production Economic*, No. 133, 2011.

Auguste B. G. , Harmon E. P. , Pandit Vivek, "The Right Service Strategies for Product Companies", *Mckinsey Quarterly*, No. 1, 2006.

Balassa B. , "Trade Liberalisation and 'Revealed' Comparative Advantage", *The Manchester School*, Vol. 33, No. 2, 1965.

Barney J. B. , "Firm Resources and Sustained Competitive Advantage", *Journal of Management*, Vol. 17, No. 1, 1991.

Bathelt H. , Malmberg, A. , Maskell P. , "Clusters and Knowledge: Local Buzz Global Pipelines and the Process of Knowledge Creation", *Progress in Human Geography*, Vol. 28, No. 1, 2004.

Boone J. , "Competitive Pressure: The Effects on Investments in Product and Process Innovation", *The RAND Journal of Economics*, No. 31, 2000.

Borghan Narajabad, Randal Waston, "The Dynamics of Innovation and Horizontal Differentiation", *Journal of Economic Dynamics & Control*, No. 35, 2011.

Bossidy L. , Charan R. M. , "Seven Essential Behaviors", *Executive Excellence*, 2003.

Buckely P. J. , Ghauri P. , "Globalisation, Economic Geography and the Strategy of Multinational Enterprises", *Journal of International Business Studies*, Vol. 35, No. 1, 2004.

Buckley P. J. , "The Impact of Globalisation and the Emergence of the Global Factory", *Research in Global Strategic Management*, Vol. 15,

No. 15，2011.

Charles W. L. H. ，"Differentiation Versus Low Cost or Differentiation and Low Cost: A Contingency Framework"，*Academy of Management Review*，Vol. 13，No. 3，1988.

Chris Raddats，Chris Easingwood，"Services Growth Options for B2B Product-centric Business "，*Industrial Marketing Management*，No. 39，2010.

Coase R. H. ，"The Nature of the Firm"，*Economica*，No. 4，1937.

Danny Mille，"Relating Porter's Business Strategies to Environment and Structure: Analysis and Performance Implications"，*Academy of Management Journal*，Vol. 31，No. 2，1988.

Danny Miller，"Configurations of Strategy and Structure: Towards a Synthesis"，*Strategic Management Journal*，Vol. 7，No. 2，1986.

Drucker P. F. ，"The Emerging Theory of Manufacturing"，*Harvard Business Review*，Vol. 68，No. 3，1990.

Eisenhardt K. M. ，Martin J. A. ，"Dynamic capabilities: What are They?"，*Strategic Management Journal*，Vol. 21，No. 10/11，2000.

Elena Revilla，Beatriz Rodriguez-Prado，Zhijian Cui，"A knowledge-Based Framework of Innovation Strategy: The Differential Effect of Knowledge Sources"，*IEEE Transactions on Engineering Management*，Vol. 63，No. 4，2016.

Freeman C. ，"The Economics of Industrial Innovation"，*Social Science Electronic Publishing*，Vol. 7，No. 2，2009.

Gareth R. Jones，John E. Butler，"Costs，Revenue and Business-Level Strategy"，*Academy of Management Review*，Vol. 13，No. 2，1988.

Gort Michael，Klepper Steven，"Time Paths in the Diffusion of Product Innovation"，*The Economic Journal*，No. 92，1982.

Grant R. M. ，"Toward a Knowledge-based Theory of the Firm"，*Strategic Management Journal*，No. 17，1996.

Heiko Gebauer，Thomas Friedi，Elagr Fleisch，"Success Factors for Achieving High Service Revenues in Manufacturing Companies"，*Bench-*

marking, Vol. 13, No. 3, 2006.

Henderson R. M., Clark K. B., "Generational Innovation: The Recofig-uration of Existing Systems and the Falure of Established Firms", *Adminstrative Science Quarterly*, No. 2, 1990.

Howard E. Aldrich, Jeffrey Pfeffer, "Environments of Organizations", *Annual Review of Sociology*, Vol. 2, No. 1, 1976.

Kenneth Benson, "The Interorganizational Network as a Political Econo-my", *Administrative Science Quarterly*, Vol. 15, No. 2, 1975.

Kim W. C., Mauborgne R., "Value Innovation: The Strategic Logic of High Growth", *Harvard Business Review*, Vol. 75, No. 1, 1997.

Kzuhiro Asakawa, "External-Internal Linkages and Overseas Autonomy-Control Tension: The Management Dilemma of the Japanese R&D in Europe", *IEEE Transactions on Engineering Management*, Vol. 43, No. 1, 1996.

Lu Zhen, "An Analytical Study on Service-oriented Manufacturing Strate-gies", *International. Journal of Production Economics*, No. 139, 2012.

Marcus Noland, "From Industrial Policy to Innovation Policy: Japan's Prusuit of Competitive Advantage", *Asian Economic Policy Review*, No. 2, 2007.

Micheal Porter, Strategy and the Internet, Harvard Business Review, 2001, 79: 62 – 79. https: //hbr. org/2001/03/strategy-and-the-in-ternet.

Miller A., G. Dess, "Assessing Porter's (1980) Model in Terms of its Generalizability Accuracy and Simplicity", *Journal of Management Studies*, Vol. 30, No. 4, 1993.

Miller D., Friesen P. H., "Organizations: A Quantum View", *American Journal of Sociology*, Vol. 9, No. 4, 1986.

Nishimura K. G., Ohkusa Y., Ariga K., "Estimating the Mark-up Over Marginal Cost: a Panel Analysis of Japanese Firms 1971 – 1994", *International Journal of Industrial Organization*, Vol. 17, No. 8, 1999.

Peteraf, M. A. , "The Cornerstones of Competitive Advantage: A Re-
sources-based View", *Strategic Management Journal*, No. 14, 1993.

Prahalad C. K. , Gary Hamel, "Core Competence of the Corporation",
Harvard Business Review, Vol. 68, No. 5/6, 1990.

Quinn J. B. , "Strategies for Change: Logical Incrementalism", *Academy
of Management Review*, Vol. 7, No. 2, 1980.

Rajaram Veliyath, "Reviewed work (s): Hypercompetition: Managing
the Dynamics of Strategic Maneuvering", *The Academy of Management
Review*, Vol. 21, No. 1, 1996.

Rennert Dieter, Raspin John, "Social Innovation and Mega Cities: What
are the Opportunities for Business", *Civil Engineering*, 2015, Vol. 1,
No. 23.

Rumelt R. P. , "Strategy, structure, and economic performance", *Jour-
nal of Behavioral Economics*, No. 75, 1974.

Sanchez R. , Mahoney T. , "Modularity, Flexibility, and Knowledge
Mangement in Product and Organization Design", *Strategic Manage-
ment Journal*, No. 17, 1996.

Sandra Vandemerwe, Juan Rada, "Servitization of Business: Adding
Value by adding Services", *European Management Jurnal*, Vol. 6,
No. 4, 1988.

Teece D. J. , Pisano G. , et al. , "Dynamic Capabilities and Strategic
Management ", *Strategic Management Journal*, Vol. 18, No. 7,
1997.

Thomas Staeblein, Katsuki Aoki, "Planning and Sheduling in the Auto-
motive Industry: A Comparison of Industrial Practice at German and
Japanese Makers", *Production Economics*, No. 162, 2015.

Toshiyuki Sueyoshi, Mika Goto, Yusuke Omi, "Corporate Governance
and Firm Performance: Evidence from Japanese Manufacturing Indus-
tries after the Lost Decade ", *European Journal of Operational Re-
search*, No. 203, 2010.

Vollrath T. L. , Vo D. H. , "Investigating the nature of world agricultural competitiveness", *Technical Bulletin*, 1988.

Wernerfelt, Birger, "A Resource-based View of the Firm", *Strategic Management Journal*, 1984.

日文文献

［日］大貝威芳:《日本エレクトロニクス産業のものづくりと国際競争力——松下電器生産方式の変容》,《龍谷大学経営学論集》2004 年第 44 巻第 1 期。

［日］豊田正和:《アジアにおける日系電気メーカーの現状と今後の展望》,《神戸学院大学東アジア産業経済研究センター News Letter》2005 年第 1 巻第 3 号。

［日］明石芳彦:《日本電子工業における国際競争力の低下と——水平分業の役割》,《季刊経済研究》2013 年第 36 巻第（1—2）期。

［日］浅見直树:《制造业から创造业へ——松下古电池专务が语る V 字回复への条件》2005 年 6 月。

学位论文与论文集

关洪涛:《战后日本汽车产业的发展及政策研究》,博士学位论文,吉林大学,2008 年。

黄聪英:《论实体经济》,博士学位论文,福建师范大学,2014 年。

贾伟:《电子信息产业链中段企业差异化战略导向的技术创新研究》,博士学位论文,南开大学,2009 年。

李想:《模块化分工条件下网络状产业链的基本构造与运行机制研究》,博士学位论文,复旦大学,2008 年。

鲁利民:《企业的整合与分化:从一体化到模块化生产组织方式变迁的经济逻辑》,博士学位论文,西南财经大学,2012 年。

谭瑞松:《我国微型乘用车企业竞争战略研究》,博士学位论文,哈尔滨工程大学,2006 年。

唐文静:《对日软件外包产业的竞争格局与策略研究》,博士学位论文,陕西师范大学,2010 年。

王相林：《企业组织模块化的经济分析》，博士学位论文，厦门大学，2007 年。

Gereffa G. ，" The Organization of Buyer-driven Global Commodity Chains: How US Retailers Shape Overseas Production Networks", Westport: Praeger, 1994.

MacMillan I. C. ，D. Hambrick，"Capital Intensity，Market Share Instability and Profits-The Case for Asset Parsimony"，Columbia University Strategy Research Center，New York，1983.

Schulte M. ，The Effect of International Corporate Strategies and Information and Communication Technologies on Competitive Advantage and Firm Performance: An Exploratory Study of the International Engineering, Procurement and Construction Industry, Ph. D. dissertation, George Washington University, 1999.

研究报告

Automotive World，Toyota New Global Architecture-A New Approach to Car Engineering and Production，http: //www. automotiveworld. com/ news-releases/toyota-new-global-architecture-new-approach-car-engineering-production/，September 15, 2015.

Davies A. ，"Innovation and Competitive in Complex Product System Industries: the Case of Mobile Phone Systems"，Conference Paper Prepared for INTECH International Workshop Maastricht，1996.

Michelle Krebs，"A Short History of Japanese Luxury Cars"，Bloomberg Businessweek，May 23，2006，http: //www. businessweek. com/stories/2006 - 05 - 22/a-short-history-of-japanese-luxury-cars.

OECD-WTO，"Trade In Value Added: China"，http: //www. oecd. org/sti/ind/tiva/CN_2015_China. pdf.

United Nations Industrial Development Organization，*Inserting Local Industries into Global Value Chains and Global Production Networks: Opportunities and Challenges for Upgrading with a Focus on Asia*，Vienna，August 11, 2004.

［日］日本電子情報技術産業協会：《JEITA 調査統計ガイドブック 2020—2021 ~ Executive Summary ~》，2021 年，https：//www. jeita. or. jp/japanese/stat/pdf/executive_summary_2020_2021. pdf，2021 年 5 月 2 日。

［日］経済産業省. 1998 我が国の工業—バブル崩壊後新たな展開を遂げる製造業—（概要）［R/OL］. 2007. http：//www. meti. go. jp/statistics/tyo/kougyo/wagakuni/1998_01. html。

［日］経済産業省・厚生労働省・文部科学省：《平成 26 年度ものづくり基盤技術の振興施策（概要）》，2015 年，http：//www. meti. go. jp/report/whitepaper/mono/2015/honbun _ pdf/pdf/gaiyou. pdf，2021 年 4 月 26 日。

［日］経済産業省・厚生労働省・文部科学省：《平成 27 年度ものづくり基盤技術の振興施策（概要）》，http：//www. meti. go. jp/report/whitepaper/mono/2016/honbun_pdf/pdf/gaiyou. pdf。

［日］経済産業省商務情報政策局：《情報経済革新戦略： ~ 情報通信コストの劇的低減を前提とした複合新産業の創出と社会システム構造の改革 ~》，http：//home. jeita. or. jp/，2021 年 4 月 30 日。

［日］総務省：《平成 28 年科学技術研究調査結果の概要》，2016 年 12 月 16 日，http：//www. stat. go. jp/data/kagaku/kekka/kekka-gai/pdf/28ke_gai. pdf。